くわしい
中学公民

KUWASHII

CIVICS

伊藤賀一　著

文英堂

本書の特色と使い方

圧倒的な「くわしさ」で，考える力が身につく

本書は，豊富な情報量を，わかりやすい文章でまとめています。丸暗記ではなく，しっかりと理解しながら学習を進められるので，知識がより深まります。

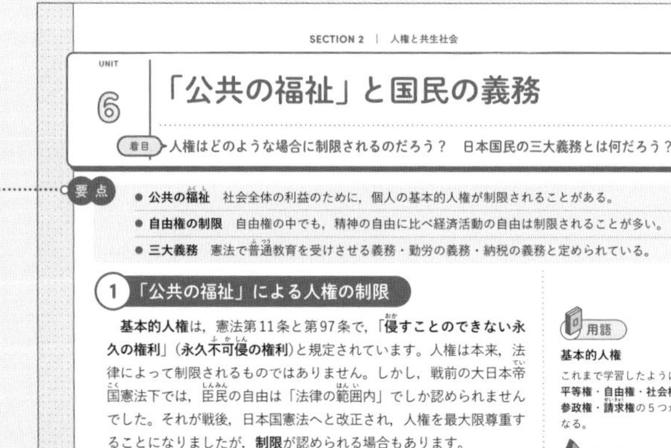

SECTION 2 ｜ 人権と共生社会

UNIT 6 「公共の福祉」と国民の義務

着目 人権はどのような場合に制限されるのだろう？　日本国民の三大義務とは何だろう？

要点

- **公共の福祉**　社会全体の利益のために，個人の基本的人権が制限されることがある。
- **自由権の制限**　自由権の中でも，精神の自由に比べ経済活動の自由は制限されることが多い。
- **三大義務**　憲法で普通教育を受けさせる義務・勤労の義務・納税の義務と定められている。

1 「公共の福祉」による人権の制限

基本的人権は，憲法第11条と第97条で，**「侵すことのできない永久の権利」（永久不可侵の権利）**と規定されています。人権は本来，法律によって制限されるものではありません。しかし，戦前の大日本帝国憲法下では，臣民の自由は「法律の範囲内」でしか認められませんでした。それが戦後，日本国憲法へと改正され，人権を最大限尊重することになりましたが，**制限**が認められる場合もあります。

例えば，表現の自由が認められているからといって，他人の名誉を傷つける行為は許されず，刑法という法律により処罰されます。また，労働基本権があっても，公務員のストライキは，国民や地域住民に不利益をあたえないよう，国家公務員法・地方公務員法で禁止されています。このように，人権は，**「他人の人権を侵害してはならない」**という**限界**があります。

また，人権は，人々が同じ社会において，豊かで安全・安心に暮らしていく必要性から制限されることもあります。このような人権の限界・制限のことを，日本国憲法は，**社会全体の利益・幸福**(大多数の人々の利益・幸福)を意味する**「公共の福祉」**という言葉で表しています。憲法は，自由や権利の濫用を認めず，国民は常にそれらを「公共の福祉」のために利用する責任があると定めています(第12条)。

しかし，社会の変化とともに判断基準も複雑化している中で，何が「公共の福祉」にあたるのかを国が一方的に判断し，人権を不当に制限することがあってはなりません。もし，制限しようとする場合は，それが具体的にどのような社会全体の利益・幸福のためであるのかを，慎重に検討・配慮する必要があります。

用語

基本的人権

これまで学習したように，**平等権・自由権・社会権・参政権・請求権**の５つからなる。

発展

経済活動の自由の制限

「居住・移転の自由」に関しては感染症による隔離，**「職業選択の自由」**に関しては医者・弁護士などの無資格者の営業禁止，**「財産権の自由」**に関しては，公共事業による土地収用などの例があげられる。

史料

日本国憲法第12条

この憲法が国民に保障する自由及び権利は，国民の不断の努力によつて，これを保持しなければならない。又，国民は，これを濫用してはならないのであつて，常に公共の福祉のためにこれを利用する責任を負ふ。

68

本文

学習しやすいよう，見開き構成にしています。重要用語や大事なことがらには色をつけているので，要点がおさえられます。また，豊富な図や写真でしっかりと理解することができます。

要点

この単元でおさえたい内容を簡潔にまとめています。学習のはじめに，**全体の流れ**をおさえましょう。

特集　京都の伝統文化

特集

現代社会の特色をつかむために，重要なテーマをピックアップしてあつかっています。

用語チェック

用語チェック

SECTIONごとに重要な用語を覚えているか確認できるようになっています。

HOW TO USE

2 自由権と公共の福祉

人権が制限されるといっても，その程度は種類により異なります。例えば，自由権の中でも「精神の自由」について，その制限はきわめて限定的にしか認められません。しかし，「**経済活動の自由**」については，行き過ぎると住民の生活環境（かんきょう）が乱されたり，貧富の差の拡大につながったりしかねないため，公共の福祉による制限が広く認められてきたのです。

3 国民の義務

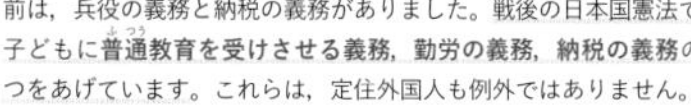

国民には，権利だけでなく，果たすべき**義務**や責任があります。戦前は，兵役（へいえき）の義務と納税の義務がありました。戦後の日本国憲法では，子どもに普通（ふつう）教育を受けさせる義務，勤労の義務，納税の義務の3つをあげています。これらは，定住外国人も例外ではありません。

戦前の義務教育
大日本帝国（ていこく）憲法には義務教育が規定されていないが，6年間の義務教育が一般（いっぱん）的だった（時期によって4年・8年もあり）。

参考
勤労の義務
罰則（ばっそく）はなく，強制労働をさせられるわけではない。

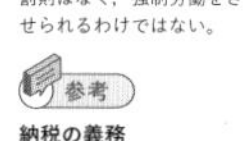

納税の義務
消費税や酒税などを除けば，一定以上の所得がある人のみへの義務にとどまる。

2章 個人の尊重と日本国憲法

GRADE UP!
グレードアップ

国民の三大義務

普通教育を受けさせる義務は，子どもの「教育を受ける権利」を確保するために定められています。**勤労**もまた，権利と同時に義務です。国民は，働く機会を求める権利をもつ一方で，能力に応じた仕事を通じ社会的な責任を果たす義務を負います。そして，国や地方公共団体への**納税**については，国税と地方税，直接税と間接税，非課税世帯の規定など，税金の種類や対象者などの具体的な内容が，法律で定められています。

憲法に義務の規定が少ないのは，憲法は本来「権力者を拘束（こうそく）」し，「国民の権利を保障する」ための最高法規だからです。国は，憲法に反しない範囲（はんい）で，国民に義務を課す**法律**を制定することができます。また，地方公共団体は，法律に反しない範囲で**条例**を制定することができます。

TRY! 表現力

「公共の福祉」によって，基本的人権を制限する場合がある理由を2つあげなさい。

ヒント　本文を参照し，「公共の福祉」とは何かをふまえたうえで，指定通り必ず2つ答えよう。

解答例　社会全体の利益・幸福を守る場合。また，ある人の自由権の濫用によって，ほかの人の人権が侵害されることを防ぐ場合。

69

用語　重要用語をよりくわしく解説しています。

参考　公民に関する興味深い情報をのせています。

史料　日本国憲法条文などを掲載（けいさい）しています。

分析　ことがらの原因や背景について深ぼりします。

発展　教科書の範囲（はんい）を超（こ）えたハイレベルな内容です。

GRADE UP! / COLUMN
グレードアップ／コラム

発展的な内容や知っておきたい関連事項（じこう）をあつかっています。学校の授業の課題研究や調べ学習にも役立ちます。ここまでやれば，完ぺきです。

TRY! 思考力／表現力

学習した内容が身についているか，**自分の言葉で表現**してチェックしてみましょう。

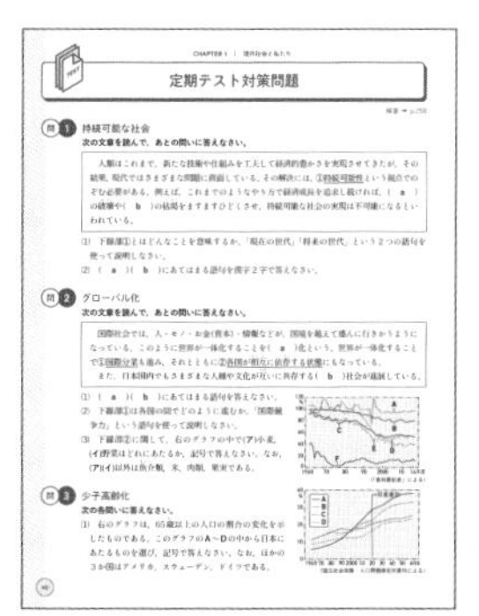

定期テスト対策問題

各章の最後に，テストで**問われやすい問題**を集めました。テスト前に，知識が定着しているかを確かめましょう。

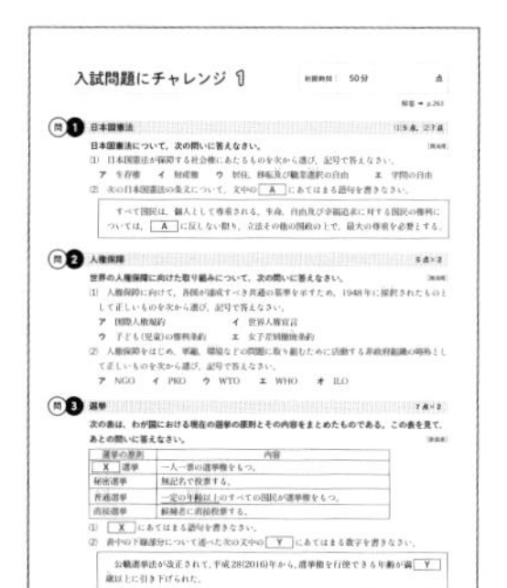

入試問題にチャレンジ

巻末には，実際の入試問題を掲載しています。中学公民の**総仕上げ**として，挑戦してみましょう。

もくじ

CONTENTS

1章 現代社会と私たち

2章 個人の尊重と日本国憲法

SECTION 1　人権と日本国憲法

SECTION 2　人権と共生社会

SECTION 3　これからの人権保障

3章 現代の民主政治と社会

SECTION 1 現代の民主政治

SECTION 2 国の政治の仕組み

SECTION 3 地方自治と私たち

4章 私たちの暮らしと経済

SECTION 1 消費生活と市場経済

SECTION 2 生産活動と労働

SECTION 3 市場経済の仕組みと金融

SECTION 4 財政と国民の福祉

SECTION 5 これからの経済と社会

5章　地球社会と私たち

SECTION 1　国際社会の仕組み

SECTION 2　さまざまな国際問題

SECTION 3　これからの地球社会と日本

1章

現代社会と私たち

UNIT 1

持続可能な社会に向けて

着目 「持続可能な社会」の実現に向けて，私たちはいったい何ができるのだろう？

要点

- **持続可能な社会**　現在の世代と将来の世代の幸福が両立できる社会のことをいう。
- **大災害**　東日本大震災と原発事故をきっかけとして，人のつながり（絆）の大切さに気づいた。
- **社会参画**　社会の課題を解決するためには，私たち一人一人の積極的な社会参画が重要。

1 持続可能な社会とは？

現代社会は，**グローバル化，少子高齢化，情報化**などの影響を受け，大きく変化し続けています。その中で，さまざまな課題が生じていますが，これらを解決するためには，「**持続可能な社会**」（**現在の世代の幸福と将来の世代の幸福とが両立できる社会**）という考えに立つことが重要です。私たちは，目先の利益や便利さばかりでなく，これから生まれてくる子や孫の世代のことを考え，生活や社会のあり方を見直す必要があります。

2 大災害の発生と人々のつながり

2011年3月11日に発生した地震は，マグニチュード9.0，最大震度7を記録しました。**巨大津波**が東北地方を中心とする太平洋沿岸をおそい，**東日本大震災**による死者・行方不明者は1万8千人を超えました（「震災関連死」をふくめると2万2千人以上）。

また，東京電力**福島第一原子力発電所**で事故が起こり，大量の**放射性物質が放出**され，近くに住めなくなり，今も避難生活を強いられている人々がたくさんいます。これにより，具体的なモノへの被害だけでなく，根拠のない噂による地域や生産物への風評被害も起きたのです。この大災害は防災・安全やエネルギー問題など，持続可能な社会の実現に向けて解決すべき日本の課題を表面化させました。

1995年1月17日の**阪神・淡路大震災**以来，2004年の新潟県中越地震，2011年の東日本大震災，2016年の熊本地震，2019年の台風19号など，日本では大災害が連続しています。そのような中，防災・安全への取り組みは，国や地方・地域社会だけでなく，職場や学校，各家庭でも広く行われるようになってきました。エネルギーにつ

用語

持続可能な社会

1992年，地球サミットで「**持続可能な開発**」を目標とすることを確認。2015年の国連サミットで採択された「**持続可能な開発目標（SDGs）**」が，2030年までの17の目標となっている。

参考

現在の世代と将来の世代

若者は，自分たちが「将来の世代」だと思いがちだが，この言葉は基本的に子や孫の世代をさす。しかし，未成年と成年，若者と高齢者など，「現在の世代」の間で相互理解を深めることも大切である。

発展

公助・共助・自助

毎年のように各地で起きてしまう自然災害の中で，**減災**（被害をできるだけ少なくする）の意識が高まっている。国や地方公共団体による支援や救助を**公助**，地域社会における協力や助け合いを**共助**，家庭内や個人の防災・減災行動を**自助**という。

いては，太陽光・風力・地熱などの**再生可能エネルギー**の導入が進みました。また，復興活動の中で見られた**ボランティア**や，国内外を問わない多くの支援や協力によって，私たちは人と人とのつながり(絆)の大切さに改めて気づきました。悲しい経験を忘れることなく，未来の社会づくりに役立てていくことが私たちの使命です。

3 私たちがつくる社会

持続可能な社会を実現するためには，国や地方の政治家や公務員まかせでなく，私たち一人一人の積極的な**社会参画**が重要です。そのためにも，私たちは現代社会の課題に常に関心をはらい，その原因を探り，課題を解決するための方法を，多くの人々とともに検討・実践し続けなければなりません。2020年に起きた**新型コロナウイルス感染症**の世界的流行でも，私たちは互いが協力することの重要さを，再確認することになったのです。

新型コロナウイルス感染症の世界的流行

2020年の春，WHO(世界保健機関)は，新型コロナウイルス感染症をCOVID-19と名づけた。世界各地の都市でロックダウン(都市封鎖)が行われ，日本でも東京オリンピックが延期になるなど，大混乱が起きた。

GRADE UP!
グレードアップ

環境に関する国際会議

国連人間環境会議
1972年，**スウェーデンのストックホルム**で開催。「**かけがえのない地球**」がスローガン。
人間環境宣言が採択され，国連環境計画(UNEP)の設立を決定。

国連環境開発会議(地球サミット)
1992年，**ブラジルのリオデジャネイロ**で開催。「**持続可能な開発**」が基本理念。
環境と開発に関する**リオ宣言**と行動計画の**アジェンダ21**が採択される。

持続可能な開発に関する世界首脳会議(環境開発サミット)
2002年，**南アフリカのヨハネスブルグ**で開催。「リオ＋10」ともいう。ヨハネスブルグ宣言が採択される。2012年には，リオデジャネイロで「リオ＋20」が開催された。

TRY! 思考力

「持続可能な社会」を実現するためには，社会参画や意識を高めることが必要だが，具体的に何ができるだろう？　中学生の立場で考えなさい。

ヒント　立候補して政治家になったり，試験を受けて公務員になったりできる年齢ではない。とはいえ，今の暮らしの枠内で，中学生にできることはないだろうか？

解答例　家族でボランティアに参加し，クラス単位・学校単位で意見をまとめて発表する。意識的に資源の無駄づかいを減らし，ニュースに注目して常に社会問題に関心をはらう。

UNIT 2

グローバル化

着目 グローバル化の進展で，生活や社会はどのように変化し，どんな課題があるのか？

要点

- **グローバル化** 地球規模で国境を越えて世界の一体化が進むことをグローバル化という。
- **国際分業** 国際競争が発生し，モノやサービスなどさまざまな形で国際分業が進んでいる。
- **国際協力** 各国が協力して取り組むべき国際問題は多く，国際協力が必要とされている。

1 グローバル化とは？

自宅をぐるっと見わたしてみてください。外国発のライフスタイルやファッション，食べ物や飲み物，音楽や映画などの影響がたくさんありますね。外に出てスーパーやコンビニに行けば，さまざまな国で作られ，輸入された商品が売られていることに気づくでしょう。

航空機や大型船などの交通手段の発達と高速化により，貿易が盛んになって，現代では外国で作られたモノを昔よりはるかに速く，大量に輸送できるようになりました。世界の各国は外国のモノを以前より簡単に手に入れることができるようになったのです。

また，私たちは衛星中継や海外の番組を通じて，世界中のスポーツやニュースをいつでも見ることができます。学校の友達が海外旅行に行ったという話を聞くこともあり，繁華街や観光地では外国人旅行者が歩いているのも見られます。

このように，たくさんの人やモノ(商品)，お金や情報などのサービスが国境を越えて盛んに移動することで，**世界の一体化**が進んでいます。これを**グローバル化**(**グローバリゼーション**)といいます。「**ボーダーレス**(国境のない)時代」という言葉を聞いたことのある人も多いでしょう。

日常生活のグローバル化

スマホのアラームでめざめ，シャワーを浴び，シャツを着てネクタイを締め，テーブルでトーストとコーヒーの朝食をとり，自室のパソコンでネットニュースとメールをチェックし，靴をはきマンションを出る，という会社員の朝の風景も，めずらしくない。

インバウンド

外国人が日本を訪れること。訪日外国人観光客からの収入を**インバウンド**収入という。逆に，日本人の海外旅行はアウトバウンドという。近年，日本は観光を国の重要な成長戦略の柱として位置づけてきたが，インバウンドに極端にたよりすぎていることが，2020年にはじまったコロナショックにより浮き彫りとなった。

2 国際競争と国際分業

モノやサービスを簡単に輸出・輸入できるようになると，国内で作られたものと国外で作られたものとの間で，どちらがより良いモノやサービスを安く提供できるか，といった**国際競争**が激しくなります。各国が国際競争力のある得意な産業に力を入れ，競争力のない不得意な産業については輸入にたよることで，**国際分業**が行われるようになります。例えば，日本の建設会社はタワーマンションを建て，各戸の住宅設備の部品は中国や東南アジアにたよっています。その結果，世界各国は，自国で生産された商品・サービスだけで生きていくことが難しくなり，互いに大きく依存するようになってきます。外国に工場や支社，営業所を置くこともめずらしくありません。

そのような中，日本では食料品の輸入が増え，「食の国際化」が進んでいます。もはや各家庭の食卓は，国産品だけではとても立ちゆきません。一方で，食料を国内生産でどの程度まかなえているかを示す，**食料自給率**の低さが課題となっています(カロリーベースで2017年度に約38％➜p.36)。

3 グローバル社会と日本

グローバル化が進み，企業や人々が国境を越えて交わることで，私たちの生活は確かに便利になりました。一方，新型コロナウイルス感染症の世界的な流行や地球温暖化のように，各国が協力して取り組むべき**国際的な問題**も増えてきました。また，世界では豊かな先進工業国と貧しい発展途上国との間の格差が広がっています。途上国の中には，深刻な貧困問題をかかえている国も多いのです。このような中，経済的に豊かな日本の国際社会における役割は重要になってきており，**国際協力**をはじめとする，さまざまな取り組みが期待されています。

グローバル化は，私たちの身近な地域にも影響をおよぼしています。日本で暮らす外国人が増え，さまざまな文化や習慣をもった人々がともに生活する**多文化社会**が進展しています。多文化社会では，互いの文化や習慣，個性や特徴を尊重し合って，ともに協力して暮らしていくことが求められています(➜p.36)。

多国籍企業

複数の海外の国に拠点をもつ企業を**多国籍企業**という。世界中の都市で，有名な日本企業の看板が見られたり，日本でも外国企業の展開する店や商品を日常的に利用していたりする(ファストフード店やスポーツ用品など)。

エスニックタウン

日本国内にも，古くからあるチャイナタウン(横浜・神戸・長崎の中華街)やコリアタウン(東京都の新大久保・大阪府の鶴橋など)に加え，東京都の北池袋や埼玉県の川口のようなニューチャイナタウン，群馬県の大泉町のようなブラジルタウンなど，さまざまな**定住外国人**が民族ごとに集まり暮らす場所(**エスニックタウン**)がある。

表現力

人々が国境を越えて協力するようになったのはなぜですか。具体例を 2 つあげて書きなさい。また，国際協力のために例えばどんなことが行われていますか。

ヒント　国境を越えて起きた問題で，印象深いものは何だろう。最近起きた身近な話題と，ふだんは忘れがちなものを考えてみよう。

解答例　新型コロナウイルス感染症の世界的流行や，地球温暖化・オゾン層の破壊に代表される環境問題など，地球規模の問題を解決するため。国際協力のために，国際会議や情報提供，支援や技術協力が行われている。

UNIT 3

少子高齢化

着目 少子高齢化の進行で，生活や社会はどのように変化し，どんな課題があるのか？

要点

- **少子高齢化** 出生率が低下し，人口全体に占める高齢者の割合が増加することをいう。
- **家族** 家族の形は多様化してきており，核家族や単独世帯の割合が多くなっている。
- **社会保障** 現役世代の負担増加と社会保障の充実をどう解決していくかが大きな課題。

1 少子高齢化とは？

日本は現在，晩婚化や非婚化，兄弟姉妹数の減少が進み，**少子高齢社会**をむかえています。結婚や子をもつことをふくむ個人の人生に対する価値観の変化，長時間労働や保育所の不足，男性の育児休暇取得率の低さに見られる仕事と子育ての両立の難しさ，高まる教育費に対する経済的事情などから，一人の女性が生む子どもの数である**合計特殊出生率**はいちじるしく減っています(2018年で1.42，人口維持には2.07が必要)。14歳以下の**年少人口**は1975年から減り始め，深刻な問題となっています(**少子化**)。

一方で，医療技術の進歩や栄養状態・健康管理の向上などにより**平均寿命**が延び，人口全体に占める65歳以上の**老年人口**の割合が増えています(**高齢化**)。このように，子どもが減少し，高齢者の割合が増加することを**少子高齢化**といい，21世紀半ばには，日本の人口の約4割を高齢者が占めると予想されています。さらに，2005年からは出生数が死亡数を下回り，**人口減少時代**に突入しています(➡p.37)。

2 多様化する家族

少子高齢化が進む一方で，家族の形も多様化しています。日本は，戦後，祖父母と親子などで構成される拡大家族の割合が減少し，親子または夫婦だけの**核家族世帯**の割合が増加しました。近年では，一人暮らしの**単独世帯**の割合も大きくなっています(➡p.37)。

また，共働き世帯や高齢者だけの世帯が増えたことで，**出産・育児**や**介護**などを家族だけで担うことが難しくなっています。このような社会では，育児に不安やストレスを感じている人の手助けや，一人暮らしの高齢者への声かけや見守りなど，世代間のつながりや地域の交

用語

平均寿命

2018年時点の日本人の平均寿命は**男性81.25歳**，**女性87.32歳**で，男女ともに香港につぐ世界2位。しかし，自立して生活できる健康寿命は男性72.14歳，女性74.79歳で，平均寿命と大きな開きがある。

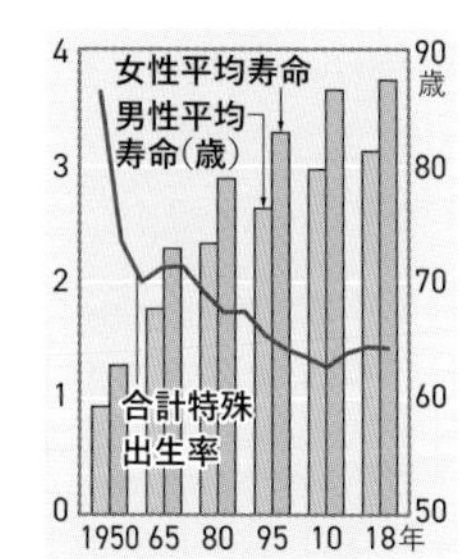

(国立社会保障・人口問題研究所資料による)

発展

高齢化

総人口に対する老年人口比率(＝高齢化率)が7％を超えた社会を**高齢化社会**，14％を超えた社会を**高齢社会**，21％を超えた社会を**超高齢社会**という。日本は2019年時点で高齢化率が世界一の28.4％。

流を深めていく必要があります。

3 安心社会をめざして

だれもが安心して暮らせる社会を実現するためには，**社会保障制度**，特に働く親やその児童，老人に対する**社会保険**や**社会福祉**の充実が欠かせません。経済的支援のほか，子どもを生み育てやすいような保育所や，高齢者が安心して暮らしていけるような介護サービスを整備するなど，国や地方による制度の拡大が求められています。

しかし，このまま少子高齢化が進むと，高齢者の生活を支える年金や医療，介護などの社会保険にかかるお金が増え続けます。同時に，それを支える15歳～64歳の**生産年齢人口**(**現役世代**)が減少するため，労働力が足りず産業全体も衰退し，国民一人あたりの経済的な負担が重くなります。それが，世代間のつながりや地域の交流がうすれていく要因にもなるため，負担の増加への対応と社会保障の充実をどう両立させていくかが，今日，大きな課題となっています。

分析

無縁社会

世代間のつながりや地域との交流がうすれていくだけでなく，同世代間のつながりや，社会における**生きがい**を失い，孤立を深めていく人が増えている。若い世代を中心に，SNS(ソーシャルネットワーキングサービス)を通じたコミュニケーションが普及し，生身のふれあいが減っている。その陰で，高齢者が高齢者を介護する老老介護問題や，若い世代の育児放棄，児童虐待など，新たな課題が出てきている。

COLUMN
コラム

家族構成の変化

日本は戦後，男尊女卑の「家」制度を廃止し，法的には男女平等となりました。女性が男性の家庭に文字通り「嫁」に入る発想がうすれ，世帯としては，**核家族の割合が最も大きくなっています**(2018年時点で全世帯の60.5%)。しかし近年，**最も増加率が高いのが単独世帯です**(同26.9%)。晩婚化・非婚化が進んだだけでなく，高齢者の夫婦が死別してから長く一人暮らしをする場合も増えています(➡p.37)。スーパーやコンビニでは，少量のパックやミニサイズの商品が多く見られますが，これは，単身者だけでなく夫婦のみの家庭もふくめ，家族の構成人数が減っていることに対応しているのです。

TRY! 表現力

少子高齢社会において，少子化対策として必要だと思うことを，育児の視点から書きなさい(必ず「育児」という語句を使用すること)。

ヒント　少子化対策には，さまざまな方法が考えられるが，あくまでも指定語句である「育児」に引き寄せて考えよう。晩婚化・未婚化などにはふれない。

解答例　(例1)育児を支援するための手当の支給や保育所の増設，女性が出産後も働き続けられる制度の整備や，男性の育児休暇の積極的取得など。
(例2)「育児は母親がするもの」という人々の意識の改革。

UNIT 4

情報化

着目 情報化の進展で，生活や社会はどのように変化し，どんな課題があるのか？

要点
- **情報化** 社会において情報が果たす役割が大きくなることを情報化という。
- **社会の変化** 情報化により，私たちの社会は便利で効率がよくなり，急速に変化している。
- **課題** 情報社会では，情報リテラシーを身につけ，情報モラルを守ることが重要となる。

1 情報化とは？

私たちは，ネット・新聞・雑誌・テレビ・ラジオなどのさまざまな**メディア**を活用して，情報を得ています。例えば外食をするときには，店のホームページやグルメサイトで，立地や値段，メニューや評判などを事前に確認することができます。1990年代半ば以降，**インターネット**や**パソコン**，携帯(けいたい)電話が急速に普及(ふきゅう)し，近年では**スマートフォン**に加え，タブレット型端末(たんまつ)も広く使われるようになりました(➜p.37)。

21世紀の社会では，コンピュータやインターネットなどの**情報技術**(**IT**)・**情報通信技術**(**ICT**)がいちじるしく発達しています(**IT革命・ICT革命**)。これにより，大量の情報を簡単に処理することができ，国境を越(こ)えて世界中の人々とコミュニケーションをとったり，多様な情報を入手して共有し，発信できるようになりました。このように，社会において情報が果たす役割が大きくなることを**情報化**といいます。情報化の進展は，グローバル化の大きな要因にもなっています。また国内では，情報通信技術が高齢(こうれい)化や地域格差，人口減少の進む社会を支えていくものとしても期待されています。

2 情報化による社会の変化

情報化の進展で，生活や仕事は便利になりました。必要な情報はネットで検索(けんさく)でき，オンラインショッピングの普及で，店に行かなくても買い物ができます。クレジットカードや電子マネーなどを使えば，現金(キャッシュ)をやりとりする必要がありません(**キャッシュレス決済**)。また店側も，コンピュータによってどの商品がどれだけ売れているのかをすぐに把握(はあく)し，商品を効率よく管理できるようになっています。企業(きぎょう)の出勤や退勤の管理，オンライン会議や在宅のリモート

情報通信技術(ICT)

ICTはInformation and Communication Technologyの略称。スマホやパソコンを利用したオンラインショッピングや電子マネー，POSシステム(販売(はんばい)時点情報管理システム)，GPS(全地球測位システム)など，日々の暮らしに欠かすことができない。

ビッグデータ

ICTの発達により，大量のデータを収集したり，分析することが容易になった。ここから事業(ビジネス)に役立つ知見を導き出すためのデータを**ビックデータ**という。

キャッシュレス

2019年の消費税増税や2020年のコロナショックをきっかけに，キャッシュレスの風潮は急速に進展している。「だれがどんな手で触(さわ)ったかわからない」と，現金を触りたがらない人も増えているらしい。

ワークも普通になりました。君たちも学校や塾で，デジタル資料やオンライン講義にふれたことがあるはずです。

3 情報社会の課題

情報の価値と役割が高まっている**情報社会**では，経済や教育の格差が**情報格差（デジタルディバイド）**を生み出し，新たな不平等を拡大させている側面もあります。例えば，ネットを使えない老夫婦が定価で旅館に泊まり，若者が格安サイトで予約して半額で泊まる場合，予約係以外にその情報は知らされないため，滞在中の待遇は同じです。こういう状態はよく見られます。また，オンラインゲームなどに熱中するあまり**ネット依存**におちいったり，子どもが有害情報にふれやすくなったりもします。

高度な情報通信ネットワーク社会で生活していくために，私たち一人一人は，情報を批判的に読み取り活用する力（**情報リテラシー**）を身につける必要があります。ネット上には大量の情報があふれているので，必要な情報を適切に取捨選択し，有効に活用していくのです。

また，情報の入手が便利になる一方で，**個人情報**や企業・団体の内部情報が，知らないうちに流出するおそれもあります。情報は，慎重な取りあつかいが求められます。さらにネット上では，自らの名前をかくしたまま，情報を簡単に発信・共有することが可能です。これを悪用し，個人や企業に迷惑な情報を流したり広げたりしてはいけません。ネット上では，一度広がってしまった情報を取り消すことは困難です。もちろん，他人の**知的財産権**や**肖像権**の侵害になることもやめましょう。情報社会において，私たちには，情報を正しく利用する態度（**情報モラル**）が問われているのです。

情報の発信・共有

2010年末のチュニジアを皮切りに，エジプト・リビア・イエメンなど北アフリカ・西アジアのアラブ民族に広がった民主化運動・革命を「アラブの春」という。ツイッターなどのSNS（ソーシャルネットワーキングサービス）を通じて民衆が連携したことに大きな特徴があり，その成功は世界に衝撃をあたえた。

⬆ 情報モラルに反する行為

TRY! 表現力

情報社会で私たちが気をつけなければならないことは何か，2文で書きなさい。また，それを表す用語をそれぞれの文末に（　　）でつけ加えなさい。

ヒント　情報を発信する側として1つ，情報を受け取る側として1つ考えてみよう。情報社会では，あまりにも簡単に発信できるし，受け取る情報はとても多いことから問題が生じる。

解答例　（例1）情報を発信するとき，個人情報の流出や知的財産権や肖像権などに配慮すること（情報モラル）。
（例2）情報を受け取るとき，自分を守るために情報の正しさや価値を判断して活用すること（情報リテラシー）。

特集

国民の負担増

● 日本の社会保障制度

2003年，子育て支援のための**少子化社会対策基本法**が施行されました。2009年には，仕事と育児・介護の両立を支援するための**育児・介護休業法**が改正されるなど，**少子高齢化**に対する環境づくりが進められています。

国民の暮らしを支える**社会保障制度**のうち，病気や失業などのリスク(危険性)に備えて加入者があらかじめ保険料を支払い，生活に困難をもたらす事故が発生したときに給付を受ける制度を**社会保険**といいます。日本の社会保険は，医療保険・年金保険・雇用保険・労災保険・介護保険の５つに分かれています。

● 高齢化社会の問題点

本来，長生きすることはマイナスではないので，高齢化じたいは問題ではありません。高齢化と同時に少子化が進んでいることにより，医療保険や年金保険で，**現役世代**(15～64歳の生産年齢人口)の負担が増したり，**労働力不足**で産業が停滞したりすることが問題なのです。

● 国民の負担感

高齢者１人分の基礎年金を何人の現役世代が支えるかを示すのが，下のイラストです。

従来は，多数の現役世代で高齢者１人を支える「**胴上げ**」だったものが，1990年代には，３人で１人を支える「**騎馬戦**」になりました。2020年代には，もう２人で１人を無理に胴上げしている状態に近いです。それが，2050年代には，１人が１人を「**肩車**」する状態へと変化していきます。

これを解決するには，出生率を上げて将来の現役世代を増やし，高齢者をふくむ全国民の負担を増やしていくことが必要です。そのためにはまず，経済状態をよくしなければならず，課題は山積みです。

また，婚姻率や出生率を上げることは，簡単なことではありません。そもそも結婚や出産は個人の価値観の問題です。世界中で進んでいる多様性(ダイバーシティ)を認める動きと逆行しないように注意しなければなりません。

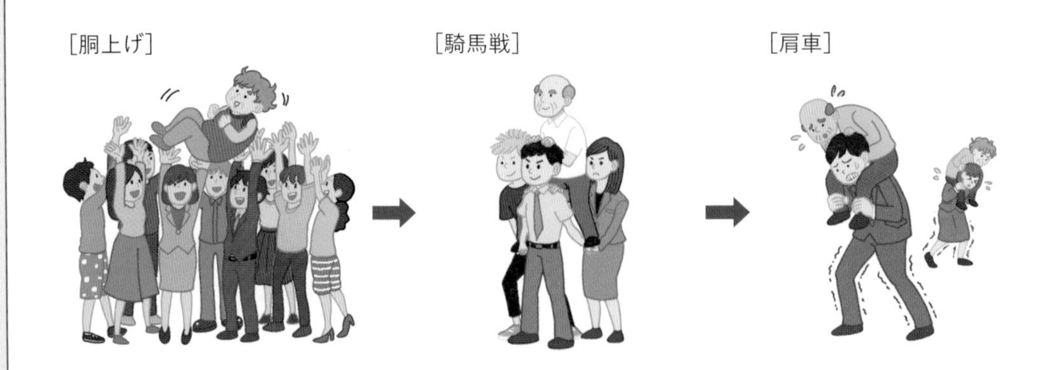

☑ 用語チェック

できたらチェック！	QUESTIONS	ANSWERS
□	現在の世代の幸福と将来の世代の幸福が両立できる社会を「（ ① ）社会」という。	①持続可能な
□	2011年の（ ② ）は，巨大津波や福島第一原子力発電所事故なども引き起こした。	②東日本大震災
□	1992年にリオデジャネイロで開催された（ ③ ）は「持続可能な開発」を基本理念としていた。	③国連環境開発会議［地球サミット］
□	人・モノ・お金や情報などが国境を越えて盛んに移動し，世界が一体化していくことを（ ④ ）という。	④グローバル化［グローバリゼーション］
□	各国が国際競争力の強い分野で（ ⑤ ）をし，弱い分野では輸入品にたよることを（ ⑥ ）という。	⑤輸出 ⑥国際分業
□	日本も現在，外国人をふくむさまざまな文化や習慣をもった人々がともに暮らす（ ⑦ ）となっている。	⑦多文化社会
□	子どもが減少し，高齢者の割合が増加することを（ ⑧ ）といい，特に先進国で急速に進んでいる。	⑧少子高齢化
□	親子または夫婦だけの（ ⑨ ）世帯や，一人暮らしの（ ⑩ ）世帯の割合が増えている。	⑨核家族 ⑩単独
□	だれでも安心して暮らせる社会の実現には，社会保険や社会福祉などの（ ⑪ ）制度が不可欠である。	⑪社会保障
□	情報の価値や役割がいちじるしく高まっている社会を（ ⑫ ）という。	⑫情報社会
□	情報通信技術（ICT）が発達した現代において，情報を批判的に読み取り活用する（ ⑬ ）が必要とされる。	⑬情報リテラシー
□	個人情報を流出させたり肖像権を侵害したりすることは，（ ⑭ ）に反する行為である。	⑭情報モラル

UNIT 1

私たちの生活と文化の役割

着目 「文化」は私たちの生活において，どのような役割を果たしているのだろう？

- **「文化」の意味**　人間が物質的・精神的につくり出したものすべてを「文化」という。
- **「文化」の領域**　「文化」の代表的な領域には，科学・宗教・芸術の３つがある。
- **「文化」の課題**　「文化」には良い部分だけでなく，悪い部分(マイナスの側面)もある。

1 私たちの生活と文化

「**文化(カルチャー)**」という言葉には，さまざまな意味があります。例えば，「文化財」「文化遺産」には，城や仏像のような**有形**のモノ以外に，伝統行事や伝統芸能の「わざ」のような**無形**のものがあります。

また，学校の「文化祭」や駅前の「カルチャースクール」というときの「文化」には，**教養**という意味がふくまれていますし，私たち日本人の言葉やあいさつ，食べ方や入浴法など，価値観や生活様式をふくむ人の思考やはたらきのすべてが**日本文化**です。

もちろん，柔道や高校野球も武道・スポーツ文化ですし，子どもや若者が大好きな漫画やアニメ，ゲームやグループアイドルも，文化の主流(メイン)ではなかったかもしれませんが，「サブカルチャー」や「カウンターカルチャー(対抗文化)」として，日本で発展してきました。歴史をふり返れば「天平文化」「元禄文化」という言葉もあります。このように，人が物質的・精神的につくり出したものすべてを「文化」というのです。

例えば，アメリカで育てば，積極的に自己主張をし，私生活と仕事の区切りをはっきりつけ，お金持ちになったら寄付をするのが当たり前だと思うようになるかもしれません。ステレオタイプな表現ですが，これも，ハンバーガーやフライドチキン，バスケットボールや野球，ハリウッド映画やブロードウェイミュージカルと並ぶアメリカ「文化」といえるでしょう。

2 科学・宗教・芸術

文化の代表的な領域として，**科学**，**宗教**，**芸術**があります。

科学はさまざまな技術を発展させ，暮らしを向上させてきました。

日本文化

日本で育てば，日本語を話し，お辞儀をし，靴をぬいで家に上がり，箸を使って食事をするといった行動の仕方が自然と身についていく。これも広い意味での「文化」である。

↑お辞儀

ステレオタイプ

型にはまった画一的なイメージをさす。物事を単純化することで，偏った見方に固定化してしまうことが多い。

例えば，生産技術の発達は人々を飢えや貧困から救い，交通技術の発達は短時間で長距離の移動を可能にし，医療・看護技術の発達は生命の安全や健康の維持に貢献してきました。

科学と同じような意味でよく使われるのが「**学問**」です。私たちは，生きる意味や人としてのあり方などについて，悩み考えることがあります。そのために哲学や倫理学という人文科学系の学問がある一方で，**宗教**は，神や仏など人を超えた存在を信じることで，人や世界に関する根本的な問いへの答えを見つけ出し，不安からのがれ，心のやすらぎをあたえたりします。日本には「無宗教」を自称する人も多いですが，これは世界では少数派です。

また，私たちは，生活にうるおいを求めてコンサートに出かけたり，美術展や演劇を鑑賞したりします。小説や漫画を読み，映画を観て，登場人物の生き方に感動したり，教訓を得たりします。このように，**芸術**は人生を豊かにするのに役立ちます。

3 文化の役割と課題

文化は，私たちの社会生活に大きな**プラスの役割**を果たしています。しかし，**マイナスの側面**もあります。例えば，土木工事の道具としてノーベルが発明したダイナマイトは，戦争に利用されるようになりました。また，原爆投下や原発事故のように，科学技術は，運用法や対処の仕方によっては深刻な害をもたらす危険性(リスク)をもち合わせています。さらに，世界では，異なる宗教や宗派を信じる人々の間で対立や紛争，テロ事件も起こっています。私たちは，このような負の側面もあることをふまえ，文化が人々の暮らしと平和・幸福のために役立つよう，互いに話し，理解し合っていく必要があります。

用語

科学

仮説を立て，真理を探る人間の知的な営みを「**学問**」といい，大学・大学院といった高等教育機関で担われる。科学は**人文科学・社会科学**(いわゆる「文系」学問)と**自然科学**(いわゆる「理系」学問)の３つに分類されるが，中間的(学際的)な分野での研究も行われる。

参考

世界の宗教

民族を問わず世界中に信者がいる**三大宗教**が**キリスト教**(カトリック・プロテスタント・正教会など)，**イスラム教**(スンナ派・シーア派など)，**仏教**(大乗仏教・上座部仏教など)である。三大宗教以外にも，ユダヤ教，ヒンドゥー教，儒教，神道など特定の民族中心の宗教がある。

⬆ イスラム教の礼拝

TRY! 思考力

「文化」について正の側面(プラスの部分)と負の側面(マイナスの部分)をあげ，負の側面の解決法を考えなさい。

ヒント　負の側面の具体例が，その解決法と結びついているかどうかに注意しよう。また，書き終えたあと，問いの３つの条件を満たしているかを確認しよう。

解答例　科学は暮らしを向上させ，宗教は心に安らぎをあたえ，芸術は心を豊かにする。しかし，科学は軍事に転用されて戦争の被害を大きくする危険性をふくみ，宗教や芸術は争いを生むこともある。互いの文化を理解し合い，話し合うことが重要である。

UNIT 2

伝統文化と新たな文化の創造

着目 伝統文化は，生活や物の見方，考え方にどのような影響をあたえているのだろう？

- **伝統文化**　長い歴史の中で育まれ，人々に受け継がれてきた文化のことを伝統文化という。
- **多様性**　各地域の文化，琉球文化，アイヌ文化，海外の文化など多様な文化が存在している。
- **継承と保存**　伝統文化は継承が難しいが，国などが文化財保護法で保存に努めている。

1 伝統文化とは？

ユーラシア大陸の東，ヨーロッパからは「極東」とよばれる地域にある島国の日本は，大陸の影響を受けながら独自の文化を形成してきました。例えば，漢字は，古墳時代に中国から朝鮮半島を経由して日本に伝えられたものですが，それをもとにして平安時代に平がな・片かなが作られました。海外から仏教や儒教も伝わりましたが，日本の神々と融合したり，朝廷・幕府などの権力が支配のために利用したりして，生活・社会の中に根づいてきました。

このように，長い歴史の中で育まれ，人々に受け継がれてきた文化を**伝統文化**といいます。日本の伝統文化の中には，**能・狂言**や**歌舞伎・文楽**，茶道・華道や和歌・俳句のように，専門家によって担われてきた文化と，衣食住（和服・和食・日本建築），**年中行事**，**冠婚葬祭**などのように，広く一般の人々の日常の中で培われてきた**生活文化**があります。

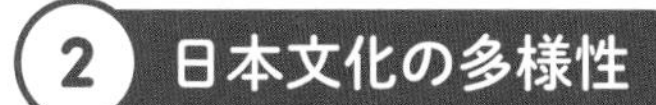

2 日本文化の多様性

日本には地域によって気候や風土に応じた多様な文化が存在します。方言や県民性，特産物を使った郷土料理，行事・祭りなどが代表的なものです。

また，日本には**南方の琉球文化**，**北方のアイヌ文化**という２つの独特な文化があります。**琉球文化**は，かつて琉球王国だった**沖縄**や**奄美群島**の人々によって受け継がれてきた文化です。日本や中国，朝鮮半島や東南アジアとの歴史的交流が背景にあります。**アイヌ文化**は，**北海道**や樺太（ロシア領サハリン），千島列島（ロシア領クリル諸島）を中心に暮らしてきた先住民族アイヌによって受け継がれてきた文化で

⬆ 歌舞伎

用語

冠婚葬祭

家族で共有する，元服（成人儀式），婚礼，葬儀，祖先の祭祀の４つ。

参考

生活文化

正月に初詣に行き，春に花見を楽しみ，夏祭りや秋祭りに参加するなど，私たちの身近な生活の中にも伝統的な習慣が見られる。「おかげさま」や「おたがいさま」，東京オリンピック誘致のさい有名になった「おもてなし」といった言葉にこめられた価値観や心情も，日本の風土の中で形成された伝統文化といえる。

す。**アイヌ文化振興法**を引き継いだ2019年制定の**アイヌ民族支援法**(**アイヌ新法**)により，アイヌ文化の継承が後押しされています。

また，日本は欧米のキリスト教文化もとり入れています。10月31日のハロウィンや，12月25日のクリスマスは，もはや日本の年中行事として定着しました。また，日本に定住する在日韓国人・朝鮮人や中国人，ブラジル人やフィリピン人なども，母国の文化を大切にしながら日本人との交流を深めています。このような多様な文化が存在することで，日本の文化は豊かなものになっています。

地域的多様性

例えば，正月の代表的な食文化の1つである雑煮も，もちが四角いか丸いか，もちを焼くか焼かないか，すまし汁か味噌仕立てか(小豆ぜんざいもある)など，地域によって異なっている。

アイヌ文化振興法

アイヌの人々の民族としての誇りが尊重される社会の実現をめざし，1997年に制定された。これにより，1899年から続いていた差別的な**北海道旧土人保護法**は，ようやく廃止となった。さらに，アイヌ民族支援法で，アイヌ民族は先住民族として位置づけられた。

3 伝統文化の継承と保存

日本各地には，行事・祭りや芸能などの伝統文化が残っています。しかし今日，少子高齢化や大都市への人口流出によって，伝統文化の継承者である若者が少なくなり，存続が危ぶまれる地域が増えました。国や地方公共団体は，1950年に制定された**文化財保護法**に基づき，有形・無形・民俗文化財や記念物・文化的景観，伝統的建造物群の保存に努めています。日本独自の生活や物の見方，考え方を大切にしていくためにも，伝統文化の継承や保存は欠かせません。また，さらにそこから新たな文化を創造していくことも必要です。

COLUMN
コラム

年中行事

毎年同じ時期に，同じ様式の習慣的な行事として継承されてきたもの。1月の**初詣**，2月の**節分**，3月の**ひな祭り**・春の**お彼岸**，4月の花見・**花祭り**，5月の**端午の節句**，7月の**七夕**(8月の地域もある)，8月の**お盆**(7月の地域もある)・**夏祭り**，9月の**十五夜**・月見・秋のお彼岸，10月の**秋祭り**，11月の**七五三**，12月のすす払い(大掃除)・**大みそか**などがあります。

TRY! 表現力

男性に限定された伝統芸能，女性向けの年中行事の例をそれぞれあげながら，日本の「伝統文化」とはどのような文化なのかを説明しなさい。

ヒント　伝統芸能のうち，男性しか舞台に上がれないものを考えてみよう。また，女の子向けの年中行事を思い出してみよう。

解答例　歌舞伎のように専門家によって担われてきた伝統芸能，ひな祭りのように広く一般の人々の中で培われてきた年中行事などの生活文化に代表される，日本の長い歴史の中で育まれ，受け継がれてきた文化。

UNIT 3

多文化共生をめざして

着目 多文化共生の社会を築くために，私たちにできることは何だろう？

要点
- **日本文化** 日本の文化が世界に広がる一方で，世界の文化が日本に影響をあたえている。
- **外国文化** 日本の中の外国文化として定住外国人の文化があり，日本人との交流も進む。
- **多文化共生** 多文化共生を実現していくため，私たち一人一人に異文化理解が求められる。

1 世界に広がる日本文化

日本の文化の中には，世界で広く受け入れられているものが数多くあります。すしや天ぷらといった食文化，柔道や空手といった武道，日本の漫画やアニメ，ゲームなども海外で親しまれています。また，「もったいない」という日本人の価値観を表す言葉は，ケニアの女性環境保護活動家で2004年にノーベル平和賞を受賞したワンガリ・マータイによって，ごみの減量(リデュース)，再使用(リユース)，再生利用(リサイクル)という「**3R**」の考え方をすべてふくむ言葉として高く評価されました。

一方で，グローバル化や情報化の進展によって，食べ物やファッション，音楽や伝統行事などさまざまな文化が世界から日本にもちこまれ，日本の文化に影響をあたえています。

2 日本の中の外国文化

日本には，戦前から住んでいる在日韓国人・朝鮮人，中国人とその子孫のほか，ブラジル人やペルー人，インド人やフィリピン人，イラン人やクルド人など，外国にルーツをもつ人々がたくさん暮らしています。これらの**定住外国人**は，自国の文化を大切にしながら生活しています。港のそばや工場の多い場所，駅のそばや住宅団地など，同じ民族が特定の地域に集まり，エスニックタウン(民族街)を形成することも多いのです。

3 多文化共生と異文化理解

グローバル化が進展し，国境を越えて人やモノ，情報などのサービスが移動することで，新しい多様な文化が生み出されてきました。そ

↑ 世界に広がるアニメ

分析

外国文化の流入

ファストフードやカフェ，ジーンズやスーツケース，ロックやヒップホップ，ハロウィンやクリスマスなどは欧米の文化。タピオカティーやラッシー，ヨガや韓流ドラマなどはアジアの文化。以前のように，特定の留学者・渡来者や国際使節により文化が導入されるのではなく，グローバル化の中で，一般の人々が文化伝播の担い手となっている。

参考

定住外国人と日本人の文化交流

エスニックタウンに暮らす定住外国人は，行事や祭りを近隣の日本人にも開放することも多く，互いに楽しめる交流の場となっている。

の反面，グローバル化は文化の多様性を壊し，個々の地域や民族固有の伝統的文化との間に，大きな摩擦や衝突を生み出しているともいえます。急速に進むグローバル化に対する抵抗や反発として，極端に保守的で伝統的な価値観にこだわったり，もどろうとしたりする傾向も見られます。

多文化共生とは，国籍や民族，宗教などの異なる人々が，互いの文化の違いを認め合い，対等な関係を築こうとしながら，社会の一員としてともに生きていくことを意味します。多文化共生社会を実現していくために，私たち一人一人には，異なる文化と接して「多様な文化が存在するという事実を知る」だけでなく，「多様な文化を理解しようとする」態度(**異文化理解**)が求められます。

例えば，自国でふだんからしていることや，親切心からしたことでも，他国から見れば失礼なことと受け取られる場合は多くあります。特に宗教に関する習慣を破ったり，軽んじるような態度をとったりすることは，最大の侮辱と受け取られることがあります。また，各国の**国旗**や**国歌**に敬意をもって接することは，大原則となります。日本国内においても，海外に行くさいにも，注意が必要です。

異文化を理解することは，自文化に対する伝統を認識し，理解を深めることにもつながります。また，異文化を理解するだけでなく，自文化を理解してもらうための努力も必要です。

異質な文化であっても，文化のもつ固有の価値は対等ですから，文化の間に優劣をつけることはあってはなりません。それが結果として，**差別**や**偏見**を生み出し，大規模な**紛争**にまでつながることもあります。さまざまな文化や考え方をもつ人が協力し，相互理解を深め合い交流を進めることでこそ，より良い社会を築いていくことができるのです。

ダイバーシティ

多様性のこと。ユネスコの世界宣言では「生物的多様性が自然にとって必要であるのと同様に，**文化的多様性**は，交流，革新，創造の源として，人類に必要なもの」と位置づけられている。

異文化理解

各文化の特徴を知るだけでなく，各文化に育まれた人々の文化への愛着と敬意の心を理解することが大切である。

国旗・国歌

世界の主権国家には国旗と国歌があり，さまざまな歴史や意味，愛情や希望がこめられている。日本では，1999年に**国旗・国歌法**が制定され，「**日章旗**(日の丸)」が国旗，「**君が代**」が国歌と正式に定められた。

異文化を理解するためには，どのような考え方が大切か説明しなさい。また，異文化理解のよい影響(メリット)を１つあげなさい。

ヒント　ある外国の知人(実際にいてもいなくても)を理解しようとするとき，どのように考えるか。また，「異文化」に対する「自文化」を想定してみよう。

解答例　自文化と異文化の間や，異文化間で優劣をつけるのではなく，各文化の歴史や宗教，社会的背景も理解し，尊重し合う姿勢をもつことが大切である。また，異文化理解が進むことで，自文化への理解も深まる。

特集

京都の伝統文化

● 京都の有形・無形の文化財

江戸時代まで日本の首都で，世界的な観光都市でもある**京都**は，**伝統文化**の宝庫です。

「古都京都の文化財」としてユネスコの**世界文化遺産**に登録されているのは，上賀茂神社，下鴨神社，教王護国寺(東寺)，清水寺，延暦寺，醍醐寺，仁和寺，平等院，宇治上神社，高山寺，西芳寺(苔寺)，天龍寺，鹿苑寺(金閣寺)，慈照寺(銀閣寺)，龍安寺，西本願寺，二条城の17か所です。

また，西陣織・京友禅・清水焼などの**伝統的工芸品**もとても有名ですが，これらの建造物や工芸品は，すべて形のある**有形文化財**です。

それに対し，茶道・華道など，限られた専門家によって代々受け継がれてきた**伝統芸能**や，春夏秋冬の**年中行事**は，形のない**無形文化財**です。

● 京都の年中行事

ここでは，特徴的な京都の年中行事をいくつか取り上げましょう。

①上巳の節句

3月3日は女の子のすこやかな成長を祝う桃の節句で，「**ひな祭り**」ともよばれます。京雛では，古代の天皇・皇后の並び方に合わせ，向かって右側に男雛(お内裏さま)，左側に女雛(お雛さま)を飾ります。

しかし，明治時代以降，宮中でも欧米式が取り入れられて，左右が逆に並ぶようになり，現在ではそれに影響を受けた関東雛が，全国的に広まっています。

②祇園祭

7月に行われる，**神田祭**(東京)・**天神祭**(大阪)と並ぶ「**日本三大祭**」の1つです。

祇園祭

平安時代に感染症を鎮める祇園御霊会としてはじまり，室町時代の応仁の乱で中断後，1500年に町衆の力で再興されました。33基の山鉾が京都市内を練り歩く山鉾巡行が特に有名です。新型コロナウイルス感染症の影響により2020年は中止となりましたが，その由来を知れば，本来はこのようなときこそ必要な祭りともいえます。

5月の葵祭，10月の時代祭と並ぶ「京都三大祭」の1つでもあります。

③五山送り火

お盆の最終日である8月16日，京都を囲む5つの山で，大文字→妙・法→船形→左大文字→鳥居形の順に，20時から5分おきに点火されます。

京都では，ご先祖の魂である精霊をお送りする意味合いから，必ず「送り火」とよびます。「大文字焼き」とよぶことはありません。

送り火

☑ 用語チェック

できたらチェック！	QUESTIONS	ANSWERS
□	文化(カルチャー)は，有形・(　①　)を問わず，人が物質的・精神的につくり出したすべてのものをさす。	①無形
□	文化の領域の１つである(　②　)は，さまざまな技術を発展させ，人々の暮らしを向上させてきた。	②科学
□	文化の領域の１つである(　③　)は，人を超えた存在を信じることで，心の安らぎをあたえる。	③宗教
□	文化の領域の１つである(　④　)は，表現活動によって人生を豊かにする。	④芸術
□	文化には(　⑤　)の側面と(　⑥　)の側面があるため，人々は互いに理解し合う努力をする必要がある。	⑤プラス［正］ ⑥マイナス［負］ （⑤⑥は順不同）
□	長い歴史の中で育まれ，人々に受け継がれてきた文化のことを(　⑦　)という。	⑦伝統文化
□	日本には，南方の(　⑧　)と北方の(　⑨　)という独特の文化がある。	⑧琉球文化 ⑨アイヌ文化
□	1950年に，文化財や記念物・文化的景観，伝統的建造物群の保存を目的とする(　⑩　)が制定された。	⑩文化財保護法
□	グローバル化・情報化が進展し，外国にルーツをもつ(　⑪　)が日本に住み，日本文化に影響をあたえている。	⑪定住外国人
□	国籍や民族，宗教などの異なる人々が，対等な関係で社会の一員として生きることを(　⑫　)という。	⑫多文化共生
□	異なる文化と接する際には，(　⑬　)という，「多様な文化を理解しようとする」態度が必要である。	⑬異文化理解
□	文化の間に優劣をつけると，差別や偏見を生み出すことになり，大規模な(　⑭　)も引き起こしうる。	⑭紛争

UNIT 1

社会集団の中で生きる私たち

着目 より良い社会生活を営むために，私たちは何を考えればいいだろう？

要点

- **社会集団** 私たちは家族や地域社会，学校や会社といった社会集団の中で生きることになる。
- **社会的存在** 人間はいくつかの社会集団に同時に所属し，その一員として生きる。
- **対立と合意** 対立が生じたときに合意をめざそうとする努力によって社会は成り立っている。

1 家族と地域社会

私たち一人一人は，さまざまな**社会集団**の中で生活しています。**家族**は，ほとんどの人にとって最も身近な社会集団です。個人は，家族の中で育ち，支え合い，**社会生活**の基本を身につけていきます。

日本国憲法は，家族についての基本的な原則として，「**個人の尊厳と両性の本質的平等**」(第24条➡p.79)を定めており，年齢(ねんれい)による経験や知恵(ちえ)，職種や立場による収入の差などはあっても，親子，夫妻，兄弟姉妹の関係は平等です。

また，**地域社会**も，暮らしを支え合い豊かにする大切な社会集団です。特に近年では，育児や介護(かいご)，防災や防犯，伝統文化の継承(けいしょう)などにおける地域社会の役割が見直されています。

2 社会的存在としての人間

社会集団には，家族や地域社会のように生まれてすぐ自動的に所属する共同体的な集団だけでなく，**学校**や部活動，習い事や塾(じゅく)，**会社**や趣味(しゅみ)サークルのように，目的をもって参加する社会集団もあります。人々はそこで能力を伸(の)ばしたり，楽しんだり，収入を得たりします。これは，機能的・利益的な集団といえるでしょう。

このように，人間はいくつかの社会集団に同時に所属し，その一員として協力していかなければ，生きていくことも生活を豊かにすることもできません。だれからの干渉(かんしょう)もなく，どの国家にも属さず，無人島に一人暮らしていくことは不可能です(その無人島もどこかの国の領土ですから)。たとえ集団内で他人との問題をかかえていても，ともに生きていかなければならないのです。そのため，人間は**社会的存在**であるといわれます。

社会生活

過去から現在にいたる世界や日本の社会全般(ぜんぱん)を学ぶ教科が「**社会科**」で，その中で特に社会生活の仕方や決まり(ルール)を学ぶ科目が「**公民**」である。

平等

家族以外の社会集団においても，町会長と住民(地域社会)，先生と生徒(学校)，上司と部下(会社)は，本質的に平等な存在である。

社会的存在

紀元前4世紀，ギリシャの哲学者(てつがくしゃ)アリストテレスは，人は本来，国(アテネなどの都市国家＝ポリス)をはなれて生きることはできないと考え，「人間はポリス的(社会的)動物である」と述べた。

3 対立と合意

私たちは，互いに自由で平等な存在として尊重されなければなりません。それは，人や社会に迷惑をかけない限り，各自が所属する社会集団も同じです。しかし，人間や集団にはそれぞれ個性や目的があり，当然，考え方や求めるものが違うため，ときには**対立**が生じることもあります。

例えば，日常生活では，どこに旅行に行くかで家族内の意見が分かれることがありますし，進路について親子でもめることもあるでしょう。兄弟姉妹のケンカなど慣れっこかもしれません。また，社会では，保育所や児童相談所をどこに建てるかで地域間の対立が起きたり，会社間の取引や提携が納得のいく形でまとまらなかったり，優先順位の違いから議会で政治家の意見が対立したりすることもあります。

身近な例を考えてみてください。学校のクラス内や部活内で，もめごとを経験したことがあるはずです。グループが対立したり，違う学年との間でうまく関係が作れなかったり。近隣の学校どうしで争うことも，よく漫画や小説の題材になっています。

集団内や集団間でこのような対立が生じた場合，放置していては物事が何も決まりませんし，問題は解決しません。そこで，私たちは自分や所属する集団の意見を一方的に主張するだけでなく，相手側の話をよく聞いて，互いに受け入れることのできる解決策を求めて話し合い，**合意**をめざそうとします。

そういった努力の結果として，**決まり（ルール）**や**契約**が成立するのです。そして，個人や社会集団が，それぞれ受け入れた決まりを守り，互いの権利を保障することで，社会生活が営まれていきます。

⬆ 対立と合意

分析

合意する方法

話し合い（多数決または全員一致），親や先生など年長者や指導的立場の人が決める，くじ引き，じゃんけんなどがある。そこには**納得**や**妥協**が必要である。

用語

決まり（ルール）

慣習・道徳・法のこと。慣習は世間一般のしきたりやならわし。守るべき道徳を具体的に定めたものが法で，憲法・法律・命令・規則などがある。

TRY! 表現力

個人が所属する社会集団は，大きく 2 つの性質に分かれる。それぞれ具体例を複数あげながら説明しなさい。

ヒント　生まれた瞬間から自然に参加している社会集団は何だろう？　何かの目的をもって参加する社会集団は何だろう？

解答例　家族や地域社会は，生活の中で自然に成立している共同体的な集団である。それに対し，学校や会社は，個人が自らの成長をはかったり収入を得るという目的をもって集まり成立する，機能的・利益的な集団である。

UNIT 2

決まりを作る目的と方法

着目 決まりは何のために作られる？　決まりを作るときはどのようなことに気をつければいい？

要点

- **決まり（ルール）**　対立を調整して問題を解決したり未然に防いだりするのに役立つ。
- **権利と義務・責任**　決まりを作るときは，権利と義務・責任を明らかにすることが大切である。
- **決定の仕方**　決まりを作るときは，だれがどのような方法で決めるかが重要である。

1 決まり（ルール）の意義

社会生活を円滑に営むためには，社会集団内や集団間の対立を調整して問題の解決策を考えるだけでなく，その後も対立を防ぐために，**決まり（ルール）**を作っておくことが必要です。友達や家族との約束事，学校や習い事の規則，会社間や個人間で結ばれる契約，スポーツやコンテストのルール，地方公共団体の条例や国の法律，国家間で結ばれる条約など，さまざまな決まりが作られています。これらは対立を調整し，問題を解決したり，未然に防いだりすることに役立っているのです。

2 権利と義務・責任

決まりは私たちのためにあり，それを守ることによって社会生活の秩序を保つことができます。決まりを作るときには，当事者どうしが対等な立場に立って，どのような**権利**をもち，そこにどのような**義務**や**責任**が生じるかを明らかにすることが大切です。例えば，**契約書**では，契約を守れば互いの権利や利益が守られるようになっています。決まりがそういうものだからこそ，互いが合意した限りにおいて，その決まりを守る義務や責任が生じるのです。

契約書

通常，会社間や個人間，もしくは会社と個人の間で契約を結ぶとき，取り決めた内容は書面に残す。2部サインしたうえで印鑑を押し，それぞれが1部ずつ手元に置く。

3 決定の仕方

決まりを作るにあたって，だれがどのような方法で決めるかは重要です。例えば，「話し合いの参加者」に注目すると，全員で決める方法，選ばれた代表者で決める方法，特定の一人が独断で決める方法の3つがあります。これは政治の用語でいえば「**直接民主制**」「**間接民主制**」「**独裁制**」です。

⬆ 契約書を交わす

アテネなど古代ギリシャの都市国家(ポリス)では，全員参加の**直接民主制**が採用されていました。対等な関係でだれもが参加でき，意見を聞いてもらえますが，決定に時間がかかることも多いのです。

国会や地方議会では，**間接民主制**が採用されています。国や地方公共団体という集団は人数が多く，複雑な取り決めが多いことから，選挙で選ばれた代表者(議員)による議会が開かれます。皆の意見はある程度反映され，話し合いの時間もそこまでかかりませんが，選挙に時間やお金，労力がかかります。

第二次世界大戦時のドイツやイタリアでは，ヒトラーやムッソリーニが**独裁制**をとっていました。決定は非常に速いのですが，国民の意見は反映されず，独裁者が方向性を間違えれば深刻な事態を招きます。

このように，それぞれの長所と短所をふまえ，議題の緊急性や集団の規模に応じて適切な方法を選ぶことが重要です。

国会での審議

独裁者

ほかの有名な独裁者には，ソ連の**スターリン**や，戦後の北朝鮮における**金日成**(祖父)→金正日(父)→金正恩などがいる。

4 採決の仕方

どのように採決するかについても，いくつかの方法があります。**全会一致**は，一人でも反対すると，その決まりではうまくいかなくなってしまう場合などに利用する方法で，結果的に全員が納得・妥協します。ただし，人数が少なく，事前の根回しで利害の調整がうまくいかない限り，なかなか物事が決まりません。

多数決は，限られた時間で一定の結論を出さなければならない場合などに，より多くの人が賛成する案を採用する方法です。国・地方の議会や国際会議に限らず，どの場面でもよく見られる一般的な方法といえます。ただし，結論を出す前に，不満が残る少数派の意見も十分に聞き，できるだけ尊重すること(**少数意見の尊重**)が大切です。

どのように採決するか

本文にある全会一致と多数決のほかに，議長が決定案を提示し，反対者がいなければ(賛成でなくとも)全会一致とみなし決定とする「**コンセンサス方式**」や，全員が反対しない限り(1名でも賛成者がいれば)決定とする「**ネガティブコンセンサス方式**」という採決の仕方もある。

話し合いにおける採決の仕方の代表的なものを２つあげ，それぞれの長所と短所を述べなさい。

ヒント　さまざまな採決の仕方があるが，対比しやすい代表的なものを選ぶとよい。２つの例の，内容と量のバランスも考えよう。

解答例　(例１)全会一致の長所は全員が納得・妥協できることだが，短所は人数しだいで決定に時間がかかりがちなこと。

(例２)多数決の長所は大人数でも一定時間内で決定できることだが，短所は少数意見が反映されにくく不満が残ること。

UNIT 3

効率と公正

着目 全員が納得・妥協できる解決策を作るためには，何をどう考えればいいのだろう？

要点

- **合意** 対立が起きたとき合意を得るには，解決策が納得・妥協できるものでなければならない。
- **効率** 効果的に物事を行うことだが，ここでは無駄を省くという意味で使用する。
- **公正** 手続き・機会・結果などが公平で偏っていない状態を公正という。

1 全員が納得するために

個人の尊厳が認められ，多様な意見や利害がある社会だからこそ，社会集団内や集団間では，さまざまな問題や課題が発生します。その解決策を考え，**対立**を解消して人々の**合意**を得るには，その解決策が関係者にとって納得・妥協できるものになっている必要があります。

全員が納得・妥協できるかどうかを判断するときの代表的な考え方として，**効率と公正**があげられますが，この両方に配慮していくことが大切です。さまざまな人がもつ意見や利害を調整しながら，多様な考え方を生かす規則や**決まり（ルール）**，**契約**などを作っていくのです。

2 効率とは？

効率とは，一般的には，少ない時間で実行するなど，「効果的に物事を行う」という意味で使われます。しかし，ここでは資源と利益の配分に重点を置いて「限られた資源（時間・お金・モノ・労力）の配分の無駄をなくして合理的に最大の利益を得る」という意味で用います。

例えば，夕飯の食卓に出たから揚げを，お金やモノ，土地や機械，労力などと同じ1つの資源だとしましょう。3兄弟で10個のから揚げを分ける場合，まず平等に一人が3個ずつ取ると1個余り，それをだれも食べなければ無駄になります。

そこで，余った1個を3人のうちだれが取るかを決め，全員が納得して合意し，10個を無駄なく食べ切ることができれば，だれが食べるにしても3人の満足の合計は増えます（4個食べた1人は3個より満足するので）。このように，資源を無駄なく使うことで，だれの満足も減らすことなく全体の満足を増やすことを，効率的だと考えるのです。

［合意］

効率	資源が無駄なく使われているか
公正	だれも不当なあつかいを受けていないか

［対立］

⬆ 効率と公正の観点

参考

決まりの種類

友達との約束事，学校の校則，スポーツのルール，個人間や会社間の**契約**，地方公共団体の**条例**，国の**法律**，国家間で結ばれる**条約**など。

3 公正とは？

解決策の合意にあたっては「全員に最大限配慮する」「互いの意見を尊重する」必要があり，偏りをさけようとします。このような**公正**については，**手続き・機会・結果の公正さ**がそれぞれあります。

例えば，親が海外出張で買ってきた高級チョコ10個の分け方を決める３姉妹の話し合いに，それぞれが対等な立場で参加することができなければ，そこでの決定(例：じゃんけん)に全員が納得・妥協することはないでしょう。そのため，３姉妹全員が帰宅する時間まで待ち，上下関係なしで話し合います。これが**手続きの公正さ**です。

そして，正当な理由もなくじゃんけんで三女だけは連勝しなければ勝ちにならない，などという不公平がないようにします。また，親から受け取った長女が４個を取り，10個あったことを妹たちに伝えずに「３個ずつね」とするような不正は許されません。これらが**機会や結果の公正さ**です。

私たち一人一人の置かれている状況に目を向け，特定の人が正当な理由もなく不利なあつかいを受けることがないように(＝不当なあつかいを受けることがないように)するのが，公正の考え方です。このように，社会において「対立」が起きたとき，無駄を省く「効率」と特定の人が不当なあつかいを受けない「公正」を土台に「合意」への努力がなされることで，社会生活が成立し発展していくのです。

用語

手続きの公正さ

たとえ公正な手続きで，発言などに公正な機会があたえられていたとしても，「多数決の絶対視」は危険である。そもそもこの方法で決めることが適切かどうかもふくめて「よく話し合うこと」が大事である。その上で「**少数意見の尊重**」という姿勢も忘れてはならない。

発展

機会や結果の公正さ

機会や結果の公正さを検討するときは，「ほかの人と立場が入れ替わったときに受け入れられるか」などを考えてみる。日本では，機会の公正をはかる法律として障害者雇用促進法(1960年制定)，**男女雇用機会均等法**(1985年制定)，**男女共同参画社会基本法**(1999年制定)などがある。

TRY! 思考力

「効率」「公正」の考え方を，学校における掃除当番を例にあげながら説明しなさい。

ヒント　実際に学校の掃除を思い出しながら(全員参加の人は当番制を想像して)考えてみよう。決められた時間内で，不公平感なく終わらせることがポイント。

解答例　効率よく掃除するために，広い部屋には大人数を，せまい廊下には少人数を割り当てている。当番や人数の割り当ては，全員参加の話し合いやクジで決め，１日ごとに割り当てを交代するなど，公正にも配慮している。

UNIT 4

決まりの評価と見直し

着目 どのようなときに決まりを変更(へんこう)する？ 変更・見直しのときの注意点は？

要点

- **決まりの変更** 変更に皆(みな)が納得できるなら，もちろん決まりを変更することができる。
- **評価する観点** 決まりを評価する観点は，5つ考えられる。
- **共生社会** 共生社会をめざすには，対立と合意，効率と公正という考え方と，その活用が大切。

1 決まりは変更できる

私たちは，**決まり(ルール)**を受け入れた限り，守っていかなければなりません。しかし，状況(じょうきょう)の変化に応じて決まりを見直し，変えていくことも必要です。

例えば，カードゲームやサッカーで遊ぶとき，正規ルール通りの人数でない場合や場所がせますぎる場合，皆(みな)で話し合い，ルールを変えて遊んだ経験のある人もいるでしょう。身近な話題でいえば，高校や大学の入学試験方式も，大きく変わろうとしています。

このように，状況の変化に応じてそのつど**決まりを変更(へんこう)**したほうが集団内や集団間がうまくいき，皆が納得・妥協(だきょう)できると思えるならば，人や社会は新たな決まりを受け入れることができます。とはいえ，たいていはだれかしらに不満が残るものですが，一度作った決まりでも，常に見直し，互(たが)いの利益を尊重していくことはどのレベルでも大事な話です。国会や地方議会の会期中は連日，新法の制定や法改正，条例の制定や改廃(かいはい)などについて話し合われています。また，最高の決まりである**憲法改正**についての話題も，耳にすることがあるでしょう。

参考

決まりの変更

陸上や水泳の競技で，特定のシューズや水着を着用する人だけに好記録が集中するとき，それに対して規制が加えられることがある。また，フィギュアスケート，アーティスティックスイミングなどの採点競技は，特定の傾向(けいこう)をもつ選手や国が勝ち続けないように，よく採点基準や部門が変わる。

2 決まりを評価する観点

決まりが適切かどうかを次の5つの観点で評価すると効果的です。

①目的を実現するための適切な手段になっているか？
②だれにとっても同じ内容を意味するものになっているか？
③決まりを作る過程に全員が参加しているか？
④相手と立場を変えても受け入れられるものになっているか？
⑤資源(時間・お金・労力など)が無駄(むだ)なく使われているか？

発展

憲法改正

現在の**日本国憲法**は，戦前の**大日本帝国(ていこく)憲法**(明治憲法)が改正されたもの。終戦後の1946年11月3日に公布，1947年5月3日に施行(しこう)後は一度も改正されていない。国会において憲法改正の発議も行われておらず，**国民投票**も実施(じっし)されたことがない。

5つの観点のうち，①は，その決まりによって目的が本当に実現できるかを確認することです。②は，人によって受け止め方が異ならないように，決まりの意味する内容が明確になっているかを確認することです。③は，決まりを作る**手続きの公正さ**について，④は，決まりの適用が正当な理由もなくだれかに不利にならないか，つまり**機会や結果の公正さ**について確認することです。最後の⑤は，**効率**の観点から決まりが適切かを確認することです。

⬆ 決まりの変更

3 共生社会をめざして

私たちは，さまざまな**社会集団**の中で多様な考え方や価値観をもつ人々と折り合いをつけ，協力しながら生きています。たとえ**対立**が生じても，それぞれの違い(ちが)いを認めたうえで互いを尊重し合い，解決のための**合意**を形成し，その合意を作り直しながら，ともに生きていく道を探す努力を続けています。

私たちはこのような**共生社会**をめざしていくために，**「対立から合意へ」「効率と公正」**という考え方を理解し，それを活用する力を養っていくことが大切なのです。

国際平和機関

国家という最大の社会集団を単位として，さまざまな国々が折り合いをつけ，協力し合う国際機関が，**国際連合**である。2020年現在，193か国が加盟している。

COLUMN
コラム

共生社会

人が互いに自分と相手を大切にし，助け合い生きていく社会のこと。**異文化理解**の考えが根本にある。現代の世界では，グローバル化・情報化が進行する中，多様な国や民族の文化が共存する「**多文化社会**」と，多様な考え方や価値観を尊重し合う「**共生社会**」を合わせた「**多文化共生社会**」が求められています。

TRY! 思考力

ある具体例を用い，「決まり(ルール)」を変更した遊び方を考えなさい。その際，変更の仕方と変更した理由が伝わるように書きなさい。

ヒント　採点者になじみのない具体例を出すと，説明が伝わりにくい。また，あたえられた条件が4つあるので，漏(も)れがないように注意しよう。

解答例　ソフトボールをして遊ぼうとしたが，正規のルール通りの18人(9人×2チーム)が集まらず，16人だった。皆で話し合い，セカンドベースをなくし，内野手を両チーム1人ずつ減らして試合をした。

現代社会の特色と私たち

グローバル化 → p.12

海外で暮らす日本人の数／日本で暮らす外国人の数

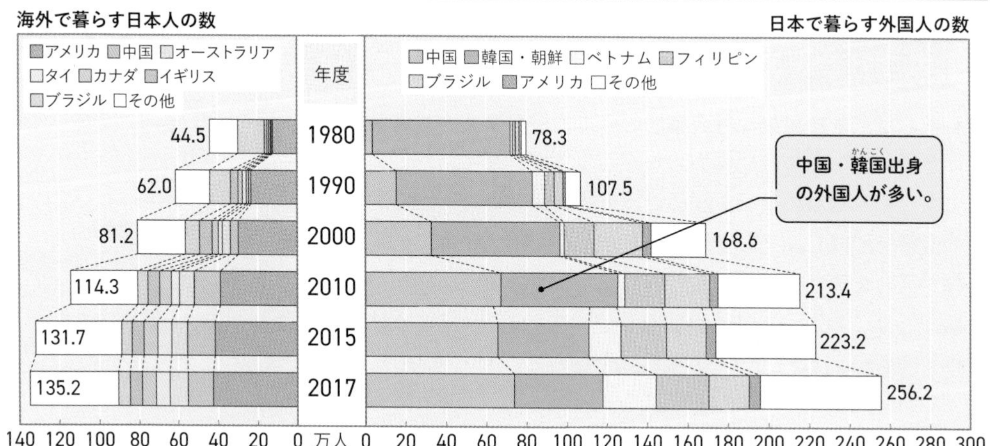

（法務省資料による）

日本の食料自給率

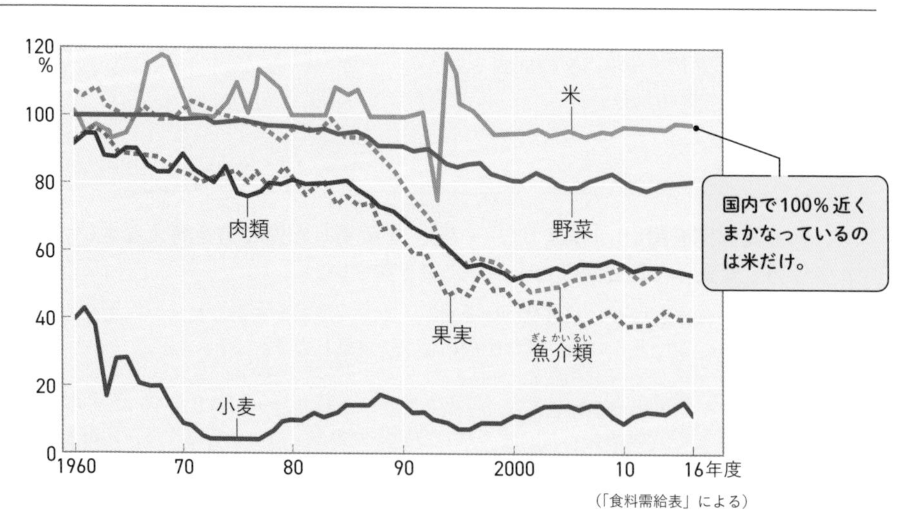

（「食料需給表」による）

図表を見るときのポイントをおさえておこう！

少子高齢化 → p.14

年齢別人口構成比の変化

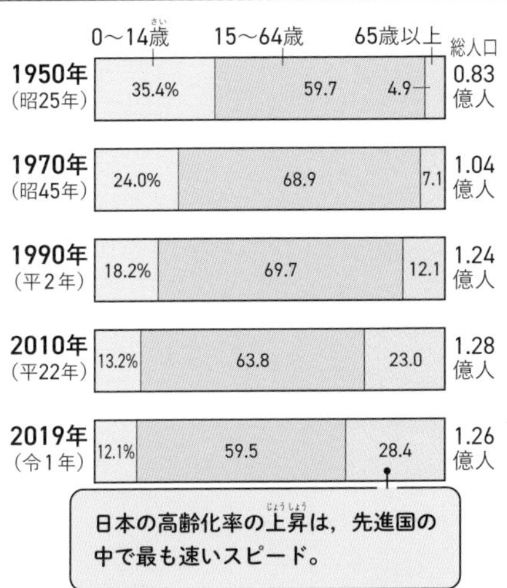

（「日本国勢図会」による）

家族類型別世帯数の変化

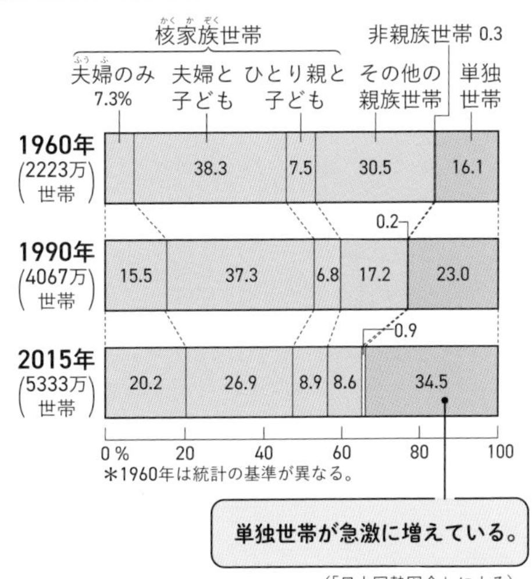

（「日本国勢図会」による）

情報化 → p.16

情報通信機器の普及率

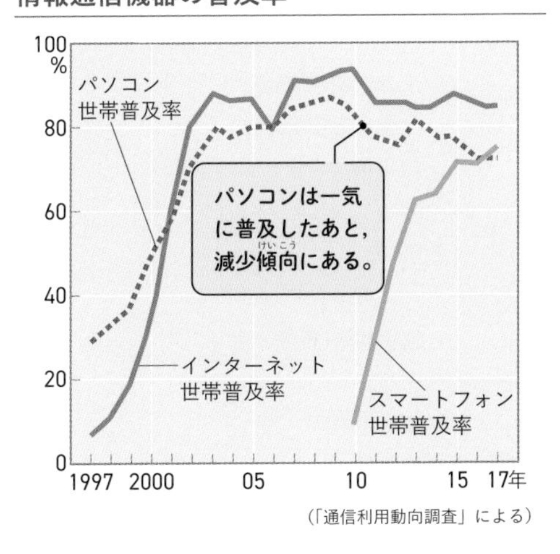

（「通信利用動向調査」による）

固定電話と携帯電話の加入数

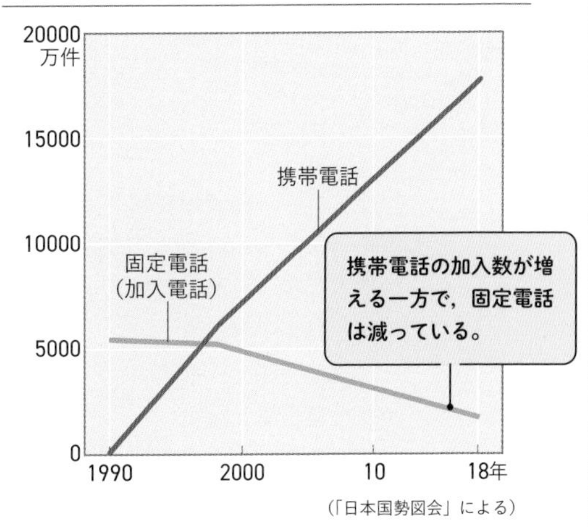

（「日本国勢図会」による）

戦後～平成までをふりかえる

世紀	時代	日本でのできごと 年代	日本でのできごと ことがら	世界でのできごと 年代	世界でのできごと ことがら
20	昭和	1945	GHQによる戦後改革	1945	国際連合が発足
		1946	日本国憲法の公布		冷戦(冷たい戦争)がはじまる
		1947	教育基本法の制定	1949	北大西洋条約機構結成
		1950	警察予備隊ができる		中華人民共和国の成立
			特需景気がはじまる	1950	朝鮮戦争がはじまる
		1951	サンフランシスコ平和条約		
			日米安全保障条約		
		1954	自衛隊が発足	1955	アジア・アフリカ会議
		1956	日ソ共同宣言		ワルシャワ条約機構結成
			国際連合に加盟		
		1960	日米安全保障条約の改定	1960	「アフリカの年」
			高度経済成長がはじまる	1962	キューバ危機
		1964	東京オリンピック・パラリンピック		
		1965	日韓基本条約	1965	ベトナム戦争が激化
		1970	日本万国博覧会(大阪万博)	1968	核拡散防止条約
		1972	沖縄の本土復帰		
			日中共同声明		
		1973	石油危機	1973	第四次中東戦争
				1975	ベトナム戦争の終結
		1978	日中平和友好条約		第１回主要国首脳会議
	平成			1989	ベルリンの壁が崩壊
					マルタ会談(冷戦終結)
					天安門事件
		1991	バブル経済が崩壊	1991	湾岸戦争
		1992	国際平和協力法の成立		ソ連解体
		1995	阪神・淡路大震災		
21		2002	日朝平壌宣言	2001	アメリカ同時多発テロ
				2003	イラク戦争
		2011	東日本大震災	2008	世界金融危機
		2012	東京スカイツリーの完成	2015	パリ協定
		2019	天皇陛下が退位される		

用語チェック

できたらチェック!

QUESTIONS	ANSWERS
□ 私たち一人一人は，最も身近な存在である(　①　)や，地域社会などの社会集団の中で生活している。	①家族
□ 人間は，いくつかの社会集団に同時に所属し，その一員として協力する(　②　)である。	②社会的存在
□ 人間はときには(　③　)するが，互いに受け入れられる解決策を求めて話し合い，(　④　)をめざす。	③対立 ④合意
□ 社会生活を円滑に営むためには，対立を調整したり防いだりするための(　⑤　)を作っておく必要がある。	⑤決まり [ルール]
□ (　⑥　)は，互いの権利や利益が守られるようにするために作成する書面である。	⑥契約書
□ 決まりをだれがどのような方法で決めるかによって，直接民主制，(　⑦　)，独裁制の３つに分類される。	⑦間接民主制
□ (　⑧　)は，一人でも反対すると，その決まりではうまくいかなくなる場合に利用される採決方法である。	⑧全会一致
□ 限られた時間で一定の結論を出さなければならない場合によく利用される(　⑨　)では，(　⑩　)の尊重が大切である。	⑨多数決 ⑩少数意見
□ 「限られた資源の配分の無駄をなくして合理的に最大の利益を得る」ことを，(　⑪　)という。	⑪効率
□ 解決策の合意のため，全員に最大限配慮し，互いの意見を尊重して偏りをさけることを(　⑫　)という。	⑫公正
□ 決まり(ルール)は状況に応じて変更され，(　⑬　)および機会や結果の公正さ，効率の観点から評価される。	⑬手続き
□ (　⑭　)をめざすためには，「対立から合意へ」「効率と公正」という考え方を理解し，活用すべきである。	⑭共生社会

定期テスト対策問題

解答 ➡ p.258

問1 持続可能な社会

次の文章を読んで，あとの問いに答えなさい。

人類はこれまで，新たな技術や仕組みを工夫して経済的豊かさを実現させてきたが，その結果，現代ではさまざまな問題に直面している。その解決には，①持続可能性という視点でのぞむ必要がある。例えば，これまでのようなやり方で経済成長を追求し続ければ，（ a ）の破壊や（ b ）の枯渇をますますひどくさせ，持続可能な社会の実現は不可能になるといわれている。

⑴ 下線部①とはどんなことを意味するか。「現在の世代」「将来の世代」という２つの語句を使って説明しなさい。

⑵ （ a ）（ b ）にあてはまる語句を漢字２字で答えなさい。

問2 グローバル化

次の文章を読んで，あとの問いに答えなさい。

国際社会では，人・モノ・お金(資本)・情報などが，国境を越えて盛んに行きかうようになっている。このように世界が一体化することを（ a ）化という。世界が一体化することで①国際分業も進み，それとともに②各国が相互に依存する状態にもなっている。

また，日本国内でもさまざまな人種や文化が互いに共存する（ b ）社会が進展している。

⑴ （ a ）（ b ）にあてはまる語句を答えなさい。

⑵ 下線部①は各国の間でどのように進むか。「国際競争力」という語句を使って説明しなさい。

⑶ 下線部②に関して，右のグラフの中で(**ア**)小麦，(**イ**)野菜はどれにあたるか，記号で答えなさい。なお，(**ア**)(**イ**)以外は魚介類，米，肉類，果実である。

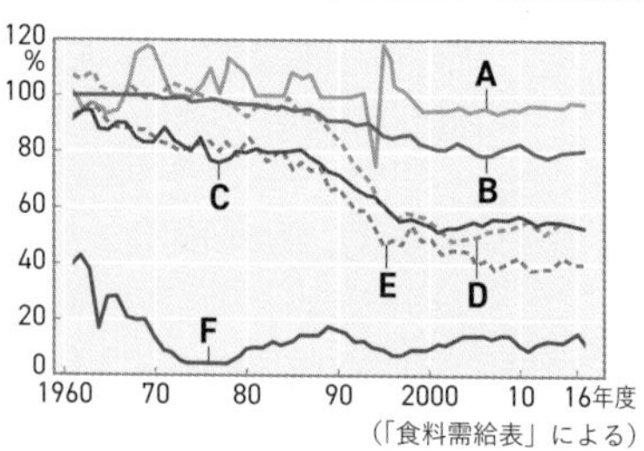

（「食料需給表」による）

問3 少子高齢化

次の各問いに答えなさい。

⑴ 右のグラフは，65歳以上の人口の割合の変化を示したものである。このグラフの**A**～**D**の中から日本にあたるものを選び，記号で答えなさい。なお，ほかの３か国はアメリカ，スウェーデン，ドイツである。

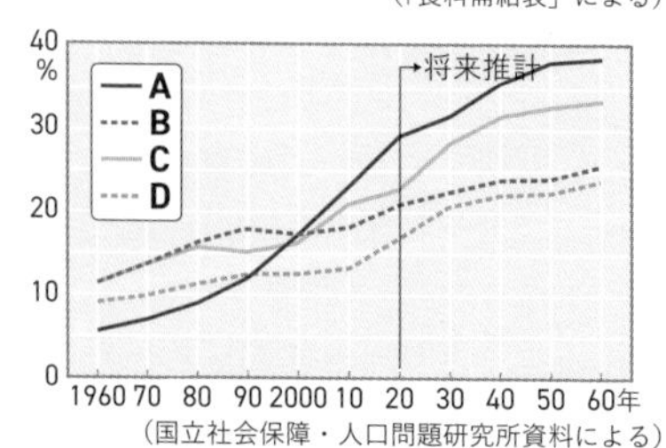

（国立社会保障・人口問題研究所資料による）

(2) 65歳以上の人口の割合が高まる一方で，子どもの割合が減っている。こうした社会を何というか。「□□□□社会」にあてはまる漢字４字で答えなさい。

(3) 近年，日本の合計特殊出生率は，およそどの程度か。次から選び，記号で答えなさい。

ア 2.0　　**イ** 1.7　　**ウ** 1.4　　**エ** 1.0

問 4 情報化

次の文章を読んで，あとの問いに答えなさい。

現代は，①IT革命という言葉に代表されるような高度な（ a ）社会であり，コンピュータやインターネットなどの②ICTが急速に発展している。また，これまで人間が考えてきたことをコンピュータに代替させる③AIも大きく進化している。こうした技術や機器を活用することで，例えば，店に行かなくても買い物ができる（ b ）の広まりなど，私たちの生活は変化している。さらに，コンピュータだけでなく，冷蔵庫やエアコンなどをインターネットにつなぐことで，外出先から遠隔操作できる（ c ）も登場してきている。

こうした変化する社会では，情報をあつかう手段や技能をもつ人ともたない人との格差の問題が生じる。それとともに，情報を正しく活用する能力である（ d ）を身につけることが求められている。また，インターネットでは匿名で簡単に情報を発信できるため悪用するケースも見られるので，情報を正しく利用する態度である（ e ）も求められている。

(1) 下線部①「IT」，②「ICT」，③「AI」を漢字で表しなさい。

(2) （ a ）～（ e ）にあてはまる語句を答えなさい。なお，(a)は漢字２字，(b)はカタカナ，(c)はアルファベットの略称で答えなさい。

(3) 右のグラフは，パソコン・インターネット・スマートフォンの日本での世帯普及率の変化を示したもので，A～Cはそのいずれかを示している。スマートフォンにあてはまるものはどれか。記号で答えなさい。

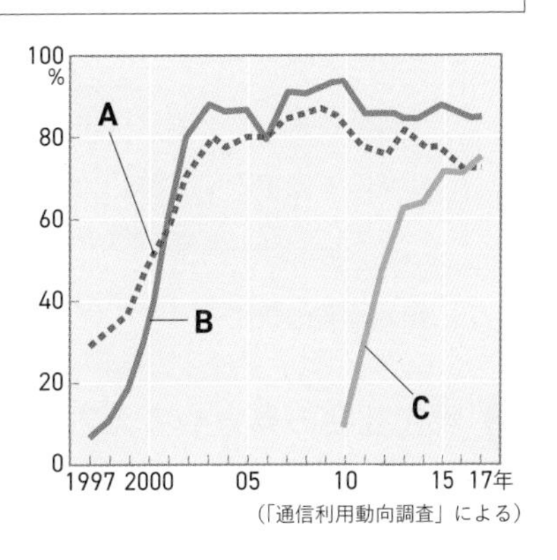

（「通信利用動向調査」による）

問 5 現代の日本の家族

次の各問いに答えなさい。

(1) 点線で囲んだ姉夫婦の家族のように，夫婦と未婚の子どもだけからなる家族を何というか。「□□□世帯」にあてはまる漢字３字で答えなさい。

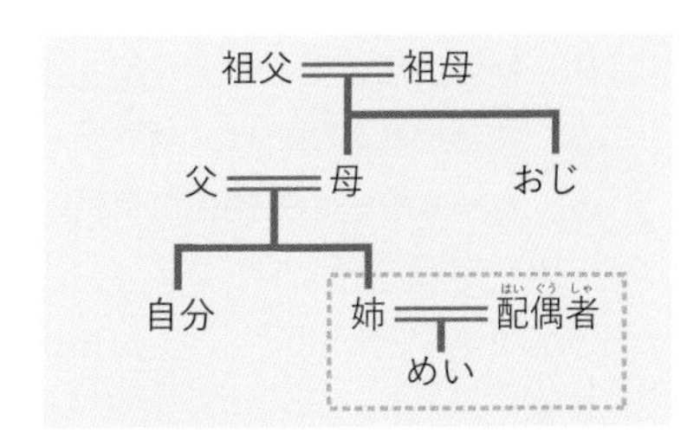

(2) 右のグラフを参考にして，次の文の内容が正しければ○，誤っていれば×をつけなさい。

① 「単独世帯」には，高齢者だけの世帯がふくまれている。

② 「単独世帯」には，結婚しない男性や女性がふくまれている。

③ 「その他の親族世帯」には，「祖父母と親と子ども」で構成される世帯が多くふくまれている。

④ 「夫婦のみ」の世帯の割合が減っているのは，夫婦共働きが増えていることが一因とされる。

⑤ 高齢者だけの世帯は減っていると推測される。

⑥ 「夫婦と子ども」で構成される世帯の割合は増えている。

⑦ 日本の世帯数はしだいに減っている。

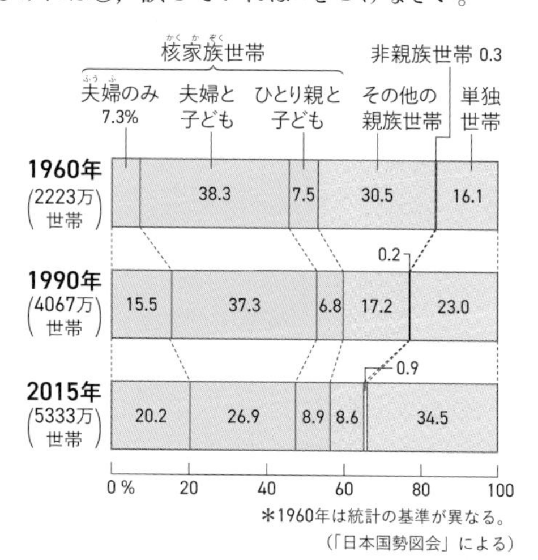

＊1960年は統計の基準が異なる。
(「日本国勢図会」による)

問6 私たちの生活と文化

次の文章を読んで，(a)(b)にあてはまる語句を選び，記号で答えなさい。

> 製品やサービスを，言語，性別，障がいの有無などにかかわらず，だれもが利用しやすいように工夫することを(a)という。また，さまざまな価値観・考え方をもつ人々が，互いの文化の違いを認め合い，対等に生活していくことを(b)という。

ア 多文化共生　**イ** ダイバーシティ　**ウ** ユニバーサルデザイン　**エ** バリアフリー

問7 現代社会の見方や考え方

次の文の内容が正しければ○，誤っていれば×をつけなさい。

① 多数決でものごとを決める場合，少数意見にも耳をかたむけることが大切である。

② 時間やモノ・お金・労力などが無駄にならないようにすることを，公正という。

③ 特定の人が不当なあつかいを受けないようにすることを，効率という。

④ 社会生活の中で対立が起きた場合，合意をめざして努力をする必要がある。

⑤ 社会生活の中では，対立が起こらないように，他人の意見に従うのがよい。

⑥ ルールを決める過程に全員が対等に参加できることを，機会や結果の公正さという。

2 章

個人の尊重と日本国憲法

UNIT 1

人権の歴史と憲法

着目 人権思想はどのように成立し，世界や日本でどのように発展してきたのだろう？

- **人権** 人権とは，すべての人が生まれながらにしてもっている人間としての権利のこと。
- **人権思想** 近代の平等権・自由権から，現代の社会権へと発展し広がってきた。
- **日本での人権思想** 日本では，大日本帝国憲法の下で人権思想に制限が加えられた。

1 人権思想の成立

すべての人間には，生まれながらにしてもっている権利があります。人はだれもが個人として尊重され，平等にあつかわれ，自らの意思に従い自由に生きることができます。しかし，その**人権**(**基本的人権**)が保障されるまでには，人々の長い努力の歴史がありました。

13世紀のイギリスでは，**マグナ・カルタ**(**大憲章**，1215年)で国王の権力が制限され，人権思想の芽生えが見られました。14世紀以降，ヨーロッパに**ルネサンス**(**文芸復興**)が広がり，人間を尊重するヒューマニズム精神が生まれます。16世紀には，ルターやカルバンがカトリック教会を批判して**宗教改革**を行い，神の前の平等や，個人の自由と尊厳を主張しました。

そして，17～18世紀の**市民革命**の時代には，イギリスのホッブズや**ロック**，フランスの**モンテスキュー**や**ルソー**らの**啓蒙思想家**が主張した**自然権**思想や**社会契約説**が，身分制に基づく国王の**専制政治**を打ち破る，大きな原動力となります。

名誉革命直後のイギリスで出された**権利章典**(1689年)では，国民の自由と権利を保護し，議会の権限を確立しました。**アメリカ独立宣言**(1776年)では，基本的人権と国民主権が主張され，アメリカ合衆国憲法(1787年)も制定されました。そして，**フランス人権宣言**(1789年)では，「人は生まれながらに，自由で平等な権利をもつ」と宣言されたのです。このように，18世紀までに保障されたのは，同じ人間としての**平等権**と，表現や信仰の自由などの**自由権**でした。

2 人権思想の発展と広がり

19世紀のヨーロッパでは，自由な経済活動が盛んになり，資本主

市民革命

商工業者などの市民階級が，国王や貴族などの特権階級による政治を打倒する動き。イギリスの**ピューリタン革命**(清教徒革命，1640〔1642〕～49年)と**名誉革命**(1688年)，**アメリカ独立革命**(1775年)，**フランス革命**(1789年)など。

啓蒙思想家

啓蒙思想は，理性の力で民衆を無知の状態から解放し，合理的な社会を建設しようとする考え。**『統治二論(市民政府二論)』**で**抵抗権・革命権**を説いたイギリスの**ロック**，**『法の精神』**で**三権分立**を唱えたフランスの**モンテスキュー**，**『社会契約論』**で**人民主権**を主張したフランスの**ルソー**などが有名な啓蒙思想家。

社会契約説

「人は生まれながらに自由で平等」という**自然権**思想を基に，「国家は自然権をもつ人々の間の契約に基づいて成り立つ」という考え。

義が発展します。しかし，貧富の差が広がり，労働者は低賃金・長時間労働を強いられました。そこで，**労働運動**や**普通選挙運動**が高まった結果，各国で労働組合が結成され，男性の普通選挙権が認められるようになり(**参政権**)，しだいに女性にも拡大されました。アメリカでは，**リンカン大統領**が，南北戦争中の**ゲティスバーグ演説**(1863年)において**「人民の，人民による，人民のための政治」**と，民主政治の本質を簡潔に述べています。

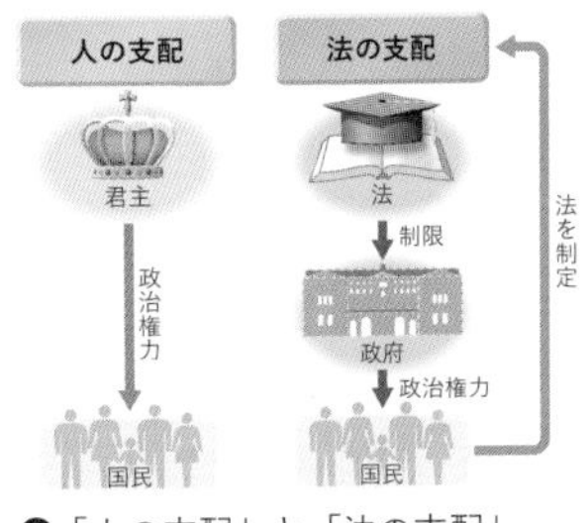

「人の支配」と「法の支配」

20世紀に入ると，人間らしい生活を保障しようとする**社会権**が登場します。ドイツの**ワイマール憲法**(**ドイツ共和国憲法**，1919年)は「人間に値する生存」の保障など社会権を取り入れた初の憲法で，第二次世界大戦後，社会権は各国の憲法で広く保障されるようになりました。さらに，国際連合の**世界人権宣言**(1948年)や**国際人権規約**(1966年)によって，人権の保障は世界共通の理念となっています。

リンカン大統領

ゲティスバーグ演説と同じ1863年には**奴隷解放宣言**を出したことでも有名。

3 日本の人権思想の芽生え

日本では，明治初期に欧米から人権思想が伝えられました。しかし，**プロイセン(ドイツ)憲法**を模範に制定された**大日本帝国憲法**(**明治憲法**，1889年)では，天皇に主権があり，国民は**臣民**とされました。天皇からあたえられた「臣民の権利」は，法律によって制限できる権利にすぎませんでした。実際に，天皇や政府を批判する政治活動が何度も抑圧され，人権の保障は不十分でした。

「人権はだれもが生まれながらにもっており，法律によっても制限されない」という真の意味での人権思想の確立は，戦後の**日本国憲法**(**1946年**)まで待たなければなりませんでした。そこでようやく，主権者である国民が国家の政治を決めることができるようになりました。

法律によって制限

大日本帝国憲法の下で，臣民の権利は**治安警察法**(1900年)や**治安維持法**(1925年)によって制限された。

TRY! 表現力

17～18世紀の市民革命を経て，欧米では「人の支配」から「法の支配」へと変化したといわれるが，2つの違いを説明せよ。

ヒント　この用語自体は次の単元で出現するが，まずはここで考えてほしい。「人」とはどのような人たちか，ということに気づけば，それを「法」と対比しながら書けばよい。

解答例　「人の支配」では，国王や貴族など特権的な階級が法を決め，自由に権力を行使することができた。それに対し，「法の支配」では，一般の国民(またはその代表)が制定した法によって，権力をもつ側が制限を受ける。

UNIT 2

日本国憲法とは

着目 日本国憲法はどのような歴史を経て誕生したのだろう？

要点

- **立憲主義** 最高法規である憲法により政治権力を制限するという考え方のこと。
- **三権分立** 国の権力を立法権，行政権，司法権の３つに分け，別々の機関にあたえること。
- **日本国憲法** 天皇主権の大日本帝国憲法が改正され，国民主権の日本国憲法になった。

1 憲法と立憲主義

「国の政治は法に基づいて行われる」という考えを**法治主義**といい，その原則を採用する国家が**法治国家**です。法には，上位から順に憲法，法律，命令・規則などがあります。このうち，国家のあり方や国民の人権を定めるのが**憲法**です。憲法は国の基本法かつ**最高法規**で，これに反する法律は効力をもちません。また，法律に反する**命令・規則**も同様に効力をもちません(➡p.80)。

国の政治権力は強大で，国民の自由を侵す可能性もあります。そこで，国家権力の濫用から人権を守り，保障するために，憲法で権力を制限する考えが生まれました。これを**立憲主義**といいます。この考えの下では，政治は絶対君主や独裁者のような「人の支配」によってではなく，「**法の支配**」に基づき，国民が制定した憲法に従って行われます。これを**立憲政治**といいます。

分析

憲法と法律の関係

憲法は法律などの上に位置する**最高の法**であり，憲法の**原理原則**に基づいて法律が制定される。例えば，憲法で「義務教育の無償」という**原則**を立て，それを実現するために，法律で「授業料は徴収しない」「教科書は無償とする」など**具体的内容**を定める。ちなみに，外国と締結する条約は，憲法と並ぶ位置にある。

2 国の政治の仕組み

憲法は，大きく分けて，「国や地方の**政治の仕組み**」と「個人として尊重される**人権の保障**」で構成されています。このうち政治の仕組みについて，世界の多くの憲法では，**三権分立**を採用しています。これは，国の権力を**立法権**，**行政権**，**司法権**の３つに分け，それぞれ別の機関にあたえることで権力の集中を防ぎ，国民の権利や自由を守るという考えです。

三権のうち立法権は，法律を制定する権限です。行政権は，法律を実施する権限です。司法権は，法に基づいて争いを解決する権限です。日本では，立法権は国会に，行政権は内閣に，司法権は裁判所にそれぞれあたえられています。

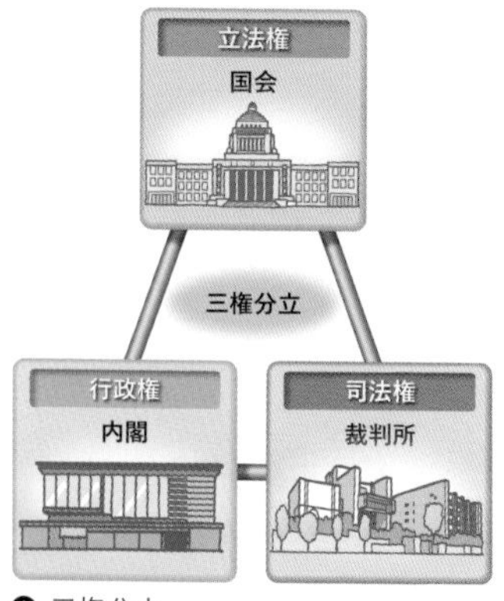

⬆ 三権分立

3 日本国憲法の制定

大日本帝国憲法制定後の日本は，日清・日露戦争に連勝し，明治末期には不平等条約の改正を達成して欧米列強に仲間入りしました。さらに，第一次世界大戦を経た**大正デモクラシー**期には，**政党内閣**や**普通選挙**が実現しました。

しかし，昭和前期の満州事変後には**軍国主義化**し，日中戦争とそれに続く太平洋戦争に突入します。日本はドイツ・イタリアと三国軍事同盟を結び，自由主義陣営のアメリカ・イギリス，中国などと戦い，戦争末期には社会主義陣営のソ連も参戦してきました。1945年8月14日，日本は**ポツダム宣言**を受諾し，翌15日の正午に，昭和天皇の玉音放送で臣民に敗戦が知らされました。第二次世界大戦は連合国(自由主義陣営＋社会主義陣営)の勝利に終わったのです。

日本は占領され，アメリカ軍などで組織された**GHQ**(**連合国軍最高司令官総司令部**)の下で軍国主義を捨て，**民主化**することになりました。**最高司令官マッカーサー**が大日本帝国憲法の改正を指示し，日本政府が改正案を提出しましたが，天皇主権を維持する内容だったため，却下されます。そこで，GHQが草案(マッカーサー草案)を作成し，政府がそれに手を加えて政府案として発表しました。その改正案を，枢密院と帝国議会で審議し，一部修正のうえで成立しました。これが現在も続く**日本国憲法**です。前文と11章103条からなり，1946年11月3日に公布，半年後の1947年5月3日に施行されました。5月3日は「憲法記念日」という国民の祝日になっています。

日本国憲法は，大日本帝国憲法時の天皇主権，軍国主義，法律で制限できる臣民の権利を否定して，**国民主権**，**平和主義**，**基本的人権の尊重**を**三大原則**(**基本原理**)としています。

大日本帝国憲法

議会開設運動である**自由民権運動**が高まる中で，君主権の強いプロイセン(ドイツ)憲法を現地で学んだ，初代内閣総理大臣の**伊藤博文**が中心となって作成された。伊藤は憲法発布時，枢密院の議長だった。

臣民

主権者である天皇の家臣や従者。

公布と施行

成立した法を公表し国民に周知するのが**公布**，実際に効力をもたせて法を実行するのが**施行**。

基本的人権の尊重

基本的人権は，日本国憲法で「**侵すことのできない永久の権利**」(**永久不可侵の権利**)とされている。

TRY! 思考力

大日本帝国憲法と日本国憲法の違いは多いが，改正に関して同じ点が1つある。それをあげたうえで，それぞれの憲法の改正の状況を答えなさい。

ヒント　2つの憲法の「違う部分」については，49ページの比較を参考にしてほしい。視点を変えたとき，「同じ部分」に気づけるかどうか。

解答例　2つの憲法はともに，改正する場合に特別な手続きが必要な点。大日本帝国憲法は戦後に一度だけ改正されて日本国憲法となったが，日本国憲法は一度も改正されていない。

特集

人権思想と人権保障の歴史

● 人権思想のおこり

人権とは，自然権としてすべての人が生まれながらにして平等にもつ権利のことです。13世紀前半，イギリスで貴族たちが王権を制限させたことが，人権意識の発端となりました。

その後，自然権思想(天賦人権思想)が高まり，17世紀後半のイギリス，18世紀後半のアメリカやフランス(**平等権・自由権**)，20世紀前半のドイツ(**社会権**)などで，人権の保障が進みました。これらの3つの権利に**参政権・請求権**を加えたものが，**基本的人権**とよばれます。

● 啓蒙思想家の登場

啓蒙思想とは，旧来の価値観にしばられた「無知蒙昧」な人々を，新しい考えに導く思想のことです。

イギリスの**ロック**は，『**統治二論**(**市民政府二論**)』で**間接民主制**や権力分立論を主張し，名誉革命を正当化しました。ロックの影響を受けた**フランス**の**モンテスキュー**は，『**法の精神**』で立法・司法・行政の**三権分立**を主張し，アメリカ独立革命やフランス革命に影響をあたえました。**フランス**で活躍した**ルソー**は，『**社会契約論**』で**直接民主制**を主張し，フランス革命に影響をあたえました。

ロック

モンテスキュー

ルソー

● 人権保障関連年表

さまざまな人権保障のあゆみを年表にしました。年代と重要語句を確認してください。

年代	ことがら
1215年	**マグナ・カルタ(英)**
1688年	名誉革命(英)
1689年	**権利章典(英)**
1775年～	アメリカ独立革命(米)
1776年	**アメリカ独立宣言(米)**
1787年	アメリカ合衆国憲法(米)
1789年～	フランス革命(仏)
1789年	**フランス人権宣言(仏)**
1861年～	南北戦争(米)
1863年	奴隷解放宣言(米)
1868年	明治維新(日)
1889年	**大日本帝国憲法(日)**
1914年～	**第一次世界大戦**
1919年	**ワイマール憲法(独)**
1920年	国際連盟発足
1939年～	**第二次世界大戦**
1945年	国際連合発足
1946年	**日本国憲法(日)**
1948年	**世界人権宣言**
1951年	難民条約
1965年	人種差別撤廃条約
1966年	**国際人権規約**
1979年	**女子差別撤廃条約**
1989年	**子どもの権利条約**
2006年	障害者権利条約
2017年	核兵器禁止条約

特集

大日本帝国憲法と日本国憲法の比較

	大日本帝国憲法	日本国憲法
発布・公布	1889(明治22)年2月11日発布	1946(昭和21)年11月3日公布
施行	1890(明治23)年11月29日	1947(昭和22)年5月3日
形式	**天皇**が定める欽定憲法	**国民**が定める民定憲法
主権者	**天皇**(天皇主権)	**国民**(国民主権)
天皇の地位	神聖不可侵で統治権をもつ**元首**	日本国・日本国民統合の**象徴**
国会	天皇の協賛機関 二院制(衆議院・貴族院) 衆議院のみ国民が選挙	**国権の最高機関，唯一の立法機関** 二院制(**衆議院・参議院**) 両院の議員を国民が選挙
内閣	天皇を助ける輔弼機関	国会に連帯責任を負う(**議院内閣制**)
裁判所	天皇の名において裁判	**司法権の独立**
国民の権利	法律によって制限される「**臣民の権利**」	侵すことのできない永久の権利 (基本的人権の尊重)
国民の義務	兵役，納税	**教育，勤労，納税**
軍隊	天皇が統帥権をもつ 国民に兵役の義務を課す	永久に戦争を放棄する(**平和主義**)
地方自治	規定なし	規定あり(首長と議員を住民が選挙)
憲法改正	天皇の発議→帝国議会の議決	国会の発議→**国民投票**

日本国憲法では，国民に兵役の義務がない。

「国民主権」，「基本的人権の尊重」，「平和主義」の3つは，日本国憲法の三大原則。

大日本帝国憲法の発布式

日本国憲法公布の祝賀会

UNIT 3

国民主権と私たちの責任

着目 国民主権という言葉の意味と，日本国憲法における天皇の地位を理解しよう。

- **国民主権**　政治の最終決定権を国民がもち，政治の実行も国民の意思に基づくこと。
- **硬性憲法**　日本国憲法は，一般の法律よりも改正に慎重な手続きを定めている。
- **天皇の地位**　主権者ではなく象徴であり，国政に関する権限をもたず，国事行為のみを行う。

1 国民主権

日本国憲法の**三大原則**(**基本原理**)の１つである**国民主権**は，「国家権力は国民に由来する」「国の政治は最終決定権をもつ国民の意思に基づいて行われる」という考えで，憲法前文と第１条に明記されています。主権とは，国の政治のあり方を決める権利で，政治とは，一人一人の意見を尊重しつつ，社会集団全体を生かすための優先順位を決定することです。そのため，国や地方の政治では，「国民や住民の公正な選挙により選ばれた代表者が，幸福や利益をめざし国会や地方議会で話し合い決定する」という**議会制民主主義**(**間接民主制**)が採用されています。

国民主権を確かなものにするためには，国民一人一人が積極的に政治参加をする必要があります。特に，満18歳以上の国民が議員や首長を選ぶ**選挙**は，それを活用する大きな機会です。また，日ごろから政治や社会の動きに注目し，考えを深めることも重要です。

2 憲法の改正

憲法第96条では，国の最高法規である**憲法の改正**について，一般の法律の改正とは別の厳格な手続きを定めています。

憲法改正原案が，憲法審査会または衆議院議員100名以上の賛成か参議院議員50名以上の賛成で国会に提出されると，衆議院と参議院で審議されます。そして，**各議院の総議員の３分の２以上の賛成で可決**されると，正式な改正案となり，国会が国民に**改正の発議**をします。そして，発議から60日以後180日以内に，満18歳以上の日本国民による**国民投票**が行われ，有効投票の過半数の賛成を得れば改正され，天皇が国民の名において公布します(➡p.80)。

首長

選挙で選ばれる地方公共団体の長で，**都道府県知事**と**市町村長**。東京都の23区長もふくまれる。

厳格な手続き

改正に特別な手続きが必要な憲法を「**硬性憲法**」という。必要としない憲法は「軟性憲法」。

憲法審査会

衆参両院に設置された，憲法改正について話し合う機関。

国民投票

具体的な方法については，2007年制定の**国民投票法**で定められた。

過半数

半数＋１名以上。「半分以上」ではないことに注意。

このように，国民投票という**直接民主制**の方式が採られているのは，最高法規である憲法の改正は，国民主権の原理に基づき決定されるべきであると考えられているからです。

3 象徴としての天皇

天皇は日本国と日本国民統合の**象徴**(しょうちょう)となり，その地位は主権者である国民の総意に基づくものと，憲法の第1条で定められました。天皇は，国の政治についての権限をもたず，憲法に定められた形式的・儀礼(ぎれい)的な**国事行為**(こくじこうい)のみを行います。天皇が国事行為を行うときは，**内閣の助言と承認**が必要で，その責任は内閣が負います。ただし天皇は，国事行為以外にも，式典への参加，外国への公式訪問，国内巡幸(じゅんこう)，被災(ひさい)地への訪問，園遊会の主催(しゅさい)などの**公的行為**や，プライベートな時間の私的行為も行っています。

用語

象徴

「平和」の象徴として「ハト」があるように，抽象(ちゅうしょう)的なものを具体的な形として表すこと。

発展

国事行為

憲法第6条に「内閣総理大臣の任命」「最高裁判所長官の任命」が，第7条に「憲法改正・法律・政令・条約の公布」「国会の召集(しょうしゅう)」「衆議院の解散」「栄典(えいてん)の授与(じゅよ)」「儀式(ぎしき)を行うこと」などが定められている。

GRADE UP!

グレードアップ

天皇の生前退位と改元

2019年4月30日，江戸時代の光格(こうかく)天皇以来202年ぶりに天皇が**生前退位**して上皇となり，翌5月1日に今上(きんじょう)天皇(即位(そくい)中の天皇はすべてこの呼称(こしょう))が即位しました。同時に，「一代の天皇には1つの元号(年号)のみ」という**一世一元の制**(いっせいいちげんのせい)に合わせ，元号が平成から**令和**に**改元**されました。

「天皇は**男系男子**(だんけいだんし)(父方が皇族の男子)でなければならない」というルールは，**皇室典範**(こうしつてんぱん)で定められています。歴史上，中継(なかつ)ぎ的な女性天皇は存在しても，女系(じょけい)(母方が皇族)の天皇は一人もいません。しかし，戦前の皇室典範は憲法と並ぶ存在で，公布もされませんでしたが，敗戦後に廃止(はいし)されて法律として復活したものです。したがって，国会を通じて今後，規定を変更(へんこう)することはできます。今回の生前退位も，皇室典範特例法によるものです。

TRY! 表現力

日本国憲法の改正について，一般の法律と違(ちが)い厳格な手続きを定め，国民投票という直接民主制を採用している理由を書きなさい。

ヒント　国民が直接関わるという部分に注目して，日本国憲法の三大原則の1つである「国民主権」の観点から書いてみよう。

解答例　憲法が，国の政治権力を制限し，国民の人権を保障する，最重要の最高法規であるため，三大原則の1つである国民主権の原理に基づき，国民が直接決定するべきだと考えられているから。

UNIT 4

平和主義の意義と日本の役割

着目 憲法では平和主義を定めているが，自衛隊の存在や日米関係をどう考えるのだろう？

要点

- **平和主義** 日本国憲法第９条は，戦争放棄・戦力の不保持・交戦権の否認を定めている。
- **日米安保条約** 日本は防衛のために，アメリカと日米安全保障条約を締結している。
- **自衛隊** 国土防衛だけでなく，国際貢献や災害派遣など，さまざまな活動をしている。

1 平和主義と憲法第９条

日本は，第二次世界大戦で東京大空襲や広島・長崎への原爆投下など壊滅的な被害を受け，また，アジア諸国を中心に他国へ多大な損害をあたえました。そこで，日本国憲法は，戦争を反省し恒久の平和を念願する徹底した**平和主義**を，**前文**と**第９条**に明記しました。第９条の第１項に「**戦争放棄**」を，第２項に「**戦力の不保持・交戦権の否認**」を定めています。

日本は，直接・間接侵略から国を防衛するため，1954年から**自衛隊**をもち，**防衛省**(2007年までは「防衛庁」)が管轄しています。政府は，自衛隊と憲法第９条の関係について，主権国家には自衛権があり，憲法は「**自衛のための必要最小限度の実力**」をもつことは禁止していない(＝合憲)と解釈しています。一方で，自衛隊は憲法で保持が認められない**戦力**である(＝違憲)，という学説や議論もあります。

2 日米安全保障条約

1951年，占領を終わらせるサンフランシスコ平和条約締結と同日に，日本はアメリカと**日米安全保障条約**(**日米安保条約**)を結び，アメリカ軍が日本に駐留することを認めました。「日本と極東地域における平和と安全の維持」を目的とする安保条約は1960年に改定され，他国が日本を攻撃してきたとき，日本とアメリカが共同して防衛することを約束しました。それにより，アメリカ軍が**在日米軍基地**から極東へ出撃することも認められました。在日米軍の行動については，1960年に制定された**日米地位協定**で定められています。安保条約は1970年に自動延長され，以後，日米どちらかの通告により１年以内に失効することになっていますが，現在まで継続されています。

史料

日本国憲法第９条

①日本国民は，正義と秩序を基調とする国際平和を誠実に希求し，国権の発動たる戦争と，武力による威嚇又は武力の行使は，国際紛争を解決する手段としては，永久にこれを放棄する。
②前項の目的を達するため，陸海空軍その他の戦力は，これを保持しない。国の交戦権は，これを認めない。

分析

戦力の不保持

戦争の不法性をもりこんでいる国はあるが，戦力の不保持まで規定している憲法は，日本国憲法以外にない。

参考

自衛隊の成立

朝鮮戦争開始の1950年に**警察予備隊**を設置。1952年に**保安隊**が継承し，1954年に陸上・海上・航空の**自**

3 自衛隊と国際貢献

自衛隊は近年，**防衛**だけでなく，**国際貢献**としてさまざまな活動を行っています。

例えば，1991年の湾岸戦争をきっかけに翌92年制定された**国際平和協力法（PKO協力法）**に基づき，カンボジア，南スーダンなどの紛争地域で国際連合の**平和維持活動（PKO）**に参加してきました。

また，2001年9月11日の同時多発テロにより制定されたテロ対策特別措置法に基づき，アメリカ軍の後方支援をしたり，2003年のイラク戦争により制定されたイラク復興支援特別措置法に基づき，非戦闘地域で復興支援を行ったり，ソマリア沖で海賊対策として船舶を護衛したりもしてきました。しかし，自衛隊の海外派遣については，慎重論や反対意見もあります。

そして，震災や台風といった自然災害のとき，国民の生命や財産を守る**災害派遣**も，自衛隊の重要な任務の１つです。

衛隊と**防衛庁**（2007年防衛省に昇格）を設置。自衛隊の最高指揮監督権をもつ内閣総理大臣および防衛大臣は，ともに非軍人の文民でなければならないという「**文民統制（シビリアン・コントロール）**」を採用している。

用語

平和維持活動（PKO）

国際連合が，紛争地域に**平和維持軍**（**PKF**）・停戦監視団・選挙監視団を派遣するなどして，平和維持のために行う活動。派遣には受け入れ国の同意が必要。2020年現在，世界14か所で実施中。

GRADE UP!

グレードアップ

集団的自衛権

国際連合では，加盟国に自衛権を認めています。日本は従来，「直接攻撃を受けていなくても，同盟国に対する攻撃を自国への攻撃とみなし，防衛活動に参加したり反撃することができる」**集団的自衛権**に関しては，「憲法で認める自衛の範囲を越えている」と解釈し（＝違憲），**個別的自衛権**のみを認めてきました。

しかし，2015年，安倍晋三内閣が「日本と密接な関係にある国（→アメリカをさす）が攻撃を受け，日本の存立がおびやかされ，国民の権利が根底からくつがえされる明白な危険がある場合に限り，集団的自衛権を行使できる」と，解釈を変更する法改正を行いました（＝**合憲**）。これを定めたのが**安全保障関連法**です。

TRY! 思考力

平和主義の憲法をもつ日本における自衛隊の存在について，（自分自身の立場は別として）政府の立場から説明しなさい。

ヒント　あたえられたテーマについて，個人的な意見とは無関係に肯定・否定の立場に分かれ，どちらが説得力があるかを競い，議論を深める「ディベート」のトレーニング。

解答例　すべての主権国家には，自衛権（個別的自衛権および集団的自衛権）が認められている。自衛隊は「自衛のための必要最小限度の実力」なので，憲法第９条が禁じている戦力にはあたらず，合憲である。

UNIT 5

基本的人権と個人の尊重

着目 憲法の三大原則の１つ「基本的人権の尊重」とは，どのようなものだろう？

- **人権保障**　人権の保障は「個人の尊重」に基づき，それは「法の下の平等」とも深く関係する。
- **社会的弱者**　人権の保障は，社会で弱い立場にある人々にとって，特に大切である。
- **子どもの人権**　子どもも人権をもつことは「子ども(児童)の権利条約」で示されている。

1 人権の保障と個人の尊重

戦前の大日本帝国憲法では，「**臣民**の権利」は法律の範囲内に限られていました。しかし，戦後の日本国憲法では，**平等権・自由権・社会権**などの**基本的人権**が，すべての人々が生まれながらにしてもつ，「**侵すことのできない永久の権利**」(**永久不可侵の権利**，第11条)として，現在および将来の国民に保障されています。また，人権を守るための権利として，**参政権**・**請求権**もあります。

人権の保障は，「**個人の尊重**」「**幸福追求権**」(第13条)に基づいています。個人の尊重は，「**法の下の平等**」(第14条)とも深く関係しています。そして，何が幸福かは個人が決めることであり，生き方や生活などの私的な価値観に，公的な権力が介入することは認められません(**自己決定権**)。

国は，**公共の福祉**に反しない限り，基本的人権を最大限尊重し，個人の自由を侵害してはいけません。そして，国民は，日本国憲法が保障する自由や権利を「**不断の努力**によって」(第12条)保持しなければなりません。

2 だれもがもつ人権

人権は，性別や性自認を問わず，在日外国人をふくむすべての人々に保障されます。私たちは，日常生活で「人権が保障されている」と直接的に感じることはあまりありません。しかし，人権がいかに大切かは，例えば，家庭での会話が盗聴されていたり，友人へのメッセージが検閲されていたりして，政府にとって都合の悪いことを言ったり書いたりしただけで逮捕されてしまうような社会を想像してみれば，よくわかります。

史料

日本国憲法第11条

国民は，すべての基本的人権の享有を妨げられない。この憲法が国民に保障する基本的人権は，侵すことのできない永久の権利として，現在及び将来の国民に与へられる。

参考

基本的人権

基本的人権は憲法第97条に「人類の多年にわたる自由獲得の努力の成果」と，その由来が述べられている。

発展

法の下の平等

「**華族**その他の貴族制度は，これを認めない」「**人種，信条，性別，社会的身分**又は**門地**により，政治的，経済的又は社会的関係において，**差別**されない」(憲法第14条)としている。「信条」は宗教的信仰・政治的信念・世界観など。「門地」は家柄や生まれのこと。

憲法による基本的人権の保障は，子ども，高齢者，障がい者，女性など，社会で弱い立場に位置づけられることが多い人々にとって，特に大切です。それは，その人々が差別や人権侵害を訴え，その解決を政府や社会に求めるとき，憲法の規定がその主張の支えになり，私人間の差別・人権侵害問題の解決に，間接的に役立っているからです。そして，当然のことですが，犯罪者にも人権は認められます。このように，基本的人権は最大限に保障されますが，**権利の濫用**(みだりに用いること)を禁止し，あくまでも**公共の福祉**に反しない範囲で認められます。

そして，国民や居住者には権利だけでなく**義務**や**責任**もあります。日本国憲法で定められた国民の**三大義務**は，(子どもに)**普通教育を受けさせる義務，勤労の義務，納税の義務**です。また，天皇や国務大臣・国会議員・裁判官その他の公務員は，憲法を尊重し，擁護する義務を負います。

3 子どもの人権

入学前の幼児や義務教育中の生徒，それを過ぎた子どもにも人権は保障されます。子どもは成長の途上にあるため，親の保護を受けたり，飲酒・喫煙の禁止など特別の制限を受けたりします。しかし，子どもも個人として尊重され，すこやかに成長する権利はもっています。

1989年に国際連合で採択された**子ども(児童)の権利条約**を，日本は1994年に批准しました。この条約は，満18歳未満を子どもと定義し，人権をもつことを確認し，生きる権利や**意見を表明する権利**，休息し遊ぶ権利などを定めています。国や保護者は，子どもの現在と将来の利益に配慮して，これらの権利を守っていかなければなりません。

公共の福祉

社会全体(大多数の人々)の利益。

用語

「子ども」の定義

2022年4月から，**成人年齢**は従来の20歳から**18歳**に引き下げられる。

採択と批准

「**採択**」は，選択し採用すること。「**批准**」は，国が条約を確認し同意すること。

TRY! 思考力

「あってもよい違い」としての区別と，「あってはならない違い」としての差別の具体例を考え，理由とともに説明しなさい。

ヒント　身近な話題や，広く一般的に知られている事例を探そう。採点者が聞いたこともないような事例はさけたい。

解答例　スポーツ競技を男女別で行うことは，体格や体力の差を考えれば，あってもよい区別。しかし，男女間で同じ仕事をして賃金に差があることは，仕事の内容に差がないので，あってはならない差別である。

特集

核問題と日米関係

● 核問題

人類史上初めてアメリカが製造した大量破壊兵器が**原子爆弾**です。**1945年8月6日**に広島，**9日**に長崎へ投下され，計20数万人の人命を一瞬でうばいました。その4年後にはソ連も核実験に成功し，東西冷戦の中で，**水素爆弾**をふくむ核兵器開発競争がはじまります。

1954年，アメリカは**太平洋ビキニ環礁**で水爆実験を行いました。そこで，日本の遠洋マグロ漁船**第五福竜丸**が被爆し，1人が亡くなりました。これを受けて翌55年，広島で**第1回原水爆禁止世界大会**が開かれます。また，同年のラッセル・アインシュタイン宣言を経て，1957年には科学者たちによるパグウォッシュ会議が開かれ，核兵器と戦争の廃絶をめざす方向性が打ち出されました。

⬆ 被爆した第五福竜丸

● 核軍縮の歴史

1962年のキューバ危機で米ソが核戦争の一歩手前までせまったことをきっかけとして，米ソの超大国を中心に核軍縮の動きがはじまりました。1963年に**部分的核実験禁止条約**(PTBT)，1968年に**核拡散防止条約**(NPT)，1972年にSALT(戦略兵器制限条約)Ⅰ，1979年にSALTⅡ，1987年に**INF(中距離核戦力)全廃条約**が結ばれます。

1989年の**冷戦終結**後も，1991年にSTART(戦略兵器削減条約)Ⅰ，1993年にSTARTⅡ，1996年に**包括的核実験禁止条約**(CTBT)，2010年に新STARTが締結されました。

しかし，それでも核兵器は世界からなくなっていません。現在，**米・ロ・英・仏・中**の五大国に加え，**インド・パキスタン・イスラエル・北朝鮮**も核保有国となっています。

2021年，**核兵器禁止条約**がようやく発効しましたが，核保有国や日本・ドイツなどは参加していません。日本は核兵器を「**持たず，つくらず，持ちこませず**」という**非核三原則**をかかげていますが，その一方でアメリカの「**核の傘**」に守られているという現実もあり，国際社会では難しい立場にあります。

● 日米関係

GHQ(連合国軍最高司令官総司令部)による民主化を経て，**1951年**の**サンフランシスコ平和条約**で独立した日本は，同時に**日米安全保障条約**を結び，それ以降，米軍が日本に駐留し続けることになります。安保条約は**1960年**に新**日米安全保障条約**へと改定され，**日米地位協定**も定められ，70年からは自動延長されています。日米はこのほかに，何度も改定されている**ガイドライン**(**日米防衛協力のための指針**)を結び，2015年以降，日本は安全保障関連法により**集団的自衛権**も行使できる状態です。

アメリカからは1953年に奄美群島，68年に小笠原諸島，72年に沖縄が返還されましたが，**米軍基地**の約7割が沖縄県に集中しています。宜野湾市**普天間飛行場**の名護市**辺野古**沖への移転問題も大きなニュースになり，政府も県も，難しい対応をせまられています。

☑ 用語チェック

できたら
チェック！

QUESTIONS	ANSWERS
□ すべての人が生まれながらに人間としてもっている権利のことを（ ① ）という。	①人権［基本的人権］
□ 18世紀までに，同じ人間として対等にあつかわれる（ ② ）と，表現や信仰の自由などの（ ③ ）が確立された。	②平等権 ③自由権
□ 20世紀には，ワイマール憲法などにより，人間らしい生活を保障しようとする（ ④ ）が登場した。	④社会権
□ 国家権力の濫用から人権を守り，保障するために，憲法で権力を制限する考えを（ ⑤ ）という。	⑤立憲主義
□ 国の権力を立法権，行政権，司法権の３つに分け，権力の集中を防ぐことを（ ⑥ ）という。	⑥三権分立
□ 1946年に公布された（ ⑦ ）は，国民主権，（ ⑧ ），基本的人権の尊重を三大原則としている。	⑦日本国憲法 ⑧平和主義
□ 日本国憲法で国民主権が定められていることから，国や地方の政治では（ ⑨ ）が採用されている。	⑨議会制民主主義［間接民主制］
□ 日本国憲法第96条では，国の最高法規である憲法の（ ⑩ ）について，厳格な手続きを定めている。	⑩改正
□ 日本国憲法は平和主義を明記しているが，他国の侵略から国を防衛するため，日本は（ ⑪ ）をもっている。	⑪自衛隊
□ 1951年，サンフランシスコ平和条約の締結と同日に，日本は防衛のためにアメリカと（ ⑫ ）を結んだ。	⑫日米安全保障条約［日米安保条約］
□ 人権の保障は「（ ⑬ ）」と「幸福追求権」に基づいており，それは「法の下の平等」とも深く関係している。	⑬個人の尊重
□ 国民の三大義務は，普通教育を受けさせる義務，勤労の義務，（ ⑭ ）の義務である。	⑭納税

UNIT 1

平等権と差別の撤廃

着目 日本におけるさまざまな差別は，どのように取り除かれてきたのだろう？

- **平等権** すべての人間は平等な存在であり，平等にあつかわれる権利がある。
- **部落差別** 江戸時代の被差別身分に対する差別が，日本ではいまだに根強く残っている。
- **アイヌ民族** 明治政府が同化政策を進めたが，アイヌ新法で初めて先住民族と認められた。

1 平等に生きる権利

特権的な身分を廃止し，すべての人間が平等なあつかいを受けることを**平等権**といいます。しかし，**偏見に基づく差別**が今も残っています。特に，本人の努力ではどうにもならない出自による差別は，平等権に強く反し，**個人の尊重**も侵害するので，一刻も早くなくさねばなりません。

日本国憲法では，平等権を保障するため，「**法の下の平等**(第14条)」「華族その他の**貴族制度の廃止**(第14条)」「**両性の本質的平等**(第24条)」「議員及び選挙人資格(＝参政権)の平等(第44条)」を定めています。

2 部落差別の撤廃

部落差別とは，被差別部落出身者に対する根拠のない差別のことで，**同和問題**ともいいます。

江戸時代の幕藩体制の下で，特定の部落に集住させられることが多かった**えた・ひにん**などの被差別身分は，明治時代の**解放令**(1871年)により，一般の農民や商工業者とともに「平民」となり，廃止されました。しかし，その後も「新平民」などとよばれ，教育・就職・結婚などで差別が続きました。これに対し，差別反対の解放運動が起き，大正時代の1922年には，部落出身者自身により京都で**全国水平社**が結成されました。

2002年，国の政策としての同和対策事業は終了したものの，現在でも差別が残っており，地域社会・学校・職場などで人権教育や啓発活動が行われています。2000年に**人権教育・啓発推進法**が，2016年には**部落差別解消推進法**が制定されました。

偏見に基づく差別

例えば，**ハンセン病・HIV(エイズウイルス)**の患者・感染者や回復者に対する差別や偏見なども，大きな問題になった。2019年，過去の誤ったハンセン病隔離政策について，安倍晋三首相が政府を代表して患者の家族へ謝罪した。また，2020年には，**新型コロナウイルス**感染者への批判や差別も表面化した。

同和問題

全国水平社は戦後，部落解放全国委員会，のち部落解放同盟に発展した。1965年，**同和対策審議会の答申**は，部落差別をなくすことが国の責務であり，国民の課題であると宣言した。そして，1969年に同和対策事業特別措置法，1982年に地域改善対策特別措置法などが制定され，対象地域の人々の生活を改善する事業が推進されてきた。

3 アイヌ差別の撤廃

アイヌ民族は，古くから**蝦夷地**(のち**北海道**)，樺太(ロシア領サハリン)，千島列島(ロシア領クリル諸島)を中心に独自の言語と文化をもち，狩猟と漁労を中心とした生活を行ってきました。室町時代には**コシャマインの戦い**(1457年)が起き，江戸時代には**シャクシャインの戦い**(1669年)ののち，幕藩体制の下で松前氏が藩政を行いました。

明治時代になると，政府が北海道開拓の過程で土地をうばい，伝統的な風習を禁止して**同化政策**を進めました。1899年には**北海道旧土人保護法**を制定し，アイヌは民族固有の生活や文化を維持できなくなり，差別も強まりました。

1997年，北海道旧土人保護法を廃止して制定された**アイヌ文化振興法**では，文化を振興して伝統を尊重することが求められました。これは，日本初の民族保護法です。また，2008年には，北海道洞爺湖サミットの開催に先立ち，国会で「アイヌ民族を**先住民族**とすることを求める決議」が全会一致で可決されました。そして2019年，**アイヌ民族支援法**(**アイヌ新法**)が制定され，アイヌを初めて「先住民族」と明記しました。現在，アイヌの人々は，言語や文化の継承，民族としての教育の充実などをめざしています。

4 在日韓国・朝鮮人差別の撤廃

2020年現在，日本には約50万人の**在日韓国人・朝鮮人**の人々が暮らしています。1910年の**韓国併合**以来，1945年の太平洋戦争敗戦までの植民地時代に移住を強いられた人や，労働のため強制連行された人もいます。もちろん，稼ぎに来たり朝鮮戦争の戦火からのがれたりなど，自らの意思で来日した人やその子孫もいますが，これらの人々に対する就職や結婚などでの差別は残っています。さらに，卑劣な**ヘイトスピーチ**(嫌悪発言・憎悪表現)の問題もあります。

↑ アイヌの民族衣装

先住民族

政府や国会はアイヌが「先住民族」であることは認めているが，土地の返還訴訟や独立運動につながりかねないため，「先住権」は規定していない。

在日韓国・朝鮮人

このうち約31万人が，**特別永住者**という，本人または祖先が旧植民地(朝鮮・台湾)出身者(＝かつて日本国籍を有していた)としての在留資格をもつ。

ヘイトスピーチ

特定の社会集団や個人，民族や人権に対し声高に行われる差別的な発言や行動。2016年に**ヘイトスピーチ解消法**が制定されたが，罰則は定められておらず，不十分な内容といえる。

TRY! 思考力

民族や出自による差別はなぜ問題なのか，本文の記述を参考にして説明しなさい。

ヒント　差別とは，すべての人が平等であるという原則に反する行為だという点に注目する。

解答例　すべての人が平等なあつかいを受ける平等権に反し，個人の尊重も侵害するから。

UNIT 2

共生社会をめざして

着目 共生社会を築いていくため，どのような取り組みがなされているのだろう？

- **男女平等**　日本国憲法において，個人の尊厳と両性の本質的平等が定められている。
- **法整備**　男女平等をめざし，男女雇用機会均等法や男女共同参画社会基本法が制定された。
- **障がい者**　障がい者の社会参画のため，障害者基本法と障害者差別解消法が制定された。

1 男女平等をめざして

1911年の雑誌『青鞜』創刊時に，**平塚らいてう**が「**元始，女性は実に太陽であった**」と女性の解放を提唱したように，戦前の日本では，個人より家，女性より男性が優先されていました。結婚後の女性の呼称である「嫁」という漢字にそれが表れています。旧制高校や大学は男子校で，参政権も男性にしか認められず，女性は「良妻賢母(夫にとって良き妻，子にとって賢き母)」であることが求められ，完全に**男尊女卑**の社会でした。

戦後の日本国憲法では，**個人の尊厳**と**両性の本質的平等**(第24条)を定め，例えば婚姻は，両性の合意のみに基づき成立し，夫婦は同等の権利をもちます。改正された民法や，新たに制定された**教育基本法**においても，男女は平等です。

しかし，女性は，仕事や職場において，採用や昇進などで男性よりも不利にあつかわれがちで，「ガラスの天井(目に見えない障壁)」があるといわれることもあります。その背景には，「男は仕事，女は家事・育児」という固定した性別役割分担の考えが残っていることがあげられ，女性の社会進出をおくらせる要因となっています(➡p.81)。また，職場などでの**セクシュアル・ハラスメント**(**セクハラ，性的嫌がらせ**)も問題になっています。

1979年の国際連合総会では，**女子差別撤廃条約**が採択されました。1985年，これを日本が批准するタイミングで**男女雇用機会均等法**が制定され，職場での募集・採用・配置・昇進・昇級・退職など，雇用に関する女性差別が禁止されました。1999年には**男女共同参画社会基本法**も制定され，男性も女性も対等の立場で参加・活動し，能力を発揮できる**男女共同参画社会**をつくっていくことが求められています。

史料

日本国憲法第24条

①婚姻は，両性の合意のみに基いて成立し，夫婦が同等の権利を有することを基本として，相互の協力により，維持されなければならない。
②配偶者の選択，財産権，相続，住居の選定，離婚並びに婚姻及び家族に関するその他の事項に関しては，法律は，個人の尊厳と両性の本質的平等に立脚して，制定されなければならない。

参考

セクシュアル・ハラスメント

セクハラは，女性から男性に対するものや同性間のものもある。ハラスメント(嫌がらせ)は，職場での「**パワー・ハラスメント**」，大学などの学術機関での「アカデミック・ハラスメント」，妊婦への「マタニティ・ハラスメント」など，50種類以上が存在する。

そのためには，**育児・介護休業法**に基づき**育児休業**(**育休**)の取得を促進し，保育所の整備を進めるなど，男女にかかわらず育児と仕事を両立できる環境を整えていくことが必要です。また，専門職や管理職，議員などに就く女性の割合を高めていくことも重要です。

2 障がいのある人への配慮

身体障がい・知的障がいのある人にとっては妨げとなることも，障がいのない人には気づきにくいことがあります。公共の交通機関や建造物は，身体の不自由な人でも安心して利用できるよう，段差を取り除くなどの**バリアフリー**を進めていく必要があります。

また，障がいのある人には，教育や就労の機会などに特別な配慮が欠かせません。現代社会では，障がいのある人もない人も，高齢者も若者も，性的マイノリティの人も，すべての人が普通の社会生活を送ることができる**ノーマライゼーション**の実現が求められています。

障がいのある人の自立と社会参画を支援するため，1960年に障害者雇用促進法，1993年に**障害者基本法**が制定されました。さらに2013年には，**障害者差別解消法**も制定されています。

3 定住外国人への配慮

日本に住む外国人の数は増えており，日本の総人口のおよそ2.1%を占めています(2020年)。特に1980年代後半以降，中国・フィリピンなどアジアから来る人や，ブラジル・ペルーなど南米の**日系人**が増えています(➡p.36)。定住外国人に**参政権**は認められていませんが，地域や学校，職場などでの差別をなくさなければなりません。また，言葉や文化の違いや，教育，社会保障などの面でも配慮が必要です。

バリアフリー

障がいのある人や高齢者などが，社会の中で安全・快適に暮らせるよう，身体的・精神的・制度的・社会的な**障壁**(**バリア**)を取り除こうという考え。スロープや点字ブロック，ノンステップバスやエレベーターなどは，身体的なものの一例にすぎない。2006年には**バリアフリー新法**が制定されている。

性的マイノリティ

レズビアン(女性同性愛者)，ゲイ(男性同性愛者)，バイセクシュアル(両性愛者)，トランスジェンダー(出生時の性と自認する性の不一致)の頭文字を合わせ，性的マイノリティ(少数者)の総称として「**LGBT**」が用いられることもある。

TRY! 思考力

特定の人々にあえて優遇措置を認めようという考えがあるが，これに賛成か反対かを，具体例をあげつつ，理由も入れて書きなさい。

ヒント　積極的差別是正措置(アファーマティブ・アクション，ポジティブ・アクション)についての出題。「賛成」意見のほうが書きやすいかもしれないが，自由に選んでよい。

解答例　人口の約半分を占めるはずの女性の議員が極端に少ないので，一定数の議席を女性に割り当てることは，形式的平等ではなく実質的平等を確保するために賛成する。

UNIT 3

自由権　自由に生きる権利

着目 自由権とはどのようなもので，憲法ではどのように規定されているのだろう？

- **自由権**　日本国憲法では，精神の自由，身体の自由，経済活動の自由が定められている。
- **自由権の内容**　憲法における「精神の自由」「身体の自由」の内容を知っておくことが大事。
- **経済活動**　不公平な社会にしないため，「経済活動の自由」は法律で制限されている。

1 自由に生きる権利

国家から不当な制約を受けず，自由に思考・活動する権利を**自由権**といいます。個人として尊重され，人間らしく生きていくうえで，自由に物事を考えて行動することは欠かせません。自由権は，**平等権**と同じく近代的な人権保障の柱です。軍事独裁政権で見られるような，国家権力による不当逮捕や拷問，思想弾圧は許されません。

日本国憲法が定める自由には，**精神の自由**，**身体の自由**，**経済活動の自由**がありますが，順に説明していきましょう。

2 精神の自由

思想・良心など心(内面)の自由と，それを外部に表現する自由を**精神の自由**といいます。自由に物事を考え，自らの意見を発表することは，主権者である国民の意見を政治に反映させるためにも欠かせません。もし国が，特定の意見を「よくない」と決めつけて発表を禁止したら，たとえ選挙が行われていても，本当の意味での民主主義は成り立ちません。戦前の治安維持法による弾圧は，その典型でした。

そこで，戦後の日本国憲法では，精神の自由を強く保障しています。精神の自由には，**思想・良心の自由**，**信教の自由**，**集会・結社・表現の自由**，**学問の自由**などがあります。政府が出版物・映像などを発表前に**検閲**することも禁止されています。また，手紙・電話など**通信の秘密**も侵してはなりません。

3 身体の自由

生命をうばわれない，不当に身体を拘束されない自由を**身体の自由**といいます。私たちが生きていくうえで，**奴隷的拘束・苦役からの自**

精神の自由の具体例

参考

信教の自由

信教の自由が保障されているとはいっても，国が宗教活動を行ったり，特定の宗教へ援助したりすることは禁じられている(**政教分離の原則**)。

発展

表現の自由

2009年，**青少年ネット規制法**が施行され，子どもが有害情報にふれないよう，インターネットでフィルタリング(選択的に排除)できるようにしたが，「表現の自由の侵害ではないか」，という意見もある。

由は当然の権利です。また，法律に定める手続きによらなければ，生命・自由をうばわれることはなく(**法定手続きの保障**)，どの行為が犯罪で，その犯罪にどんな刑罰が科せられるかは，あらかじめ法律で決まっています(**罪刑法定主義**)。

戦前には，警察や軍隊による不当な捜査や，拷問による取り調べが行われており，**えん罪**(無実の罪・ぬれぎぬ)も数多くありました。過去の反省に立ち，日本国憲法では，犯罪の捜査や裁判などにおいて，身体の自由を強く保障しています。

裁判所・裁判官が出す**令状**がなければ，現行犯以外は逮捕・捜索・押収などの強制処分は行われません。さらに，逮捕後も**黙秘権**が認められ，自白の強要も禁止されます。また，**拷問**や**残虐な刑罰**は許されません。

4 経済活動の自由

自由な生活を営むには，経済的な安定が必要です。資本主義国に住む私たちは，好きな場所に住んで職業を自分で選び，働いて得た収入・財産を生活のために使います。そこで，住む場所を自由に選ぶ**居住・移転の自由**や，職業を選び営業する**職業選択の自由**，お金や株(動産)，土地や建物(不動産)などの財産を自由に利用・処分する権利である**財産権の不可侵**といった，**経済活動の自由**が日本国憲法で保障されています。

しかし，自由な経済活動によって貧富の差が広がり，固定されて格差社会になったり，無制限な土地の利用によって周辺住民の生活環境が乱されたりするおそれもあります。そこで，経済活動の自由は，精神の自由や身体の自由に比べ，**公共の福祉**の観点から法律で広く制限してもよいとされています。

苦役

肉体的・精神的な苦痛を受ける労働。罪を犯して処罰される場合を除き，意に反する労働に服させることはできない。

残虐な刑罰

日本ではアメリカや中国と同様に死刑が行われているが，世界では死刑制度を廃止する国も増えており，賛否両論がある。

職業選択の自由

職業の中には，医師や教員，弁護士や公認会計士などのように国家資格が必要なものもある。

公共の福祉による制限

独占の禁止や土地計画上の立ち退きなどの例がある。

経済活動の自由を調整する必要があるのはなぜか。本文の記述を参考にして説明しなさい。

ヒント　問題の指定は「本文の記述を参考にして」説明すること(そのまま書き写すのではない)。出題者の指示には必ず従い，聞かれたことにだけ答えよう。

解答例　財産を多くもつ人の自由な経済活動により，貧富の差が広がり，格差の固定にもつながるから。また，企業による公害のように周辺住民の権利を侵す場合もあり，全体の利益である公共の福祉に照らし合わせれば，調整が必要になるから。

UNIT 4

社会権　豊かに生きる権利

着目 社会権とはどのようなもので，憲法ではどのように規定されているのだろう？

要点

- **社会権**　日本国憲法では生存権，教育を受ける権利，勤労の権利，労働基本権を保障している。
- **社会権の内容**　「生存権」は社会権の基本で，「教育を受ける権利」は小・中学校で学ぶ権利。
- **労働者の権利**　「勤労の権利」「労働基本権」は，15歳以上の働く人たちのための権利。

1 人間らしい生活を営む権利

人間らしい豊かな生活の保障を国家に要求する権利が，**社会権**です。19世紀には資本主義が急速に発展し，自由競争が強調されました。結果的に，社会全体の富が拡大したにもかかわらず，失業や貧困など貧富の差を中心とする深刻な社会問題が発生したことから，20世紀に入り，社会権の発想が生まれます。

1919年，ドイツの**ワイマール憲法**において，世界で初めて社会権が規定されました。**自由権**が「**国家からの自由**」(消極的権利)だとすれば，**社会権**は「**国家による自由**」(積極的権利)です。

日本国憲法では，**生存権**，**教育を受ける権利**，**勤労の権利**，**労働基本権**を保障し，極端な不平等の是正を意識しています。

2 生存権

社会権の中で基本となるのが，「**健康で文化的な最低限度の生活を営む権利**」(**第25条**)である**生存権**です。これを保障するために，**社会保障制度**があります。生存権は，特に病気や失業などにより働けず生活に困っている人々にとって重要で，**生活保護法**に基づき生活費が支給されます。近年では，経済格差が広がり，**公的扶助**の一種である生活保護を受ける世帯は増え，これらの人々が自立できるように支援していくことが必要です。しかし，その一方で，悪質な「貧困ビジネス」も横行しています。

また，高齢者や病気にかかった人が安定した生活を送ることができるように，年金・医療・介護などの**社会保険**を整えることも必要です。特に，急速に進む少子高齢化に対応した，年金制度や公的介護サービスの改革が急がれています。

分析

国家による自由

19世紀までは，国家は個人の生活に関与しないほうがいいと考えられ，「国家からの自由」が重視された。しかし，格差が広がった20世紀には，国家は個人の生活を保障するため，積極的に関与すべきと考えられるようになった。

分析

生存権

最高裁判所は，生活保護の給付内容の不十分さを争った1950年代からの**朝日訴訟**判決で，憲法第25条は国がその努力目標や政策的方針を規定したもの(**プログラム規定**)にすぎず，具体的な権利の救済には直結しないとした。1970年代からの堀木訴訟も同様だが，2つの訴訟は生活保護水準の改善につながった。

発展

社会保障制度

公的扶助・**社会保険**・**社会福祉**・**公衆衛生**の4種類からなる。

3 教育を受ける権利

人間らしく生活するためには，教育により知識や技術を身につける必要があります。憲法は「すべて国民は，法律の定めるところにより，その能力に応じて，ひとしく**教育を受ける権利**を有する」（**第26条**）と規定し，９年の義務教育期間に，小・中学校で学ぶことを保障しています。高校・大学をふくむ学校教育を通じ，児童・生徒・学生は，社会生活に必要な知識や判断力などを身につけていきます。

また，だれもが学校に行けるように，**義務教育**が無償（むしょう）とされているだけでなく，**生涯学習**（しょうがい）の充実（じゅうじつ）も求められています。これらの教育の基本的な方針は，**教育基本法**（1947年）に定められています。

9年間の義務教育期間

親が子どもに教育を受けさせる義務がある。子どもからみれば権利。

勤労の義務

「子どもに普通（ふつう）教育を受けさせる義務」「納税の義務」と並ぶ**日本国憲法の三大義務**の１つ。

4 勤労の権利と労働基本権

教育を修めた15歳（さい）以上の人が働くことは，収入を得て生活を安定させ，精神的に充実した生活を送るうえで，とても大切です。憲法は「すべて国民は，**勤労の権利**を有し，**義務**を負ふ」（**第27条**）と規定しています。そのため，職業安定法という法律もあります。

労働者は，雇（やと）い主である**使用者**に対して，経済的・社会的に弱い立場にあることが多いため，**労働基本権**（**労働三権**）が保障されています。憲法は，「勤労者の団結する権利及（およ）び団体交渉（こうしょう）その他の団体行動をする権利は，これを保障する」（**第28条**）と規定しており，労働者は使用者と対等の立場に立って交渉ができます。労働基本権は，**労働組合**を作ったり加入したりする**団結権**，労働組合が賃金や労働条件の改善を求めて使用者と交渉する**団体交渉権**，交渉がまとまらない場合にストライキなどの争議行為（こうい）を行う**団体行動権**（**争議権**）の３つです。

⬆ 労働基本権の具体例

TRY! 表現力

自由権に対し，20世紀に社会権がおくれて登場した経緯（けいい）を，本文の記述を参考にして説明しなさい。

ヒント　社会権がおくれて登場した経緯のみが聞かれているので，社会権の内容を説明する必要はない。

解答例　17～18世紀に欧米（おうべい）で市民革命が起き，身分制が廃止（はいし）され，自由権が確立されていった。その後，自由な経済活動の下（もと）で，19世紀に資本主義が急速に発展して，経済的格差が広がり，社会問題が発生したことから，20世紀には社会権の考えが登場した。

UNIT 5

人権を確実に保障するための権利

着目 人権を確実に保障するために，どのような権利が保障されているのだろう？

- **参政権** 国民が政治に参加する権利を参政権といい，選挙権・被選挙権や請願権がある。
- **請求権**(1) 請求権の１つとして，裁判を受ける権利が保障されている。
- **請求権**(2) 請求権はそれ以外に，国家賠償請求権と刑事補償請求権がある。

1 参政権

人権保障を確かなものにするために，日本国憲法は，さまざまな「**人権を守るための権利**」を保障しています。

国民が，選挙を通じて間接的に，または自ら直接的に政治に参加する権利を**参政権**といいます。そもそも国民は，**公務員の選定・罷免権**を原則としてもっています。**選挙権**は，議員や地方自治体の首長を選挙する権利です。**満18歳以上のすべての国民**に認められています。ほかに，立候補してほかの国民から選挙される**被選挙権**もあります。

また，憲法改正の**国民投票権**や，最高裁判所裁判官の**国民審査権**などのように，直接民主制的な権利もあります。国民投票は行われたことがありませんが，国民審査は衆議院議員選挙のさいに行われます。国民審査は，最高裁判所の裁判官がその地位にふさわしい人物であるかを，国民が直接審査する制度です。

国や地方に苦情や希望・要請を願い出る**請願権**も参政権の１つですが，請求権にふくめることもあります。これらの権利は，国民主権や民主主義を実質的に確保するために，必要不可欠なものです。

2 裁判を受ける権利

日本国憲法は，不当に人権や利益が侵害された場合，国に対してその救済を求め，一定の行いを要求する権利である**請求権**を，いくつか定めています。その１つが**裁判を受ける権利**です。

個人の力で解決することが難しい場合は，裁判に訴えて，裁判所で法に基づいて公正に審理し判決を出してもらうことが必要になります。司法権をもつ裁判所は，裁判を通じて人権保障を実現する重要な役割を果たしています。

外国人参政権

参政権は，日本国籍をもつ人のみに認められている。これに対し，**定住外国人**にも一定の条件の下で地方選挙の選挙権は認めるべきだという意見もある。

被選挙権

参議院議員と都道府県知事は**満30歳以上**，衆議院議員と市(区)町村長と地方議会議員は**満25歳以上**に認められる(➡p.101)。

直接民主制的な権利

このほかにも，特定の地方公共団体のみに適用される特別法の制定に際しての住民投票権がある。

請願権

国民・住民が苦情や希望・要請を願い出るだけで，国や地方にこれを解決・実現する義務があるわけではない。

しかし，日本の裁判は費用と時間がかかるため，権利や利益を侵害されても，実際に訴える人が少ないといわれてきました。そこで，裁判を受けやすいように，無料での法律相談や，弁護士費用の立て替えなどの仕組みが整えられています。

3 国家賠償請求権・刑事補償請求権

憲法が保障する請求権には，国家賠償請求権（損害賠償請求権）と刑事補償請求権もあります。

国家賠償請求権は，公務員の不法行為によって受けた損害に対して，国や地方公共団体に賠償を求める権利です。また，**刑事補償請求権**は，犯人として訴えられたあとに無罪となったり，一度有罪となった裁判のやり直しで無罪と判断されたりした場合，すなわち，**えん罪**の場合に，刑事被告人が国に対して金銭による補償を求める権利です。

請求権

請求権は参政権とは異なり年齢不問で，定住外国人にもあたえられる。

国家賠償請求権

訴訟の相手が国や地方となると，費用・時間・情報量の問題もあり，勝訴率は低い傾向がある。

GRADE UP!

グレードアップ

18歳選挙権

選挙権は，戦前は**満25歳以上の男性**にしか認められていませんでしたが，戦後は**満20歳以上のすべての国民**がもつ権利になりました。公職選挙法が改正され，2016年からは**満18歳以上のすべての国民**（総人口の約84％）に認められています（➡p.100）。

選挙当日に投票に行けない人のための**期日前投票制度**や，出張や入院で選挙区内にいない人のための**不在者投票制度**のほか，国政選挙については，外国に在住の日本人も投票できる**在外選挙制度**があります。これらは選挙権を保障するとともに，低い投票率を上げるねらいもあります。

TRY! 思考力

参政権・請求権は，平等権・自由権・社会権に比べ，なぜ2つがセットであつかわれることが多いのだろう？　自分の意見を書きなさい。

ヒント　本書では平等権・自由権・社会権を単独であつかう一方，参政権・請求権を同じ単元でまとめている。セットになっている理由があるはず。本文の冒頭を参考に考えてみよう。

解答例　基本的人権の尊重は日本国憲法の三大原則の1つであり，参政権と請求権は，国民や定住外国人にとって大切な人権の保障をより確実に実現していくため，具体的に行使できる権利だから。

UNIT 6

「公共の福祉」と国民の義務

着目 人権はどのような場合に制限されるのだろう？　日本国民の三大義務とは何だろう？

- **公共の福祉**　社会全体の利益のために，個人の基本的人権が制限されることがある。
- **自由権の制限**　自由権の中でも，精神の自由に比べ経済活動の自由は制限されることが多い。
- **三大義務**　憲法で普通教育を受けさせる義務・勤労の義務・納税の義務と定められている。

1 「公共の福祉」による人権の制限

基本的人権は，憲法第11条と第97条で，「**侵すことのできない永久の権利**」(**永久不可侵の権利**)と規定されています。人権は本来，法律によって制限されるものではありません。しかし，戦前の大日本帝国憲法下では，臣民の自由は「法律の範囲内」でしか認められませんでした。それが戦後，日本国憲法へと改正され，人権を最大限尊重することになりましたが，**制限**が認められる場合もあります。

例えば，表現の自由が認められているからといって，他人の名誉を傷つける行為は許されず，刑法という法律により処罰されます。また，労働基本権があっても，公務員のストライキは，国民や地域住民に不利益をあたえないよう，国家公務員法・地方公務員法で禁止されています。このように，人権は，「**他人の人権を侵害してはならない**」という**限界**があります。

また，人権は，人々が同じ社会において，豊かで安全・安心に暮らしていく必要性から制限されることもあります。このような人権の限界・制限のことを，日本国憲法は，**社会全体の利益・幸福**(大多数の人々の利益・幸福)を意味する「**公共の福祉**」という言葉で表しています。憲法は，自由や権利の濫用を認めず，国民は常にそれらを「公共の福祉」のために利用する責任があると定めています(第12条)。

しかし，社会の変化とともに判断基準も複雑化している中で，何が「公共の福祉」にあたるのかを国が一方的に判断し，人権を不当に制限することがあってはなりません。もし，制限しようとする場合は，それが具体的にどのような社会全体の利益・幸福のためであるのかを，慎重に検討・配慮する必要があります。

基本的人権

これまで学習したように，**平等権**・**自由権**・**社会権**・**参政権**・**請求権**の5つからなる。

経済活動の自由の制限

「**居住・移転の自由**」に関しては感染症による隔離，「**職業選択の自由**」に関しては医者・弁護士などの無資格者の営業禁止，「**財産権の自由**」に関しては，公共事業による土地収用などの例があげられる。

日本国憲法第12条

この憲法が国民に保障する自由及び権利は，国民の不断の努力によつて，これを保持しなければならない。又，国民は，これを濫用してはならないのであつて，常に公共の福祉のためにこれを利用する責任を負ふ。

2 自由権と公共の福祉

人権が制限されるといっても，その程度は種類により異なります。例えば，自由権の中でも「精神の自由」について，その制限はきわめて限定的にしか認められません。しかし，「**経済活動の自由**」については，行き過ぎると住民の生活環境(かんきょう)が乱されたり，貧富の差の拡大につながったりしかねないため，公共の福祉による制限が広く認められてきたのです。

3 国民の義務

国民には，権利だけでなく，果たすべき**義務**や責任があります。戦前は，兵役(へいえき)の義務と納税の義務がありました。戦後の日本国憲法では，子どもに**普通(ふつう)教育を受けさせる義務**，**勤労の義務**，**納税の義務**の3つをあげています。これらは，定住外国人も例外ではありません。

戦前の義務教育

大日本帝国(ていこく)憲法には義務教育が規定されていないが，6年間の義務教育が一般(いっぱん)的だった(時期によって4年・8年もあり)。

勤労の義務

罰則(ばっそく)はなく，強制労働をさせられるわけではない。

納税の義務

消費税や酒税などを除けば，一定以上の所得がある人のみへの義務にとどまる。

GRADE UP!
グレードアップ

国民の三大義務

普通教育を受けさせる義務は，子どもの「教育を受ける権利」を確保するために定められています。**勤労**もまた，権利と同時に義務です。国民は，働く機会を求める権利をもつ一方で，能力に応じた仕事を通じ社会的な責任を果たす義務を負います。そして，国や地方公共団体への**納税**については，国税と地方税，直接税と間接税，非課税世帯の規定など，税金の種類や対象者などの具体的な内容が，法律で定められています。

憲法に義務の規定が少ないのは，憲法は本来「権力者を拘束(こうそく)」し，「国民の権利を保障する」ための最高法規だからです。国は，憲法に反しない範囲(はんい)で，国民に義務を課す**法律**を制定することができます。また，地方公共団体は，法律に反しない範囲で**条例**を制定することができます。

TRY! 表現力

「公共の福祉」によって，基本的人権を制限する場合がある理由を2つあげなさい。

ヒント　本文を参照し，「公共の福祉」とは何かをふまえたうえで，指定通り必ず2つ答えよう。

解答例　社会全体の利益・幸福を守る場合。また，ある人の自由権の濫用によって，ほかの人の人権が侵害されることを防ぐ場合。

特集

インクルージョン

● インクルージョンとは？

インクルージョンは，最近使われるようになった新しい用語で，年齢，障がいの有無，性別・性自認・性的指向，出身地・国籍，学歴・職歴，価値観・宗教などのさまざまな違いを認め，関わるすべての人が支え合うことを意味します。日本語では「包括」「包摂」などと訳されます。

似たような意味でよく使われる**ダイバーシティ**が，多様性を受け入れ，互いに認め合うことであるのに対して，インクルージョンは包摂していくという点で，もう一歩ふみこんだ内容といえます。

● 平等な社会へ

インクルージョンの実現には，私たち一人一人の意識の変化が必要です。日本国憲法第14条では「**法の下の平等**」，第24条では「**個人の尊厳**と**両性の本質的平等**」が定められていますが，男女差別・部落差別・アイヌ差別・在日外国人差別などのほか，障がい者・病人，父子・母子家庭，学歴や貧富の差，高齢者・児童などをめぐり，現実にはさまざまな差別問題が存在します。

現在，だれもが安心し，区別なく暮らせる**ノーマライゼーション**の社会が強く求められています。それを具体的に実現するために，ハンディを負った人に対し物理的・精神的な障壁をなくす**バリアフリー**や，だれにとっても快適で使いやすい**ユニバーサルデザイン(UD)**の発想があります。また，身体の大小にかかわらず着たり履いたりできるサイズの服・靴の生産なども行われています。

⬆ 左ききの人も使いやすいハサミ

● 実質的平等へ

形式的平等ではなく実質的平等を確保するため，女性や障がい者など，あえて特定の立場の人に**優遇措置・積極的差別是正措置(ポジティブ・アクション**またはアファーマティブ・アクション)を認めるべき，という議論もあります。通勤電車の「**女性専用車両**」，議員・委員・役員・管理職などの一定割合以上を同一の性・人種に独占させない「**クォータ制**(割当制)」，**障害者雇用促進法**による法定雇用率の設定などは，その代表的なものです。

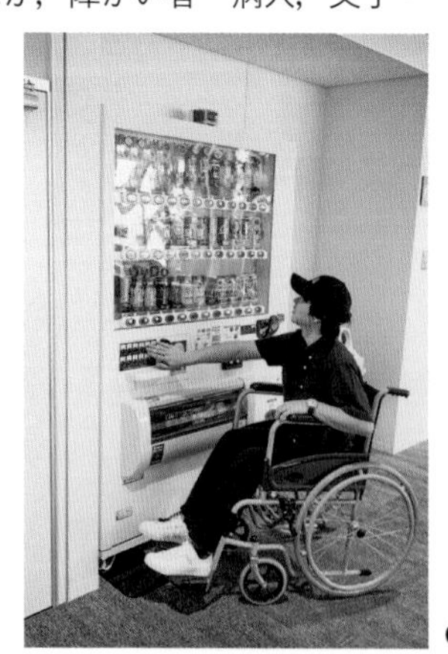

⬅ 車いすの人も使いやすい自動販売機

用語チェック

できたら
チェック！

QUESTIONS	ANSWERS
□ すべての人間は生まれながらに平等な存在であり，平等なあつかいを受ける(　①　)をもつ。	①平等権
□ (　②　)は，被差別部落出身者に対する根拠のない差別のことで，(　③　)ともいう。	②部落差別 ③同和問題
□ 2019年，(　④　)が制定され，この法律によりアイヌは初めて「先住民族」と位置づけられた。	④アイヌ民族支援法 [アイヌ新法]
□ 1985年には(　⑤　)が，1999年には(　⑥　)が制定され，男女の平等と男女共同参画社会がめざされている。	⑤男女雇用機会均等法 ⑥男女共同参画社会基本法
□ 障がいのある人の自立と社会参画を支援するため，1993年に(　⑦　)が制定された。	⑦障害者基本法
□ 日本国憲法が定める自由権には，(　⑧　)，(　⑨　)，経済活動の自由の３つがある。	⑧精神の自由 ⑨身体の自由 (⑧⑨は順不同)
□ 経済活動の自由は，(　⑩　)の観点から，法律で広く制限してもよいとされている。	⑩公共の福祉
□ 日本国憲法は，生存権，教育を受ける権利，勤労の権利，労働基本権からなる(　⑪　)を保障している。	⑪社会権
□ 社会権の中で基本となる権利は，「健康で文化的な最低限度の生活を営む権利」とされる(　⑫　)である。	⑫生存権
□ 労働者には，団結権，(　⑬　)，団体行動権(争議権)という労働基本権(労働三権)が保障されている。	⑬団体交渉権
□ 国民は自ら政治に参加する(　⑭　)をもち，そこに選挙権・被選挙権や(　⑮　)などの権利がふくまれることもある。	⑭参政権 ⑮請願権
□ 国民は国に対し，(　⑯　)権利，国家賠償請求権(損害賠償請求権)と刑事補償請求権という請求権をもつ。	⑯裁判を受ける

UNIT 1

産業や科学技術の発展と人権

着目 社会の変化にともない，どんな人権上の課題が生まれ，どんな権利が主張されたか？

要点

- **新しい人権**　日本国憲法に規定されていない人権が主張され，認められるようになってきた。
- **新しい人権の例**　環境権や自己決定権などが主張されるようになった。
- **生命と人権**　科学技術の発展によって，近年，生命倫理に関する難しい課題も生まれている。

1 社会の変化と「新しい人権」

人権は，時代や社会の進展・変化に合わせ，発展していかなければならないものです。日本国憲法にはさまざまな人権が規定されていますが，産業の高度化や科学技術の進歩，情報化の進展などにともない，憲法に明確な規定のない権利が主張され，社会的に認められることも多くなりました。このような権利は「**新しい人権**」とよばれます。

これには，裁判でも認められた知る権利とプライバシーの権利のほかにも，環境権や自己決定権などがあります。新しい人権は，主に憲法第13条の**幸福追求権**や，第25条の生存権を根拠にしています。

憲法に明確な規定のない権利

憲法改正が難しいことから，法律の制定などにより，新しい人権に対する取り組みが行われてきた。

2 産業の発展と環境権

私たちの生活にとって，きれいな空気や水，住みやすい環境は欠かせません。ところが，1955～73年の高度経済成長期には，**典型七公害**や**四大公害病**に代表される**公害**や，過密化・交通渋滞・ごみ処理問題などの都市問題が深刻化しました。経済成長が優先された結果，それにともなう環境汚染の悪影響が軽視されてしまったのです。

そこで，快適で人間らしい生活ができる環境を求める権利として，生活環境の整備や自然環境の保全を求める**環境権**が主張されました。住居への日当たりを確保することを求める**日照権**や，非喫煙者がたばこの煙をさける**嫌煙権**も環境権の一種です。

環境については，**公害対策基本法**(1967年)を引き継ぎ，環境保全のために国や地方，企業が果たすべき役割を定めた**環境基本法**(1993年)が制定されています。また，大規模な開発を行う前に，工事による環境破壊を防ぐために，環境への影響を調査・予測・評価する**環境アセスメント**(**環境影響評価**)も，法律で義務づけられています。

典型七公害・四大公害病

典型七公害は，**騒音**・**振動**・**悪臭**・**大気汚染**・**土壌汚染**・**水質汚濁**・**地盤沈下**。

四大公害病は，**水俣病**・**新潟水俣病**・**イタイイタイ病**・**四日市ぜんそく**。

嫌煙権

2002年，国民の健康維持と現代病予防を目的とし，**健康増進法**が制定された。この法律は，受動喫煙を防止するために必要な措置を，施設の管理者に求めている。

③ 自己決定権

個人が生き方や生活の仕方を自由に選び決定する権利を，**自己決定権**といいます。この権利は，社会の発達にともない，生き方が多様化する中で，主張されるようになりました。

医療では，患者が治療方法などを決定できるように，**インフォームド・コンセント**(**説明に基づく同意**)が求められます。自らの死後の臓器移植についての**臓器提供意思表示カード**(**ドナーカード**)なども，自己決定権を尊重するものです。

④ 科学技術の発展と人権

科学技術，特に医療技術や生命工学(バイオテクノロジー)の発展によって，近年，生命と人権に関する難しい課題である**生命倫理**の問題も生まれています。例えば，自ら延命治療をこばむ**尊厳死**や，たえがたい苦痛をともなう人が医師の手を借りて死を選ぶ**安楽死**が，自己決定権の一種として主張されていますが，慎重な意見もあります。輸血の拒否などもふくめ，皆が納得できるような結論は得られていません。

また，**遺伝子技術**は，難病治療などに役立つことが期待されていますが，生命の根幹に関わるため，学問の自由に任せてよいかが議論されています。遺伝子が同じ個体を作り出す**クローン技術**については，羊などで実証実験が行われていますが，人間のクローンを作ることは法律で禁止されています。そして，**遺伝子診断**は，遺伝子を原因とする病気へのかかりやすさなどを知ることができますが，遺伝子を理由にした差別や，出生前診断による妊娠中絶の問題などが心配されています。

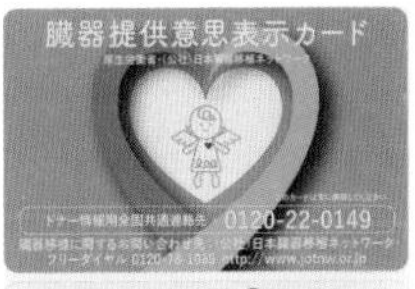

⬆ 臓器提供意思表示カード

用語

インフォームド・コンセント

治療方針に関する「**医師からの十分な説明**」と，それに対する「**患者側の同意**」のこと。対になる言葉は，「強者の立場からの(善意からくる)一方的な押しつけ」である**パターナリズム**(父権主義)。

分析

尊厳死・安楽死

どのような最期をむかえるか，自分の死のあり方について自分で決定する点で，自己決定権の一種である。

TRY! 思考力

「新しい人権」の1つである環境権のうち，本文にある日照権と嫌煙権以外に自分で1つ考え，「～権」とつけたうえで説明しなさい。

ヒント　学んだ「知識」を答えるのではなく，「自ら考える」タイプの問題。正解が1つではないので，大胆に書いてみよう。

解答例　(例1)「眺望権」。建物の所有者などが，ほかの建物などに妨害されることなく，これまで通りの景色を眺める権利。

(例2)「景観権」。自然の景観や，歴史的・文化的な景観を見て楽しむ権利。

UNIT 2

情報化の進展と人権

着目 情報化の発展により，どんな人権上の課題が生まれ，どんな権利が主張されたか？

要点
- **知る権利**　情報化が進展し，国などの重要な情報を知る権利が認められるようになった。
- **プライバシー**　私生活に関する情報を公開されない権利も認められるようになった。
- **インターネット**　インターネットは便利だが，さまざまな権利を侵害(しんがい)するおそれもある。

1 知る権利

国民が主権者として政治について判断するためには，さまざまな情報を入手して考えることが重要です。現代では，情報化の進展により，大量の重要な記録・資料などの情報が，国や地方の機関に集まっています。そこで，国や地方公共団体に対して保有する情報の提供を求める「**知る権利**」が認められるようになりました。地方の**情報公開条例**を後追いする形で，国が**情報公開法**を制定してスタートした**情報公開制度**は，人々の請求(せいきゅう)に応じて情報を開示し，公正で透明(とうめい)性の高い政治の実現をめざしています(➡p.81)。

また，新聞・雑誌・テレビ・ラジオなど，多くの人に対し大量に情報を伝達する**マスメディア**は，「表現の自由」を基に取材などを通して情報を収集し広く伝えることで，人々の知る権利に寄与(きよ)しています。

情報公開条例
国の**情報公開法**に先立ち制定されたが，すべての地方自治体で制定されているわけではない。

不利益に対する反論
「新しい人権」の１つとして，マスメディアに接近・参入(アクセス)し，意見や反論の掲載(けいさい)や番組参加などを求める**アクセス権**がある。「表現の自由」を根拠に一方通行の報道をされた場合，当事者もまた「表現の自由」を実現する権利をもつ。

2 プライバシーの権利

マスメディアの報道が，「表現の自由」を根拠(こんきょ)に個人の知られたくない秘密を公開してしまうことがあります。このような報道は，その人や関係者に不利益をあたえます。そこで，個人の尊重と幸福追求権を守るため，私生活に関する情報を公開されない「**プライバシーの権利**」が認められています。自分の顔や姿を写真や映像で勝手に撮影(さつえい)されたり，公表されたりしない権利である**肖像(しょうぞう)権**も，その１つです。

また，情報化が進展した社会では，住所や電話番号だけでなく，経歴や病歴，信仰(しんこう)する宗教などの個人情報が，本人の知らない間に流出・収集され，利用されることがあります。そこで，国や地方公共団体，民間企業(きぎょう)が個人情報を慎重(しんちょう)に管理するように義務づける**個人情報保護制度**が設けられています。地方の**個人情報保護条例**を後追いする

プライバシーの権利
「新しい人権」の中では唯一(ゆいいつ)，裁判所の判例として確立している(裁判でプライバシーの権利を根拠に勝訴(しょうそ)した人がいる)。

形で，国が**個人情報保護法**を制定してスタートしたこの制度は，「私生活をみだりに公開されない権利」であるとともに，「自己の情報をコントロールする権利」でもあるプライバシーの権利を支える，重要な要素となっています。

3 インターネットと人権

アメリカ発の**インターネット**の普及(ふきゅう)によって，だれもが簡単に世界中の情報を受信し，かつ発信できるようになりました。もちろん，国内の情報を入手することも簡単になり，知る権利の実現に貢献(こうけん)しています。

しかし，一方で，ネット上にはプライバシーの権利などを侵害(しんがい)する違法(いほう)な情報が流出することも少なくありません(➡p.81)。自らの名前を明かさずに(匿名(とくめい)で)情報を発信することができるため，他人の名誉(めいよ)を傷つける無責任な言論や差別的な表現も多く見られます。

また，情報を簡単に複製し貼(は)りつけること(コピー＆ペースト)ができる反面，**知的財産権**(**知的所有権**)が十分に保護されていないなどの問題も生まれています。

参考

個人情報保護条例

国の**個人情報保護法**に先立ち制定されたが，すべての地方自治体で制定されているわけではない。

GRADE UP!

グレードアップ

知的財産権(知的所有権)

文章・絵・音楽・写真・映像などの著作物に関する権利である**著作権**と，商品名・トレードマークなどの商標，工業デザインの意匠(いしょう)，発明の特許，実用新案などに関する権利である**産業財産権**は，合わせて**知的財産権**(**知的所有権**)とよばれます。情報化の進展により，知的財産権は大きく注目される一方で，これを保障し，知的財産を生み出した人の権利や利益を守るための仕組みづくりが急ぎ求められています。

TRY! 表現力

「新しい人権」の１つである「プライバシーの権利」と科学技術の発達を結びつけ，新たに生まれた課題を説明しなさい。

ヒント　科学技術の発達が「プライバシーの権利」を侵(おか)す危険性があるケースを考えてみよう。

解答例　インターネットに代表される科学技術の発達にともない，国内・国外を問わず私的・公的な情報の発信・受信が広く可能になったことで，個人の知られたくない情報が公開され，「プライバシーの権利」が侵害されるおそれがある。

UNIT 3

グローバル社会と人権

着目 グローバル社会において，人権はどう保障され，どんな課題があるのだろう？

要点
- **人権保障の広がり** 1948年に世界人権宣言が，1966年に国際人権規約が採択された。
- **国際的な取り組み** 各国の人権保障を監視し，差別を解消していくことが重要になっている。
- **地球規模のつながり** グローバル化により，さまざまな社会問題は地球規模で結びついている。

1 人権保障の国際的な広がり

二度の世界大戦を経て国際連合が存在する現在，人権の保障は，世界共通の国際的な課題となっています。しかし，従来の人権保障は各国の国内で行われてきたため，国によって人権保障のあり方に差が生まれ，重大な人権侵害が起こってきました。そこで，国際連合が中心になって，1948年に**世界人権宣言**が，1966年にこれを発展させ，**国際人権規約**が採択されました。世界人権宣言は条約ではありませんが，世界各国の人権保障の模範になっています。国際人権規約は，法的拘束力をもつ条約として締約国に人権の保障を義務づけています。

ほかにも，人種差別をなくすことを目的とする**人種差別撤廃条約**(1965年)，男女差別を撤廃するための**女子差別撤廃条約**(1979年)，18歳未満の子どもの人権保障と保護を目的とする**子ども(児童)の権利条約**(1989年)，障がい者の権利を確保するための**障害者権利条約**(2006年)などがあります。これらの条約は，締約国での人権保障の改善に大きく役立っています。例えば日本でも，女子差別撤廃条約の批准を受けて，1985年に**男女雇用機会均等法**が制定されるなど，男女平等の発想が前進しました。

また，カナダなどのイヌイット，オーストラリアのアボリジニ，日本のアイヌなど先住民族の権利を保障する努力も，国際的に広がっています。2007年には，国連で「**先住民族の権利に関する国連宣言**」が採択されました。

今日では，条約などに定められた人権の国際的な水準に基づいて，各国の人権保障の状況を監視し，差別を解消していくことが重要になっています。そこで，2006年には**国連人権理事会**が置かれ，加盟国の人権保障の状況について調査し，問題がある場合には改善するよ

マララ・ユスフザイ (1997年～)

教育権など女性の人権について訴えていたパキスタンの少女マララは，15歳だった2012年，中学校からの帰宅途中にイスラム武装勢力に銃撃され，重傷を負った。一命を取り留めた彼女は国際社会に向け女性の権利向上を訴え続け，2014年に**ノーベル平和賞**を受賞した。

批准

署名した条約を確認し，同意すること。

その他の人権条約

難民の地位に関する条約(1951年)，ジェノサイド(集団殺害)防止条約(1948年，日本は武力をもたないため批准せず)，拷問禁止条約(1984年)，死刑廃止条約(1989年，日本は批准せず)など。

う勧告しています。

2 グローバル社会における人権保障

グローバル化が進んだ今日では，さまざまな社会問題は地球規模で結びついています。2020年からの**新型コロナウイルス感染症**問題は，それを大いに明らかにした出来事でした。環境汚染は国境を越えて広がり，先進工業国と発展途上国の間の経済格差(南北問題)は，不法移民の増加につながっています。感染症への取り組み，地球環境問題や貧困問題，人口増加や難民問題の解決，民族・宗教紛争やテロリズム，国際犯罪の防止などには，各国の協力が不可欠です。地球全体で持続可能な社会が実現できるように努力することが，求められています。

国際的な人権保障を実現するために，国連・国家その他の公共機関だけでなく，国境を越えて活動する非営利の民間組織である**NGO(非政府組織)**の活動も注目されています。特に，国際的な人権団体である**アムネスティ・インターナショナル**や，**国境なき医師団**，赤十字国際委員会などが有名です。今日では，NGOがさまざまな国際会議に参加して各国の問題について訴え，条約の締結に影響をあたえる例も見られます。

新型コロナウイルス問題

日本では，2020年と2021年に新型コロナウイルス特別措置法に基づく措置として「**緊急事態宣言**」が出された。期間や区域を定めて内閣総理大臣が発令する。

テロリズムと国際犯罪の防止

日本国内でも防犯カメラの設置と活用が広がっている。

GRADE UP!

グレードアップ

社会の安全と人権

グローバル化の進展の一方で，**テロリズム**や国際犯罪も広がりました。日本国内では，人々の安全を守るため，**防犯カメラ**の設置と活用が広がっています。しかし，**プライバシーの侵害**につながりかねない，という意見もあります。社会の安全と人権をどのように両立させるか，考えていく必要があります。

TRY! 思考力

防犯カメラ(監視カメラ)の設置についてどのように考えるか。あなたの意見を書きなさい。

ヒント　今や日本中どこにでもある防犯カメラの良い点と悪い点を考え，対比させたうえで，その解決策を書こう。

解答例　国内の犯罪だけでなく，テロリズムや国際的な犯罪などの監視や犯人の逮捕に役立つと思うが，カメラの画像が個人のプライバシーを侵害しないようにするため，しっかりとした取り決めが必要だと考える。

資料　日本国憲法の重要条文まとめ①

前文
(一部抜粋)

日本国民は，正当に選挙された国会における代表者を通じて行動し，われらとわれらの子孫のために，諸国民との**協和**による成果と，わが国全土にわたつて自由のもたらす**恵沢**を確保し，政府の行為によつて再び戦争の**惨禍**が起ることのないやうにすることを決意し，ここに主権が国民に存することを宣言し，この憲法を確定する。

協和　心を合わせて仲良くすること。
恵沢　めぐみ。
惨禍　いたましい災い。

第１条　**〔天皇の地位・国民主権〕**

天皇は，日本国の**象徴**であり日本国民統合の象徴であつて，この地位は，主権の存する日本国民の**総意**に基く。

象徴　ある抽象的なものを表現する具体的なもの。
総意　すべての人の意見。

第３条　**〔天皇の国事行為に対する内閣の助言と承認〕**

天皇の**国事**に関するすべての行為には，内閣の助言と承認を必要とし，内閣が，その責任を負ふ。

国事　国会に関する事柄。

第９条　**〔戦争の放棄，戦力及び交戦権の否認〕**

①日本国民は，正義と秩序を基調とする国際平和を誠実に**希求**し，**国権の発動たる戦争**と，武力による**威嚇**又は武力の行使は，国際紛争を解決する手段としては，永久にこれを放棄する。
②前項の目的を達するため，陸海空軍その他の戦力は，これを保持しない。国の**交戦権**は，これを認めない。

希求　願い求めること。
国権の発動たる戦争　宣戦布告による国家間の戦争。
威嚇　武力でおどすこと。
交戦権　国家が戦争を行う権利。

第11条　**〔基本的人権〕**

国民は，すべての**基本的人権**の**享有**を妨げられない。この憲法が国民に保障する基本的人権は，侵すことのできない永久の権利として，現在及び将来の国民に与へられる。

基本的人権　人間が生まれながらにもっている権利。
享有　生まれながらにもっていること。

第12条　**〔自由・権利の保持責任と濫用の禁止〕**

この憲法が国民に保障する自由及び権利は，国民の**不断**

不断　絶え間ないこと。

日本国憲法は
公民の勉強の
キホンだね！

の努力によつて，これを保持しなければならない。又，国民は，これを**濫用**してはならないのであつて，常に公共の福祉のためにこれを利用する責任を負ふ。

濫用　みだりに用いること。

第13条　〔個人の尊重と公共の福祉〕

すべて国民は，個人として尊重される。生命，自由及び幸福追求に対する国民の権利については，**公共の福祉**に反しない限り，立法その他の国政の上で，最大の尊重を必要とする。

公共の福祉　社会全体の共通の利益。

第14条　〔法の下の平等〕

①すべて国民は，**法の下に平等**であつて，人種，信条，性別，社会的身分又は**門地**により，政治的，経済的又は社会的関係において，差別されない。

法の下に平等　法律上の権利や義務の点で平等にあつかわれること。
門地　家柄。

第24条　〔個人の尊厳と両性の平等〕

①**婚姻**は，**両性**の合意のみに基いて成立し，夫婦が同等の権利を有することを基本として，相互の協力により，維持されなければならない。
②**配偶者**の選択，財産権，**相続**，住居の選定，離婚並びに婚姻及び家族に関するその他の事項に関しては，法律は，個人の尊厳と両性の本質的平等に立脚して，制定されなければならない。

婚姻　結婚すること。
両性　男性と女性。

配偶者　結婚相手。
相続　亡くなった人の財産にかかわる権利・義務を引き継ぐこと。

第25条　〔生存権〕

①すべて国民は，**健康で文化的な最低限度の生活**を営む権利を有する。

健康で文化的な最低限度の生活　単に生きるだけでなく，人間らしい生活。

第36条　〔拷問及び残虐な刑罰の禁止〕

公務員による**拷問**及び残虐な刑罰は，絶対にこれを禁ずる。

拷問　肉体に苦痛を加えて自白させること。

図表

個人の尊重と日本国憲法

日本国憲法とは → p.46

「人の支配」と「法の支配」

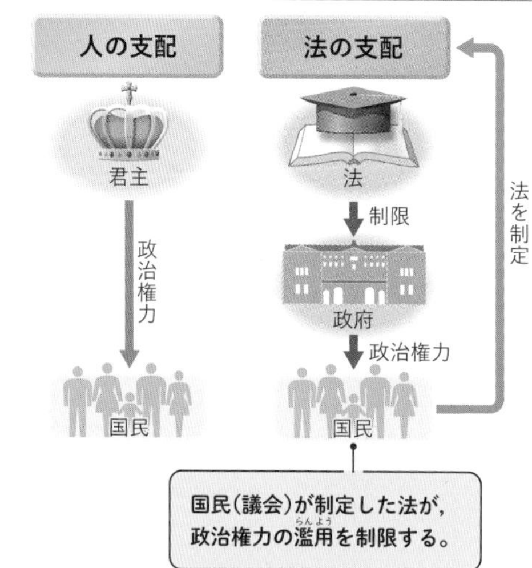

法の構成

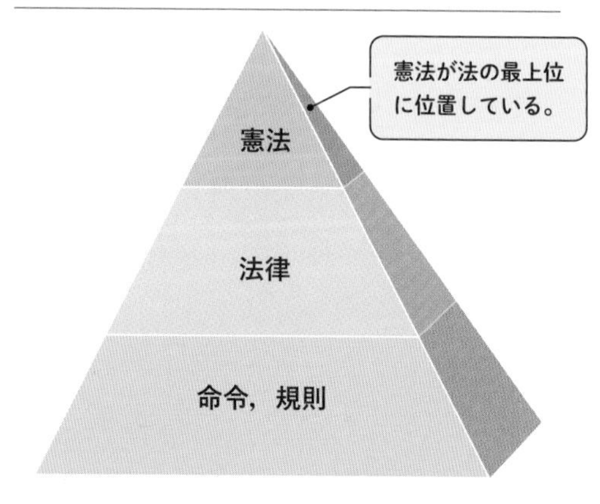

三権分立

憲法改正の手続き

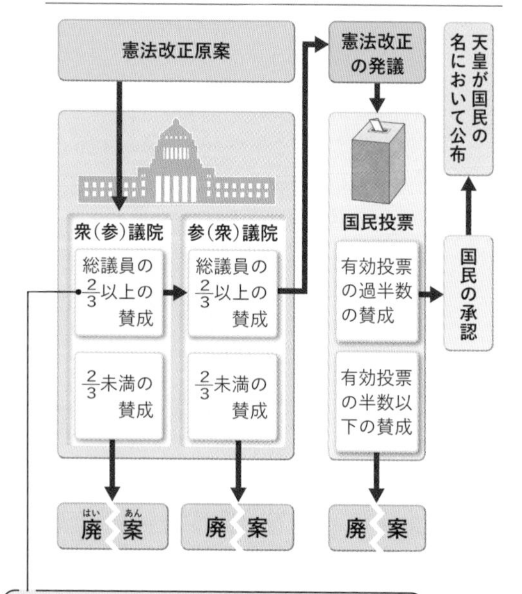

図表を見るときのポイントをおさえておこう！

共生社会をめざして
→ p.60

男女の年齢別賃金

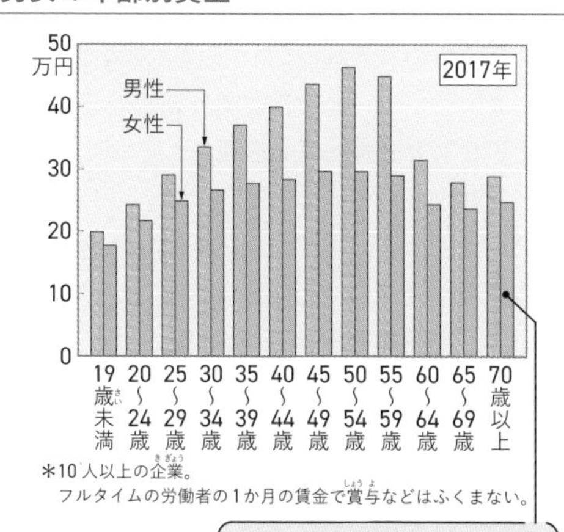

*10人以上の企業。
フルタイムの労働者の1か月の賃金で賞与などはふくまない。

すべての年齢階層で，女性のほうが賃金が低い。

（「賃金構造統計調査」による）

女性の年齢別労働力率

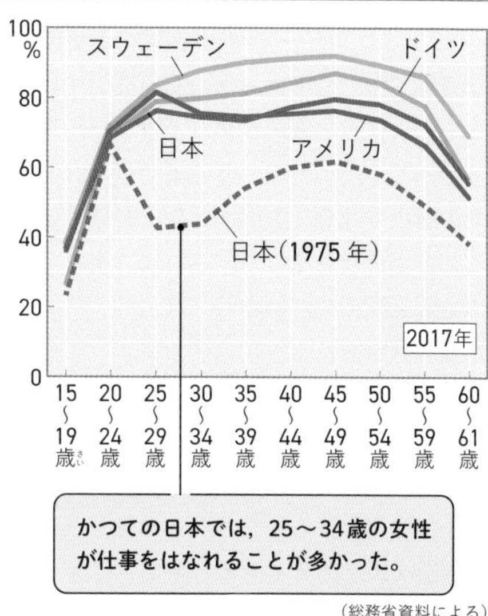

かつての日本では，25〜34歳の女性が仕事をはなれることが多かった。

（総務省資料による）

情報化の進展と人権
→ p.74

国の情報公開制度

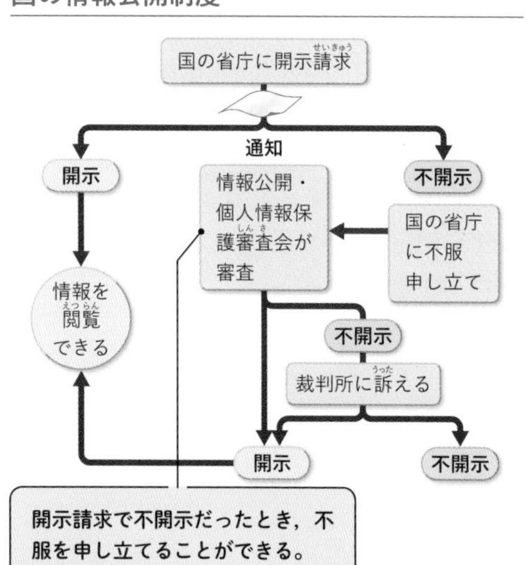

開示請求で不開示だったとき，不服を申し立てることができる。

インターネットによる人権侵害

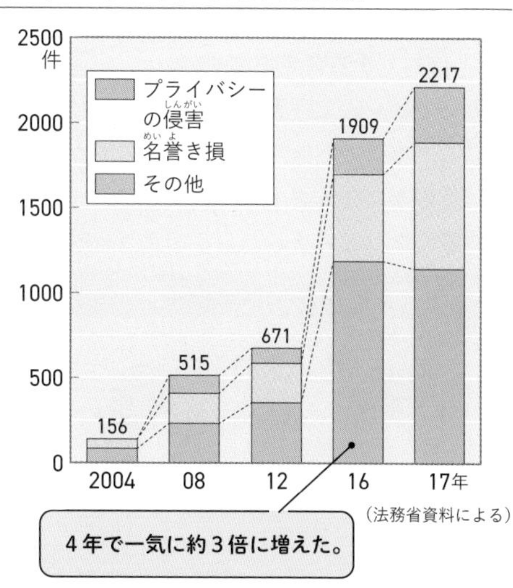

4年で一気に約3倍に増えた。

（法務省資料による）

特集

現代の医療と死生観

● 生命倫理とは？

生命倫理(バイオエシックス)とは，生命工学(バイオテクノロジー)や医療技術の進歩にともない登場した，生老病死をめぐる問題や研究のことです。従来，人の手がおよばない，自然法則にのっとった「聖域」と位置づけられてきた生命の誕生や死を，人間がどこまで意のままにすることが許されるのか。これは，生物学や医学の分野を超えて，倫理的・社会的・法的な角度からも議論されるべき事柄です。

● 現代の医療と死生観

延命治療や治癒困難な病気・ケガの治療，終末医療の現場では，「人間の生命は神聖で，その維持は何よりも優先されるべき」という視点の**SOL(サンクティティ・オブ・ライフ＝生命の尊厳)**という考え方が，広く存在します。

これは，「ただ生きるのではなく，人間らしく生きるのでなければ意味がない」という視点の**QOL(クオリティ・オブ・ライフ＝生命の質)**とは対立する考え方です。

近年では，人工呼吸器などの生命維持装置が発達し，本来ならば死をむかえてもおかしくない状態のまま生かされるような「人為的な生」が問題になってきました。このような状況の中で，人間らしい自然な死を選ぶ「**尊厳死**」への要求も高まっています。

人が自分の末期医療(ターミナル・ケア)をどうしてほしいか，あらかじめ「延命治療を拒否する」などと文書で意思表明をしておくことを**リビングウィル**といいます。

例えば，患者に回復の見込みがない場合，本人の意思に基づいて死に至らせることを**安楽死**といい，①積極的安楽死(苦痛をさけるため薬物投与などで死に導く)，②間接的安楽死(苦痛緩和処置などの結果により死を早める)の２種類があります。ただし，日本には安楽死実施の具体的ルールを定めた法律はありません。

● 臓器移植

近年の大きな話題として，2009年の**臓器移植法の改正**がありました。この改正により，本人(年齢制限なし)の**臓器提供意思表示カード(ドナーカード)**への署名による生前の意思表示がなくても，拒否の意思表示がない限り，家族の同意があれば臓器提供が可能となりました。これにより，脳死状態の15歳未満の子どもからも，臓器移植ができるようになっています。

また，本人(15歳以上)の意思表示があれば親族への優先提供を認めるとされました。

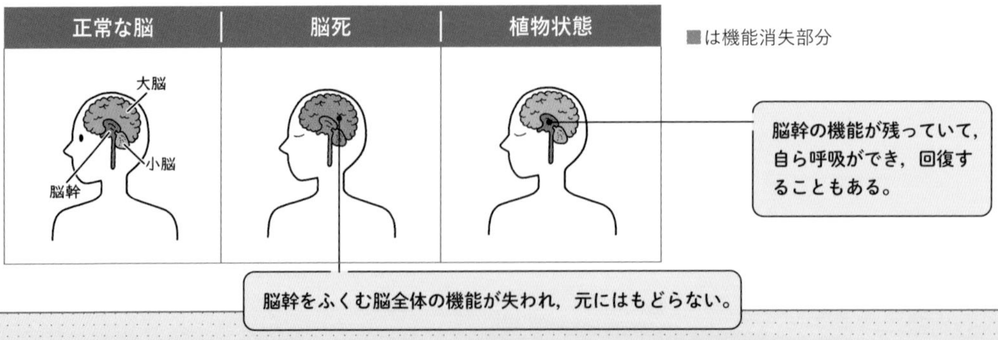

正常な脳 | 脳死 | 植物状態

■は機能消失部分

大脳
小脳
脳幹

脳幹の機能が残っていて，自ら呼吸ができ，回復することもある。

脳幹をふくむ脳全体の機能が失われ，元にはもどらない。

用語チェック

できたら チェック！

QUESTIONS	ANSWERS
□ 社会の変化にともない主張されるようになった，憲法に明確な規定のない権利を「(　①　)」という。	①新しい人権
□ 日照権や嫌煙権など，快適で人間らしい生活ができる環境を求める権利を(　②　)という。	②環境権
□ 大規模な開発を行う際は，事前に環境への影響を調査・予測・評価する(　③　)が，法律で義務づけられている。	③環境アセスメント［環境影響評価］
□ 個人が生き方や生活の仕方を自由に選び決定する権利のことを(　④　)という。	④自己決定権
□ 医療技術や生命工学(バイオテクノロジー)の発展で，尊厳死や安楽死などの(　⑤　)の問題が生じている。	⑤生命倫理
□ 国や地方公共団体に情報の提供を求める「(　⑥　)」が認められ，国の(　⑦　)がスタートした。	⑥知る権利 ⑦情報公開制度
□ 個人の尊重と幸福追求権を守るため，私生活の情報を公開されない「(　⑧　)」が認められるようになった。	⑧プライバシーの権利
□ インターネットの発達にともない，著作物やアイデアなどの(　⑨　)の保護に関する問題が生じている。	⑨知的財産権［知的所有権］
□ 人権侵害の問題解決のため，国際連合が中心になり，世界人権宣言を発展させた(　⑩　)が採択された。	⑩国際人権規約
□ 1965年に，人種差別をなくすことを目的にした(　⑪　)が採択された。	⑪人種差別撤廃条約
□ (　⑫　)が進んで社会問題が地球規模で結びつくようになり，2020年には(　⑬　)感染症が拡大した。	⑫グローバル化 ⑬新型コロナウイルス
□ 国際的な人権保障の実現のため，国境を越えて活動する非営利の民間組織である(　⑭　)が注目されている。	⑭NGO［非政府組織］

定期テスト対策問題

解答 ➡ p.259

問1 人権思想の確立

次の文章を読んで，あとの問いに答えなさい。

すべての人間が基本的な権利をもつという考え方は，ヨーロッパで生まれた自然権(人間が生まれながらにもつ権利)に由来するとされるが，これが確立するまでには(　a　)とよばれる市民の力による変革を経る必要があった。自然権をはっきりと明文化し，確立した点で画期的だったのが，「人は生まれながら，自由で平等な権利をもつ」という第1条で始まる(　b　)宣言（1789年採択）であった。そこから150年以上もあとにつくられた日本国憲法の第97条は，次のような条文になっている。

「この憲法が日本国民に保障する基本的人権は，人類の多年にわたる(　c　)の努力の成果であって，これらの権利は，過去幾多の試錬に堪え，現在及び将来の国民に対し，侵すことのできない(　d　)の権利として信託されたものである」

⑴ (　a　)(　b　)にあてはまる語句を答えなさい。

⑵ (　c　)(　d　)にあてはまる語句を次から選び，記号で答えなさい。

ア 不変　**イ** 公共　**ウ** 永久　**エ** 革命　**オ** 自由獲得　**カ** 人権保障

⑶ 『社会契約論』などを著したフランスの思想家で，人民主権をとなえた人物はだれか。その人物名を答えなさい。

⑷ 今日，基本的人権の保障は，国境を越えた人類共通の目標として考えられるようになってきている。これに関して，国際連合が1948年に採択した宣言を何というか，答えなさい。

問2 人権保障の歩み

次の文章を読んで，あとの問いに答えなさい。

18世紀末に要求された人権は，自然権思想に基づいて，人間が国家から干渉を受けない(　a　)権や身分制度を否定する平等権であった。その権利によって19世紀に資本主義経済が発展すると，資本家と労働者の貧富の格差がいちじるしくなるなどの社会問題が発生した。こうした状況の改善をめざし，貧しい階層の人々にも①選挙権をあたえるよう要求する運動が盛んになり，成人男性の選挙権を認める国も出てきた。20世紀に入り，第一次世界大戦後には，人間らしい生活を保障する(　b　)権もドイツの(　c　)憲法に初めてもりこまれた。このような人権の歴史的発展から，(　a　)権は18世紀的人権，(　b　)権は20世紀的人権とよばれている。

⑴ (　a　)～(　c　)にあてはまる語句を答えなさい。

(2) 下線部①の運動を何というか，答えなさい。

(3) 18世紀的人権だけでなく，20世紀的人権が要求されるようになった理由を，文中の語句を使って説明しなさい。

問3 日本国憲法の基本原則

日本国憲法の前文の一部分を読んで，あとの問いに答えなさい。

日本国民は，正当に選挙された（ a ）における代表者を通じて行動し，われらとわれらの子孫のために，諸国民との協和による成果と，わが国全土にわたって自由のもたらす恵沢を確保し，（ b ）の行為によって①再び戦争の惨禍が起ることのないようにすることを決意し，ここに②主権が国民に存することを宣言し，この憲法を確定する。そもそも（ c ）は，国民の厳粛な信託によるものであって，その権威は国民に由来し，その権力は国民の代表者がこれを行使し，その福利は国民がこれを享受する。これは人類普遍の原理であり，③この憲法は，かかる原理に基くものである。われらは，これに反する一切の憲法，法令及び詔勅を排除する。

(1) （ a ）～（ c ）にあてはまる語句を次から選び，記号で答えなさい。

ア 政府　**イ** 国政　**ウ** 天皇　**エ** 国会　**オ** 内閣

(2) 下線部①の決意に基づき，憲法第9条は，戦争の放棄，軍備及び交戦権の否認について，次のように定めている。（ あ ）～（ う ）にあてはまる語句を下から選び，記号で答えなさい。

日本国民は，正義と秩序を基調とする国際平和を誠実に希求し，国権の発動たる戦争と，（ あ ）による威嚇又は（ あ ）の行使は，（ い ）を解決する手段としては，永久にこれを放棄する。

前項の目的を達するため，陸海空軍その他の（ う ）は，これを保持しない。国の交戦権は，これを認めない。

ア 戦力　**イ** 戦争　**ウ** 武力　**エ** 国際紛争

(3) 日本国憲法の三大原則のうち，文中の下線部①，②以外のもう1つは何か，答えなさい。

(4) 下線部②に関して，次の文中の（　　）にあてはまる語句を答えなさい。

A 天皇は，日本国および日本国民統合の（　　）である。

B 天皇は，（　　）の助言と承認に基づいて，国事に関する行為のみを行う。

(5) 天皇の国事行為について，あてはまらないものを次から2つ選び，記号で答えなさい。

ア 国会の召集　**イ** 国会議員の総選挙の施行の公示　**ウ** 内閣総理大臣の指名

エ 栄典の授与　**オ** 憲法改正，法律，条約などの公布　**カ** 衆議院の解散の決定

(6) 下線部③に関して，日本国憲法に反する法律・命令・処分を無効とする権限が裁判所にあるとされている。これを何というか，答えなさい。

(7) 日本国憲法の改正に関して，次の文の（ あ ）～（ う ）にあてはまる語句や数字を答えなさい。

日本国憲法の改正は，各議院の総議員の（　あ　）以上の賛成で，（　い　）がこれを発議し，さらに国民投票にかけて，その（　う　）の賛成を得なければならない。

問 4 日米安全保障条約

次の文のうち，誤っているものを１つ選び，記号で答えなさい。

① 在日米軍の駐留目的は，日本の安全および極東地域の安全に寄与することである。
② 日本国は日本の領域内にアメリカ軍が駐留することを認める。
③ 日本国が攻撃されていなくても，自衛隊は集団的自衛権に基づいてアメリカ軍を支援する。
④ 在日米軍の基地は，その面積の約７割が沖縄県に存在している。

問 5 基本的人権の種類

平等権にはA，自由権にはB，社会権にはC，人権を守るための権利にはDの記号をつけて，①～⑩がそれぞれどの権利に属するか分類しなさい。

①健康で文化的な最低限度の生活を営む権利	⑥法律によらなければ生命・自由をうばわれない。
②財産権は侵してはならない。	⑦国民にはすべて教育を受ける権利がある。
③華族制度や貴族の制度は認めない。	⑧家庭生活において，夫婦は同等である。
④だれもが裁判所で裁判を受ける権利がある。	⑨国民に働く権利が保障されている。
⑤通信の秘密は侵してはならない。	⑩広く国民に参政権が認められている。

問 6 新しい人権

近年，人権についての意識が高まり，新しい人権とよばれるものも認められるようになった。

⑴ 新しい人権とされるものを次から３つ選び，記号で答えなさい。
ア 請求権　**イ** 知る権利　**ウ** 勤労の権利　**エ** プライバシーの権利
オ 環境権　**カ** 拷問や残虐な刑の禁止

⑵ 次の文の内容が正しければ○，誤っていれば×をつけなさい。
① 新しい人権は日本国憲法第13条の幸福追求権に基づいて主張されるものがある。
② 新しい人権も日本国憲法に明記されるようになった。
③ 新しい人権は社会の変化や進展にともなって主張されるようになってきた。
④ 新しい人権はすべて少子高齢化社会への対応として主張されたものである。

問 7 国際連合と条約

次の文の内容が正しければ○，誤っていれば×をつけなさい。

① 国際連合で採択された国際人権規約は，条約としての拘束力はない。
② 国連人権理事会は，国連加盟国の人権保障の状況を調査し，改善勧告もできる。
③ 国連で核兵器禁止条約が採択され，日本国もこの条約を批准している。
④ 日本は女子差別撤廃条約を批准し，それを受けて男女雇用機会均等法を制定した。

3章

現代の民主政治と社会

UNIT 1

政治と民主主義

着目 「政治」とはどのようなもので，「民主主義」とはどのような考え方なのか？

要点

- **政治** 人々の対立や争いを解消するために決まりを作り，解決に導くことを政治という。
- **民主主義** 全員が政治に参加して，物事を決めていく方法を民主主義という。
- **多数決** 話し合っても意見が一致(いっち)しない場合，多数決を採用するが，少数意見の尊重も重要。

1 政治とは？

家族や友人どうし，学校や職場などで話し合えば，さまざまな意見が出てきます。それと同じように，どんな社会集団でも，個々の問題をめぐり利害があり，さまざまな意見も出て，対立や争いが起こることがあります。それらを解消するために決まりを作り，優先順位をつけて解決に導くことを，広い意味で**政治**といいます。

せまい意味の「政治」という言葉は，国や地方公共団体(都道府県や市区町村)という**権力**により行われるものをさします。日本では，三権分立(立法権・行政権・司法権)や地方分権のような，**権力分立**の考え方が強くなっています。

市区町村

地方自治体としての「区」は，**区長**や**区議会議員**が選挙で選ばれる東京23区(特別区)をさす。**政令指定都市**内の「区」は，地方公務員が区長に任命され，議会はない。

権力

政治では，決めたことに従わせる強制力が必要となる。この力のことを**権力**，または**政治権力**という。

2 民主主義とは？

政治にはさまざまな方法があります。一人または少数の指導者が，すべての物事を決定する**独裁政治**もありえます。しかし，独裁者が良い政治を行うとは限りません。そこで，全員が政治に参加して決定するという方法が多くの国で採られており，これを**民主主義**といいます。

19世紀のアメリカ大統領リンカンのゲティスバーグ演説の一節**「人民の，人民による，人民のための政治」**という言葉は，民主主義の理念を簡潔に示すものとして，時代や国を越(こ)えて語り継(つ)がれてきました。**民主政治**を行うためには，皆(みな)で話し合って決める方法が，ルールとして認められていなければなりません。そこで，国民が政治のあり方を最終的に決めることができる「国民主権」が不可欠なのです。

そして，皆で決めるためには，平等に話し合いに参加でき，それぞれの意見を自由に述べられることも必要です。そのため，それぞれの人に対して平等権・自由権・社会権・参政権・請求権(せいきゅう)など「基本的人

ゲティスバーグ演説

権」の存在が不可欠です。民主主義では，個人の尊重が重視されているのです。日本国憲法では，「国民主権」と「基本的人権の尊重」は，「平和主義」と並ぶ三大基本原則になっています。

3 多数決と少数意見の尊重

皆で物事を決めるためには，話し合う「場」が必要です。政治に関わる人々の全員が，直接話し合いに参加する**直接民主制**という方法もあり，古代ギリシャのポリス(都市国家)や，アメリカ開拓(かいたく)時代のタウンミーティング(住民集会)がその例です。しかし，人口の多い現代社会で，一度に大勢が集まるのは困難ですし，複雑な物事を決めていくのには適しません。そのため，多くの国では代表者を選挙で選び，議会で話し合って決める**間接民主制**が採られています。これは**議会制民主主義**や**代議制**ともいいます。直接民主制は，国に比べて規模や人口の少ない地方政治の中で，その原理が残っています。

国でも地方でも，代表者である議員が何度話し合っても，意見が一致(いっち)しないことも多くあります。その場合，最終的に多数の意見を採用することが一般(いっぱん)的です(**多数決の原理**)。

そのとき，反対意見をもつ少数派は，しぶしぶ多数派の意見に従うことになってしまいます。これでは，社会が多様性を失ってしまうため，結論を出す前に少数意見も十分に聞いて，できるだけ尊重することが必要になります(**少数意見の尊重**)。また，思想・良心の自由，信教の自由，表現の自由を制限することを多数決で決めることは，さけなければなりません。

このように，民主主義では，一人一人の国民が政治の主役なので，政治に積極的に参加することが求められるのです。

現代の直接民主制

スイスの山岳(さんがく)地帯の一部の州では，年に一度，全有権者が集まり，挙手で採決を取る**直接民主制**が伝統的に採用されている。
また，日本の「(憲法改正の)**国民投票**」や「(最高裁判所裁判官の)**国民審査**(しんさ)」，地方自治における「**住民発案**(イニシアティブ)」「**解職請求**(リコール)」も直接民主制的な制度といえ，間接民主制を補うものとして採用されている。

⬆ スイスの直接民主制

間接民主制の課題

有権者が選挙権を放棄(ほうき)し，議員や首長を選ぶ選挙に投票しなければ，有権者の意思は政治に反映されない。

TRY! 思考力

なぜ現代国家においては，「直接民主制」に比べて「間接民主制」が採用されているのだろう。理由を２つ述べなさい。

ヒント　だれが見てもわかる物理的に不可能な部分と，現代国家の規模的な要素以外の特質を考えてみよう。後者が答えられるかがポイント。

解答例　ギリシャの都市国家などに比べ，国家の面積が広くて人口が多く，一度に国民が集まることが不可能だから。また，現代は社会が複雑化しており，問題も量が多く細分化・専門化されており，全国民が話し合い解決するのは手間も時間もかかり，無理だから。

UNIT 2

選挙の意義と仕組み

着目 日本の選挙はどのように行われ，どのような課題をかかえているのか？

要点

- **基本原則** 普通選挙・平等選挙・直接選挙・秘密選挙が，選挙の基本4原則である。
- **小選挙区制** 小選挙区制は死票が多く，大政党が有利で政局が安定する。
- **比例代表制** 比例代表制は死票が少なく，小党分立で政局が不安定になりやすい。

1 政治参加としての選挙

国民の積極的な**政治参加**は欠かせませんが，最も重要なのが，自分の考えに近い人を代表者に選んだり，自ら立候補したりする**選挙**です。選挙の結果は，それまでの政治を判定し，その後の政治の方向を決定する基礎となるからです。

日本では，衆議院・参議院の**国会議員**のほか，都道府県や市区町村の**首長**と**地方議員**を選挙で選びます。選挙は，いかなる権力にも干渉されず，公正に行われなければなりません。

選挙の方法については，1950年に制定された**公職選挙法**に定められています。また，選挙の運営・事務を独立して管轄するのは，国の総務省に置かれた中央選挙管理会と，都道府県・市(区)町村それぞれに置かれた**選挙管理委員会**です。

議員の多くは政党に所属して活動することが一般的です。そのため，投票するときには，候補者本人だけでなく，所属政党の主張も考える必要があります。

発展

選挙管理委員会

特に市(区)町村の**選挙管理委員会**は，有権者を記した**選挙人名簿**の作成・保管も行う。

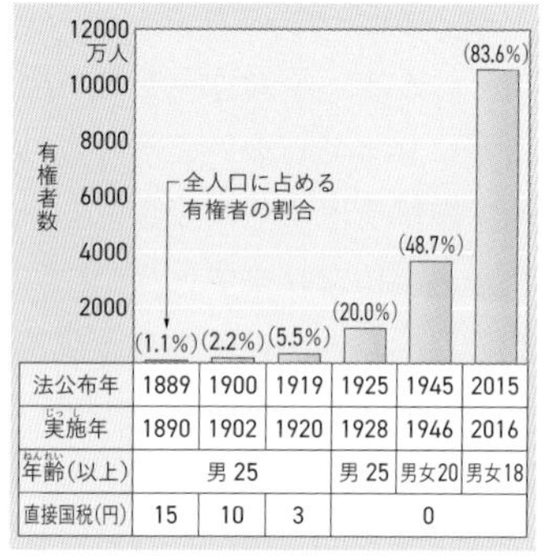

法公布年	1889	1900	1919	1925	1945	2015
実施年	1890	1902	1920	1928	1946	2016
年齢(以上)	男 25			男 25	男女20	男女18
直接国税(円)	15	10	3	0		

⬆ 有権者数の推移(日本)
(総務省資料による)

2 選挙の基本原則

「**一定年齢以上の国民すべてが選挙権をもつ**」という原則を**普通選挙**といいます。日本の選挙権年齢は，2015年の公職選挙法改正により，**満18歳以上**になりました。戦前は，納税額により選挙権が制限される時期もあり(**制限選挙**)，女性には選挙権が認められませんでした(1925年，男子のみ普通選挙)。1945年，終戦直後の男女普通選挙(婦人参政権)実現には，国内の女性解放運動に加え，アメリカによる民主化が大きな力となりました。

現在の選挙は，普通選挙のほか，一人一票で選挙権の価値が等しい

分析

直接選挙と間接選挙

アメリカの**大統領選挙**は，国民が大統領選挙人を選ぶ**間接選挙**である。ただし，大統領選挙人はどの大統領候補に投票するかが決まっているので，実質的には直接選挙と変わらない。

平等選挙，無記名でだれに投票したか知られない**秘密選挙**，有権者が直接投票により代表者を選ぶ**直接選挙**の４原則で行われています。

3 日本の選挙制度

選挙制度には，１選挙区で１名を選ぶ**小選挙区制**，１選挙区で２名以上を得票の多い順に選ぶ**大選挙区制**，得票数に比例して政党の議席を**ドント式**で配分する**比例代表制**などがあります（➡p.100）。

選挙区がせまい小選挙区制では，候補者と有権者の関係が密接で，選挙費用が少なくてすみます。**死票**が多く大政党が有利で，多数派が作られやすく政局が安定する一方，少数意見が反映されにくく，**不正**も行われやすくなります。大選挙区制では，死票が少なく少数派の当選も可能ですが，多額の選挙費用がかかり，政局が不安定になりがちです。

比例代表制では，小選挙区制・大選挙区制より死票が少なく少数派も当選しやすく，得票数に応じた公平な議席配分が可能で，さまざまな意見が反映されやすいです。ただし，小党分立で政局が不安定になりやすいという特徴（とくちょう）があります。

死票

投票は有効でも，落選者に投じられた票。投票者の意思がまったく議席に反映されないことから，「死んだ票」あつかいされる。

選挙の不正

事前運動の禁止，**戸別（こべつ）訪問の禁止**などさまざまな制限がある。関係者や選挙運動の責任者などが違反（いはん）をし，一定以上の刑罰（けいばつ）が確定した場合は候補者の当選を無効とし，同じ選挙区での立候補を制限する連座（れんざ）制も導入されている。

GRADE UP!

グレードアップ

選挙権の拡大

衆議院議員選挙法が制定された1889年，有権者資格は「**直接国税15円以上を納める25歳以上の男子**」で，総人口の約１％でした。以後，有権者資格は「10円以上」「３円以上」と減額されました。1925年には「**25歳以上のすべての男子**」となり，男子普通選挙が実現し，有権者は総人口の20％を超（こ）えました。戦後の1945年，婦人参政権が認められて，有権者資格は「**20歳以上の男女**」となり，総人口の約50％に。現在の「**18歳以上の男女**」では総人口の約84％です。この数値を見ると，日本でどれだけ少子高齢（こうれい）化が進んだかもわかります。

TRY! 表現力

民主的な選挙を実現するには，どのような条件が必要か。４つ以上の要素を書きなさい。

ヒント　用語の丸暗記ではなく，内容も理解しているかを確認する問題。順番は問わないが，普通選挙を先頭にもってくるのが一般的。解答例では５つめに自由選挙を入れている。

解答例　納税額や性別による差別がなく選挙権が認められることや，公平に一人一票であること。また，投票の秘密が守られることや候補者に直接投票できること。さらに，棄権（きけん）をふくめて，自由な意思に基づいて投票できることもある。

UNIT 3

政党の役割

着目 民主政治において，政党はどのような役割を果たしているのか？

要点

- **政党** 理念や政策について同じ考えをもつ人が集まり，政権獲得をめざす政治団体のこと。
- **政党政治** 議員が政党を中心に活動し，複数の政党が議席を争う政治を政党政治という。
- **日本の政治** 日本では，自由民主党の長い単独政権を経て，現在は連立政権の時代である。

1 政党のはたらき

政党とは，政治や政策について共通の考えをもつ人々が，有権者の支持を背景に政権獲得・維持をめざす政治団体です。政党は，政策を実現していくために，**選挙**で多くの候補者を当選させようと努力します。そして，国民のさまざまな利益や要求を集約・統合し，**議会**を通じて国や地方公共団体の政治に反映させるはたらきをしています。また，政治の動きや政策を国民に知らせることも，政党の役割です。

分析

政党のその他の役割

大臣や議員，首長など，政治的指導者になりえる人材を探し出し，育成することも政党の重要な役割。

2 政党政治

国の政治では，多くの議員が政党に所属し，政党を中心に活動し，複数政党が議席を争う**政党政治**が行われています。国によって，2つの政党が中心となる**二大政党制**（**二党制**）や，多数の主要政党が存在する**小党分立制**（**多党制**）に分かれます。独裁国家においては，一党制の場合もあります。

日本・イギリス・ドイツ・イタリア・カナダなどでは，選挙で最も多くの議席を獲得した政党の党首が首相になり，内閣を組織します。組閣して政権を担当する政党を**与党**といい，政権を批判・監視する政党を**野党**といいます。一政党がもつ議席では過半数に達せず，**単独政権**が不可能な場合は，複数政党を与党として内閣が組織されます（**連立政権**）。

参考

二大政党制

共和党と**民主党**のアメリカ，**保守党**と**労働党**のイギリスが有名。

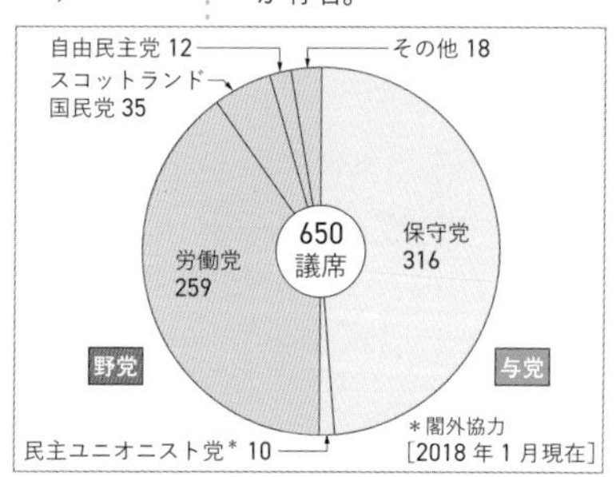

↑ 政党別議席数（イギリス・下院）

3 日本の政党政治

日本では，大正時代の1918年に成立した原敬内閣（立憲政友会）が初の**本格的政党内閣**として有名です。

戦後は，1955年に結党された**自由民主党**（**自民党**）が，基本的に単

参考

野党

現在，日本の野党には，**立憲民主党・国民民主党・日本共産党・日本維新の会・社会民主党**などがある。

独政権を維持してきました(**55年体制**)。しかし，1993年の細川護熙内閣(日本新党など非自民8党派)以降，多様な**連立政権**が続いています。近年では，2009年の総選挙の結果，自民党中心から**民主党**中心の連立政権へと**政権交代**が起こり，鳩山由紀夫内閣が成立しました。しかし，次の2012年の総選挙では，自民党と公明党が多数の議席を獲得し，再び両党を与党とする第二次安倍晋三内閣が成立しました。

政党は，党の基本的な考え方である**綱領**や，当選後に実施する予定の政策や実施方法，財源や数値目標などを明記した**政権公約**(**マニフェスト**)を明らかにします。各党のさまざまな綱領・公約を比較することにより，人々はどの政党に投票し，どのような政策を実現させたいかを，選択するのです。

各政党の傾向

現状維持の**保守政党**(右派)，現状打破の**革新政党**(左派)，その中間の**中道政党**など，政党により主張が分かれる。

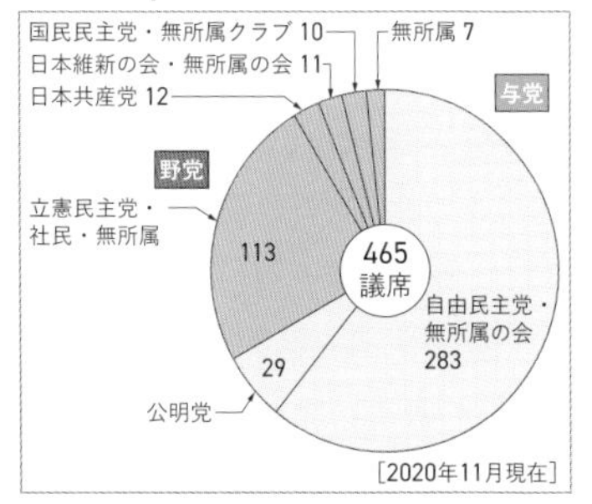

政党別議席数(日本・衆議院)

4 日本の政党の問題点

各政党は，選挙のための政党という傾向が強く，党利党略が優先されがちです。また，与野党間で話し合いの姿勢が欠如しているため，国会の審議が進まないことも多くあります。そして，最大政党である自民党ですら国民の中に党員が少なく，支持基盤が弱いため，党内での有力者を中心に派閥が形成され，派閥政治となりやすいなど，問題点を多数かかえています。

政治家と特定の企業・団体が不当な結びつきをしないように，政治家個人に対する献金は，1994年に改正された**政治資金規正法**によって，厳しく制限されるようになりました(ただし，政党や政党の政治資金団体への献金は可能)。代わりに，毎年国民一人あたり250円の**政党交付金**が，同年に制定された政党助成法に基づいて，得票・議席に応じて国から各政党へ交付されています。

資金の調達や公約の実現性など，国民が政党の活動を積極的に監視し，時には批判していくことも必要です。

政党交付金の拒否

日本共産党は，国民の税金を政党にふり分けることは，日本国憲法にある「思想及び良心の自由」にふれるおそれがあるとして，受け取りを拒否している。

TRY! 思考力

政党が複数あったほうが良いと思われる立場に立ち，理由を説明しなさい。

ヒント　自分自身の意見とは関係なく，政党が複数あったほうが良いという立場に立って考える。

解答例　保守・革新・中道路線や，ある政策の実現に特化するなど，各政党にはさまざまな主張がある。国民が自分の考えに近い政党を複数の中から選択することができれば，多様な意見を政治に反映することが可能だから。

特集

比例代表制による当選者の選び方

● 衆議院議員の選挙制度

全員改選の「総選挙」とよばれる**衆議院**議員の選挙は，**小選挙区比例代表並立制**です。小選挙区と比例代表(**拘束名簿式**＝候補者名簿に順位あり)の両方に立候補する**重複立候補**も可能で，候補者は，小選挙区で落選した場合でも，比例区で復活当選する可能性があります。

全国11ブロックに分かれた**比例区**は**政党名**で投票され，得票数に応じて「ドント式」で議席を配分し，小選挙区の当選者をぬいた**名簿順**に当選します。

● 参議院議員の選挙制度

半数改選の「通常選挙」とよばれる**参議院**議員の選挙は，候補者が選挙区と比例代表(**非拘束名簿式**＝候補者名簿に順位なし)のいずれかに立候補します。

全国１区の比例区において，有権者は**政党名**または候補者**個人名**で投票できます。政党名と候補者個人名を合わせて政党の得票数とし，それに応じて「ドント式」で議席を配分し，候補者の**得票順**に当選します。

ただし，2019年の選挙から，得票数に関係なく優先的に当選となる，拘束名簿式の**特定枠**が導入されました。この枠は，非拘束名簿と切りはなし，各政党が「優先的に当選人となるべき候補者」に順位をつけた名簿を作成し，個人名の得票数に関係なく**名簿順**に当選します。

特定枠を使うか，使う場合は何人に適用するかは，各政党が決めることができます。特定枠の候補は，個人としての選挙運動は認められませんが，個人名の票は有効票となります。

2019年の参院選では，自由民主党から２名，れいわ新選組から２名の，計４名が当選しました。

● ドント式

ドント式とは，その名前がベルギーの数学者に由来する，比例区における議席配分の計算方法です。

ここでは，衆議院の比例代表を例に考えてみます。各政党は，選挙前に候補者の当選順位を決めた比例代表名簿を作成し，提出します。選挙では，初めに政党の**得票数**を１，２，３…の整数で割ります。次に，算出された数字の大きな順に，定数まで各政党に**議席**を配分します。

仮に，次の表のように議員定数を５として，Ａ党とＢ党が候補者を立てて選挙が行われたとします。選挙でＡ党が300万票，Ｂ党が180万票を獲得したとすると，Ａ党の名簿順位１位～3位，Ｂ党の１位・２位が当選となります(❶～❺が当選者)。

	Ａ党	Ｂ党
÷1	300万票 ❶	180万票 ❷
÷2	150万票 ❸	90万票 ❺
÷3	100万票 ❹	60万票
÷4	75万票	45万票
配分議席数	3	2

⬆ ドント式による当選者の決まり方

特集

日本の政党の系譜

● 戦前の政党

明治時代，自由民権運動がもり上がる中で，板垣退助が自由党，大隈重信が立憲改進党を結党したことが，現代につながる政党の源流です。その後，自由党が**立憲政友会**に，立憲改進党が**立憲民政党**に発展し，戦前の二大**保守政党**となりました。

大正時代以降，合法的な**革新政党**(無産政党)がいくつか結成されていましたが，保守・革新をふくむすべての政党が，1940年に**大政翼賛会**というグループに合流して解党しました。そのほかに，治安維持法で非合法とされた日本共産党があり，政府の弾圧対象となっていました。

「**保守**」とは，伝統を守り変えなくて済むものは変えない現状維持的な姿勢を意味し，政治的には「**右派**」ともよばれます。一方，「**革新**」とは，現状を批判し変革をめざす姿勢で，政治的には「**左派**」ともよばれます。

● 戦後の政党

戦前の保守政党が合同したものが**自由民主党**(**自民党**)，合法的な革新政党が合同したものが**日本社会党**(**社会党**)(→現在の社会民主党〔社民党〕)です。1955年～93年まで，自民党と社会党のそれぞれが議会の約3分の2と約3分の1を分け合い，「**55年体制**」といわれました。自民党は長年，**与党**として**単独政権**を維持しました。戦後に合法化された**日本共産党**も，社会党よりもさらに左派の，革新勢力の**野党**として活動してきました。

1993年に「55年体制」は崩壊し，自民党単独政権の時代が終わりました。現在は，**連立政権**が通常の姿となっています。2021年現在，与党は自民党と**公明党**，最大野党は**立憲民主党**です。そのほかに，保守政党として**日本維新の会**，革新政党として国民民主党やれいわ新選組などが活動しています。

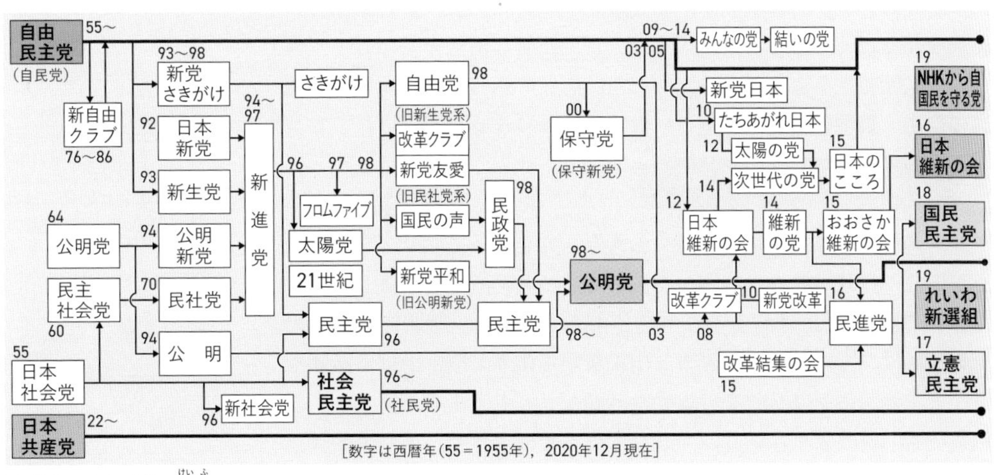

● 戦後の主な政党の系譜

UNIT 4

マスメディアと世論

着目 マスメディアは，政治を支える世論に対し，どのような影響をあたえているのか？

要点

- **世論** 社会のさまざまな問題について，多くの人々に共有されている意見のこと。
- **マスメディア** 報道の自由をもつマスメディアは，世論に大きな影響をあたえている。
- **メディアリテラシー** メディアから発信される情報を批判的に読み取る力が求められている。

1 世論とマスメディア

世論(せろん／よろん)とは，社会のさまざまな問題について，多くの人々に共有されている意見のことをいいます。国・地方公共団体や各政党は，しばしば世論の動向を参考にして，政治を行います。それは，有権者の支持を得て次回の選挙に当選しないと，議席が獲得(かくとく)できず，政策を実現できないからです。

世論の基本となるのは，国民一人一人の意見です。人々は自分の意見をまとめるとき，テレビ・ラジオや新聞・雑誌などの**マスメディア**を通じて政府や政党の活動を知り，討論番組や新聞の社説などを通してさまざまな情報を参考にすることができます。

このように，大量の情報を不特定多数の人々に一斉(いっせい)に伝達することが，**マス・コミュニケーション(マスコミ)**のはたらきです。また，国民は，マスメディアによって，多くの人々の考えを調べる**世論調査**の結果を知ることもできます。人々が公正で正確な情報を基にして，偏(かたよ)りなく判断できるようになるためにも，国民の知る権利に貢献(こうけん)する**報道の自由・表現の自由**は尊重されなければなりません。

2 メディアリテラシー

マスメディアは，世論を形づくる大きな力をもっており，立法権をもつ国会，行政権をもつ内閣，司法権をもつ裁判所の「三権」に次ぐ「**第四の権力**」とよばれることもあります。例えば，新聞社と系列のテレビ局は，国内外のさまざまな出来事から報道で取り上げる話題を選びますが，人々はそれを「重要な話題だ」と考えます。また，同じ話題でも，どのような切り口で取り上げるかによって，人々の受け止め方も変化します。

世論

世論が果たす重要な意義を表して，「民主政治は世論による政治」「世論は見えざる議会」などといわれることもある。

世論調査

内閣支持率や憲法改正問題，原発問題に関する調査などが，ひんぱんに行われる。

新聞社とテレビ局

読売新聞と日本テレビ，朝日新聞とテレビ朝日，毎日新聞とTBS，産経新聞とフジテレビ，日経新聞とテレビ東京はそれぞれ同系列。

このような話題の選び方や取り上げ方は，それぞれの新聞やテレビによって異なります。そして，マスメディアが伝える情報は，政党と同じく保守・革新・中道など各社の意見が過剰(かじょう)に反映されていたり，情報が画一化されていたり，時には誤報を発信し，不正確だったりする場合もあります。

マスメディアには，権力者(政権担当者)の**世論操作**に協力せず，公正で正確な情報を人々に伝えるよう努力する**責任**があります。一方，私たちの側にも，発信される情報を批判的に読み取る力(情報リテラシー)の一種である**メディアリテラシー**が求められています。

3 公正な世論を形成するために

最近，政党や政治家がマスメディアを積極的な情報発信に使う工夫(くふう)が見られます。例えば，テレビコマーシャルや新聞広告のように，印象的な短い言葉を使うなどして，共感を得ようとします。

政党や政治家が，政策や意見を人々にわかりやすく伝えようと努力することは，民主主義にとって重要です。しかし，私たちは，情報をそのまま信用するのではなく，よく話し合い，異なる意見もよく検討したうえで，公正に判断することが大切です(**熟議**)。

また，2013年からインターネットを使った選挙活動が解禁されています。政治家と有権者がTwitterなどの**SNS**(**ソーシャル・ネットワーキング・サービス**)を通じて個々に意見をやり取りすることは，「パーソナルメディア」としての利点がある一方で，うその情報や中傷も増える危険があります。ネット上でも，情報を主体的に読み解く力が重要になっています。

マスコミ各社の意見

産経新聞と読売新聞は保守寄り，朝日新聞と毎日新聞は革新寄りとされるなど，マスメディア各社により主張が異なる。同じ日の新聞各紙の一面トップ記事や，テレビ各局のトップニュースの違(ちが)いなどにも，それが表れている。

マスメディアの責任

マスメディアが過剰な意見をはさまない中立・公平な報道姿勢をとることは，私たちがマスメディアに社会的役割として期待するのはかまわなくても，報道・表現の自由があることから，必ずしもマスメディアの義務ではない。

SNS

直接的で双方向性(そうほうこう)をもつネットワーキングサービス。Twitterのほか，Instagram，Facebook，LINE，TikTokなどが有名。

新聞やテレビなどのマスメディアが，私たち国民に果たす役割について，「世論」という用語を必ず使い，自分の言葉で説明しなさい。

ヒント　本文を参考にして，プラスの側面とマイナスの側面を意識して考えよう。中学生の「自分の言葉」といえども，幼稚(ようち)な表現はさけたい。

解答例　国民が世論を形成するうえで，マスメディアは大きな影響力をもつ。マスメディアには，世論調査の結果を国民や政治の場に伝える大事なはたらきがあり，また同時に，事実を公正・正確に伝える責任を負っている。

UNIT 5

選挙の課題と私たちの政治参加

着目 日本の選挙にはどのような問題があり，それに対してどう関わればいいのか？

要点

- **仕組み** 日本の選挙には小選挙区制と比例代表制があり，衆議院と参議院で制度が違う。
- **課題** 日本の選挙の課題として，投票率の低下や一票の格差などの問題がある。
- **政治参加** 圧力団体に加わることや住民運動に関わることなどの政治参加の方法もある。

1 選挙の仕組み

日本では，定数465の**衆議院議員選挙**である総選挙は，289議席の**小選挙区制**と，全国11のブロックに分けて行う176議席の**比例代表制**(拘束名簿式＝名簿順位あり・政党にのみ投票可)とを組み合わせた，**小選挙区比例代表並立制**が採られています。衆議院解散時と４年の任期満了，いずれかのタイミングで定数が一斉に改選されます。

それに対し，2022年から定数248となる**参議院議員選挙**である通常選挙は，１つまたは２つの都道府県を単位に代表を選ぶ148議席の**選挙区制**と，全国を１単位とした100議席の**比例代表制**(非拘束名簿式＝名簿順位なし・政党も個人も投票可)が分立して行われ，６年の任期満了に合わせ，３年ごとに定数の半分が改選されます。

2 棄権の増加

日本の選挙の課題として，若者を中心に選挙の**棄権**が多いこと(**投票率の低下**)が挙げられます。原因の１つとして「忙しい」だけでなく，「投票しても何も変わらない」という無力感や，「政治家は信用できない」という不信感から，**政治に無関心**な人が増えたことが指摘されています。

しかし，多くの人が選挙を棄権すると，一部の人たちによって政治が動かされてしまうことになります。そこで近年では，投票率を上げるため，投票時間の延長や，**期日前投票・不在者投票**などの事前投票制度，在外投票(国会議員選挙に限る)・点字投票・代理投票などの制度も整えられています。また，2013年以降，**インターネットによる選挙運動**を認めたことは，候補者や政党を知るための選択

小選挙区比例代表並立制

小選挙区制と比例代表制が並立しているので，候補者は選挙区と比例代表に**重複立候補**が可能。

選挙の棄権

日本は任意選挙(自由選挙)なので，選挙を棄権しても罰則はない。

政治に無関心

無党派(支持政党なし)とは違い，政治そのものに関心がない。

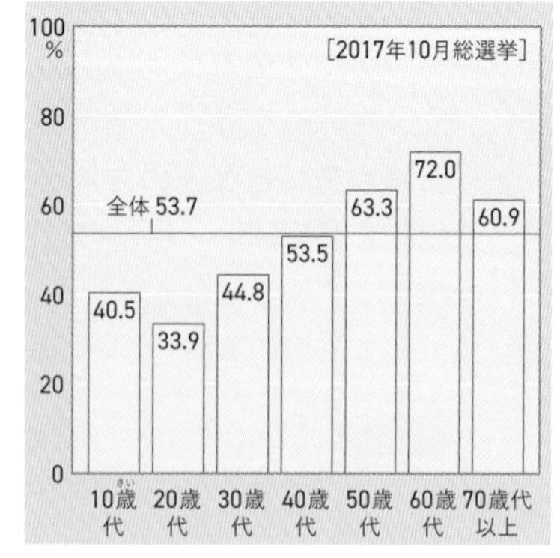

年齢別投票率(総務省資料による)

肢を増やし，政治への関心を高めることにつながると期待されています。

3 一票の格差

もう１つの大きな課題として，**一票の格差**があります。選挙を行うときは，各選挙区の議員一人あたりの有権者数ができるだけ等しく保たれることが重要です。一人の議員が当選するために多数の得票が必要な選挙区と，少なくても当選してしまう選挙区があると，一票の価値に差が生じてしまいます。この背景には，過疎・過密による**人口の都市集中現象**があります。

これまで最高裁判所は，衆議院議員選挙に対して何度も，日本国憲法に定める「法の下の平等」などに反すると**違憲判決**を下しています。選挙区の区割りや議員定数の見直しなど，一票の格差を改善するための選挙制度改革は，常に議論されています。

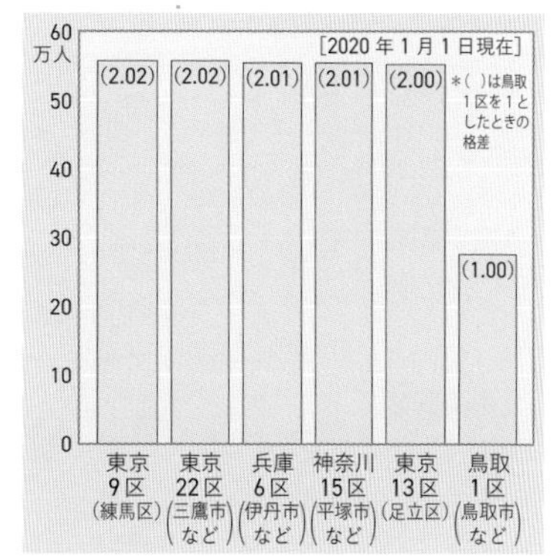

⬆ 一票の格差(総務省資料による)

4 私たちの政治参加

参政権(選挙権・被選挙権)を行使して，選挙で投票したり立候補したりすることのほかにも，さまざまな政治参加の方法があります。**請願権**を行使して，国・地方公共団体や政治家に働きかけることも政治参加です。また，立場や利害を同じくする人々の集まりである**圧力団体**に加わることや，身近な地域で住民としてまちづくりや**住民運動**に関わること，選挙の手伝いをすることも政治参加といえます。

最近では，**情報公開制度**を利用して，国や地方の仕事などを調べたり，監視したりすることも行われています。また，政策について調べたり，政治に関する問題について皆で議論したり，政治家に自分の意見を伝えたりすることも，新しい形の政治参加といえます。

参考

インターネットによる選挙運動

ネット投票までは認められていない。また，満18歳未満の人が選挙運動を行うことは禁止されている。

用語

圧力団体

利益集団ともいう。自らの目的や利益のために政府や与党などに組織的に働きかける。経団連(日本経済団体連合会)・連合(日本労働組合総連合会)・日本医師会・主婦連(主婦連合会)などが有名。

TRY! 表現力

選挙を棄権する人を減らし，投票率を上げるために整えられている制度を，５つ以上あげなさい。

ヒント　投票しやすくするために，さまざまな障壁を取り除く工夫がされていることに注目するとよい。

解答例　投票時間の延長，期日前投票，不在者投票，在外投票，点字投票，代理投票など。

図表

現代の民主政治

選挙の意義と仕組み → p.90

主な選挙制度

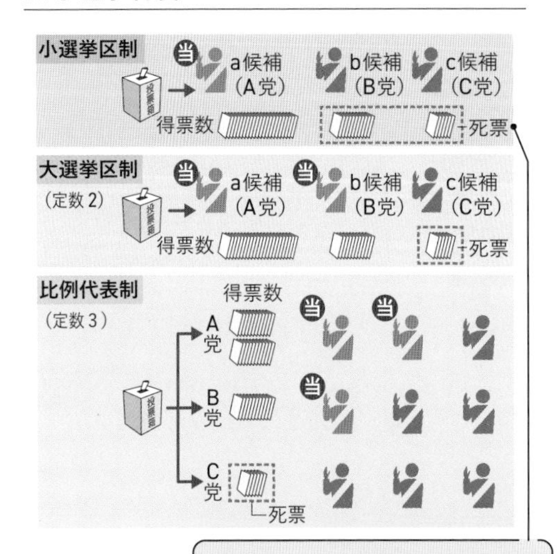

3つの中で，小選挙区制はいちばん死票が多い選挙制度。

有権者数の推移

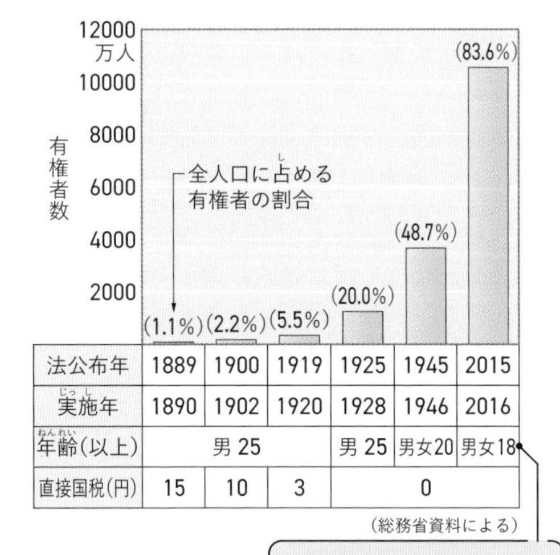

法公布年	1889	1900	1919	1925	1945	2015
実施年	1890	1902	1920	1928	1946	2016
年齢(以上)	男 25			男 25	男女20	男女18
直接国税(円)	15	10	3	0		

（総務省資料による）

2016年から選挙権年齢が18歳に引き下げられた。

政党の役割 → p.92

政党別議席数（イギリス・下院）

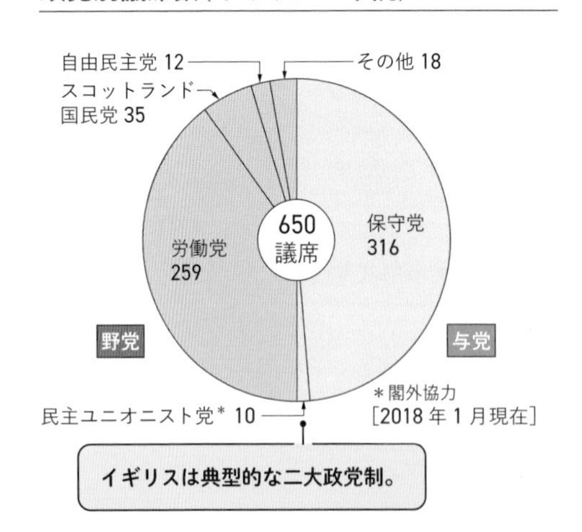

[2018年1月現在]

イギリスは典型的な二大政党制。

政党別議席数（日本・衆議院）

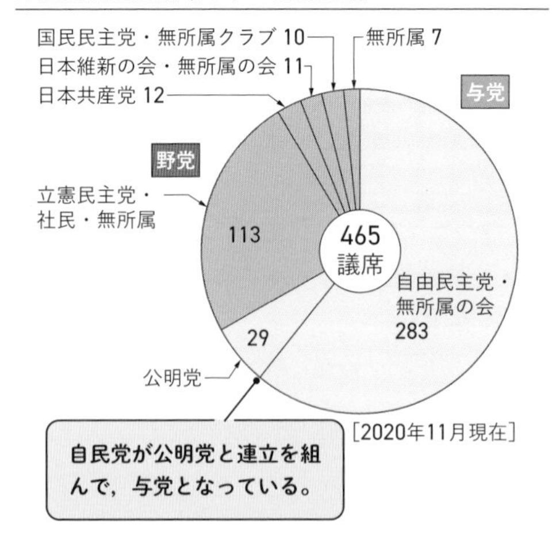

[2020年11月現在]

自民党が公明党と連立を組んで，与党となっている。

図表を見るときのポイントをおさえておこう！

選挙の課題と私たちの政治参加 → p.98

年齢別投票率

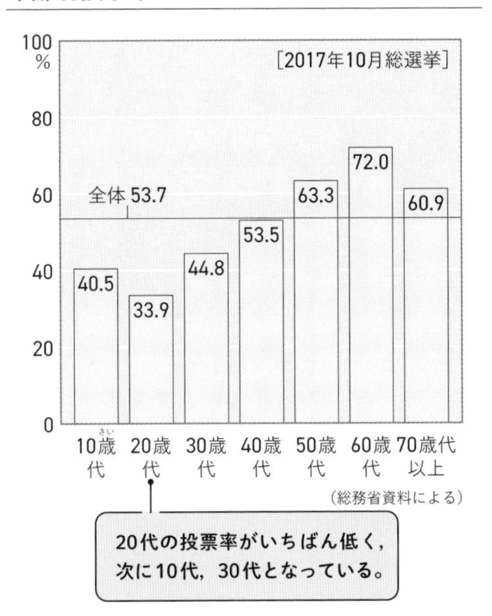

一票の格差

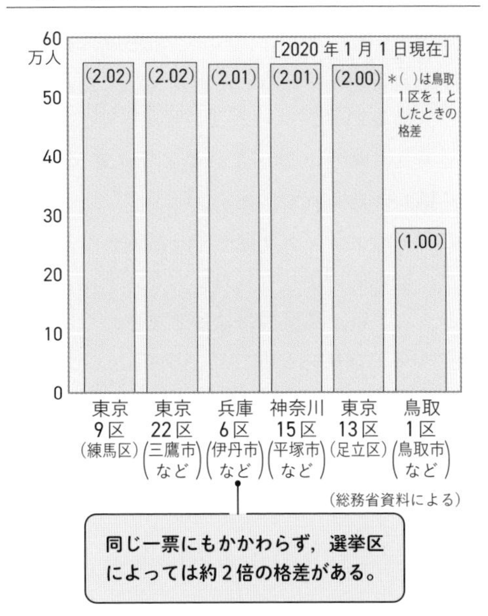

選挙権年齢

		選挙権	被選挙権
国	衆議院議員	18歳以上	25歳以上
	参議院議員	18歳以上	30歳以上
地方公共団体	市(区)町村長	18歳以上	25歳以上
	市(区)町村議会議員	18歳以上	25歳以上
	都道府県知事	18歳以上	30歳以上
	都道府県議会議員	18歳以上	25歳以上

参議院議員と都道府県の知事に立候補できるのは30歳以上。

特集

メディアリテラシー

● メディアリテラシーとは？

世の中には，さまざまな意見があり，新聞・雑誌・テレビ・ラジオに代表される**マスメディア**がそれを盛んに報道しています。また，現代では，数々のインターネットサイトやSNS(ソーシャル・ネットワーキング・サービス)上にも，情報があふれています。

これらのメディアが発信する情報をうのみにせず，批判的に正しく見ぬく力を**メディアリテラシー**とよび，**高度情報社会**を生きぬくために必要不可欠な能力とされています。「リテラシー」は本来，「読み書き能力」という意味です。

メディアリテラシーとコンピュータリテラシーを合わせて「**情報リテラシー**」という言い方もあります。

● メディアによる伝え方の違(ちが)い

各メディアには，それぞれの主義・主張があります。例えば**新聞**は，新聞社がどれだけ公正・公平に報道しようと思っていたとしても，人が作っている以上，客観性に限界があります。また，そもそも各社の主義・主張が異なっていることは，悪いことではありません。

ただし，メディアリテラシーが低いと，自分の読んでいる新聞は各社の意見・見解が掲載(けいさい)されている“オピニオン紙”なのだ，という意識を忘れてしまうことがあります。

新聞はみな同じではありませんし，「新聞にこう書いてあるので正しい」というのは危険な考えです。同じ日の同じ出来事に対しても，紙面でのあつかいや記事の方向性は，各紙，さまざまなのです。

⬆ 各社の同日の新聞第一面(全国紙)

● 新聞とテレビ局の関係

ここでは，新聞社を中心とする，有名なマスメディアの系列を記しておきましょう。

①**読売新聞**・スポーツ報知／日本テレビ
②**朝日新聞**・日刊スポーツ／テレビ朝日
③**毎日新聞**・スポーツニッポン／TBS
④**産経新聞**・サンケイスポーツ／フジテレビ

上記の４大メディア系列は有名で，①と④は保守的，②と③は革新的な傾向(けいこう)があるとみなされることが多いです。

また，全国紙・スポーツ紙とテレビ局の組み合わせ以外にも，⑤**日経新聞**／テレビ東京という組み合わせや，中日新聞(関東では東京新聞)・北海道新聞・西日本新聞・河北(かほく)新報・中国新聞というブロック紙，さらに静岡新聞・京都新聞・高知新聞のような地方紙もあり，それぞれが系列の地方局をもつ場合もあります。

そして，系列ごとに主義・主張は違います。それを理解したうえで，メディアからの情報を批判的に使いこなすことが重要なのです。

☑ 用語チェック

できたら
チェック！

QUESTIONS	ANSWERS
□ 政治において，全員が政治に参加して物事を決定するという方法を（　①　）という。	①民主主義
□ 話し合っても意見が一致しない場合には，最終的に多数の意見を採用する（　②　）がとられることが多い。	②多数決（の原理）
□ 代表者を選挙で選び，議会で話し合って決める（　③　）は，（　④　）や代議制ともよばれる。	③間接民主制 ④議会制民主主義
□「一定年齢以上の国民すべてが選挙権をもつ」という原則のことを（　⑤　）という。	⑤普通選挙
□ 選挙制度には，小選挙区制，大選挙区制，得票数に比例して政党の議席をドント式で配分する（　⑥　）がある。	⑥比例代表制
□ 選挙権は，1945年からは（　⑦　）以上の男女に，現在では（　⑧　）以上の男女に認められている。	⑦20歳 ⑧18歳
□ 組閣して政権を担当する政党を（　⑨　），政権を批判・監視する政党を（　⑩　）という。	⑨与党 ⑩野党
□ 政党の基本的な考え方を綱領といい，当選後に実施予定の政策などを記したものを（　⑪　）という。	⑪政権公約［マニフェスト］
□ 社会のさまざまな問題について，多くの人々に共有されている意見のことを（　⑫　）という。	⑫世論
□ 自分の意見をまとめるとき，テレビ・ラジオや新聞・雑誌などの（　⑬　）を通じて情報を得る人が多い。	⑬マスメディア
□ 発信される情報を批判的に読み取る力（情報リテラシー）の一種である（　⑭　）が必要である。	⑭メディアリテラシー
□ 日本の衆議院議員選挙である総選挙は，小選挙区制と比例代表制とを組み合わせた（　⑮　）で行われる。	⑮小選挙区比例代表並立制

UNIT 1

国会の地位と仕組み

着目 国会はどのような地位にあり，どのような仕組みで運営されているのか？

要点
- **国会の地位**　国会は，国権の最高機関で，国の唯一(ゆいいつ)の立法機関である。
- **二院制**　二院制(両院制)が採られ，衆議院は参議院に対して優越(ゆうえつ)が認められている。
- **国会の種類**　常会(通常国会)，臨時会(臨時国会)，特別会(特別国会)などの種類がある。

1 国会の地位

日本の政治は，立法権をもつ国会，行政権をもつ内閣，司法権をもつ裁判所を中心に行われています(**三権分立**)。

国会は，主権者である国民が直接選んだ**国会議員**によって構成されるため，**国権の最高機関**として中心的な地位を占(し)めます。また，国会は国の**唯一(ゆいいつ)の立法機関**であり，国会以外のどの機関も法律を制定することはできません(日本国憲法第41条)。

国会では，法律や予算，外交や国防，教育や社会保障など，日本のあらゆる重要な問題が話し合われ，決められます。本会議は原則として公開されており，国民は，国会議事堂で傍聴(ぼうちょう)したり，議事録を読んだり，報道の自由の下(もと)にテレビやインターネットを通じて審議(しんぎ)の様子を見たりすることができます。

2 二院制(両院制)

国会には，**衆議院**と**参議院**があり，**二院制**(**両院制**)が採られています。戦前の貴族院(選挙なし)を引き継(つ)ぐ参議院が置かれているのは，多様な意見を国会に反映させ，議案を慎重(しんちょう)に審議し，衆議院の行き過ぎをおさえるためです。

しかし，衆議院と参議院が同じ構成・権限であれば，二院制の意義がうすれます。そこで両院では，定数・任期・被(ひ)選挙権年齢(ねんれい)・選出方法・解散の有無・権限などを別にしています。

	衆議院	参議院
議員定数	465人	248人(2022年～)
任期	4年(解散あり)	6年
選挙権	18歳(さい)以上	18歳以上
被(ひ)選挙権	25歳以上	30歳以上
選挙区	小選挙区289人 比例代表176人	小選挙区148人 比例代表100人

↑ 衆議院と参議院の違い

発展

国会議員の特権

国会議員は，全国民の代表であるため，自由で独立した活動を保障される。会期中は現行犯を除き原則として逮捕(たいほ)されず(**不逮捕特権**)，議院内での演説や言論は，院外で法的責任を問われない(**免責(めんせき)特権**)。また，金銭(きんせん)的に外部圧力を受けないよう，相当額の給料(歳費(さいひ))を受ける。

史料

日本国憲法第41条

国会は，国権の最高機関であつ(っ)て，国の唯一の立法機関である。

用語

秘密会

本会議は原則として公開されるが，**出席議員の3分の2以上**の賛成で，秘密会にすることも可能(日本国憲法第57条)。

3 衆議院の優越

衆議院と参議院の議決が一致したとき，国会の議決は成立します。また，議決が異なったときは，衆参10名ずつの**両院協議会**が開かれることもあります。しかし，両院が同じくらいの権限で互いに反対をしていると，何も決まらなくなってしまいます。そこで，いくつかの重要な点では**衆議院の優越**が認められています。それは，衆議院が参議院に比べ任期が短く，解散もあるので，国民の世論をより反映しやすいと考えられるからです。

4 国会の種類

国会には３つの種類があります。**常会(通常国会)**は，毎年１回・１月に召集され，主に次年度(４月１日～翌年３月31日)の予算を審議・議決します。会期は150日間で，１回に限り延長が認められます。ほかに，必要に応じて開かれる**臨時会(臨時国会)**と，衆議院解散後の総選挙日から30日以内に開かれて内閣総理大臣の指名が行われる**特別会(特別国会)**があります。また，衆議院解散中，国会の議決が必要な緊急事態が発生したときは，**参議院の緊急集会**が開かれます(これまで２回のみ)。

発展

国会の召集

国会の召集は内閣が決定し，**国事行為**の１つとして天皇が行う。

発展

臨時会の召集

内閣が必要と認めた場合，または，いずれかの議院の**総議員**の**４分の１以上**の要求があった場合に召集される。

参考

緊急集会の議決

参議院の緊急集会の議決は，次の国会開会後10日以内に衆議院の同意を得なければ，失効となる。

GRADE UP!
グレードアップ

衆議院の優越

予算の先議権と**内閣不信任・信任決議権**は，衆議院にのみ認められています。また，**予算の議決・条約の承認・内閣総理大臣の指名**については，両院協議会を開いても意見が一致しないときは，衆議院の議決を国会の議決とします。さらに，**法律案の議決**については，参議院が否決した場合，衆議院で出席議員の３分の２以上の賛成を得て**再可決**した場合，法律となります。

TRY! 思考力

二院制(両院制)の長所と短所をそれぞれ考え，１文ずつで書きなさい。

ヒント　長所は二院制が採用されている理由にあたり，本文に記述がある。そこから推測できる短所を考えてみよう。

解答例　長所は，国民の多様な意見を反映させ，議案を慎重に審議し，強い権限をもつ衆議院の行き過ぎをおさえられること。短所は，審議に時間がかかり決定がおそくなること。

UNIT 2

国会の仕事

着目 国会は具体的にどのような仕事をしているのか？

要点

- **主な仕事** 国会の主な仕事は，法律の制定と予算の審議・議決，行政の監視である。
- **その他の仕事** その他の重要な仕事として，内閣総理大臣の指名と条約の承認がある。
- **行政・司法との関係** 国政調査権で内閣を抑制し，弾劾裁判所で裁判所を抑制している。

1 法律の制定

「国権の最高機関」の国会は，多数の重要な仕事をしていますが，最大の仕事は，もちろん立法，すなわち**法律の制定**です。法律は，法全体の中で，憲法の次に強い効力をもっています。

衆議院・参議院いずれかの議長に議員や内閣から提出された法律案は，通常，一部の議員で構成される国会内の**委員会**で審議されます。重要法案などの場合，**公聴会**を開き，利害関係者や専門家から意見を聞くことがありますが，その意見に法的拘束力はありません。

委員会の審議後，全議員で構成される**本会議**で議決され，もう一方の議院に送られます。国会の議決は，両院の一致が原則ですから，一致しないときには，衆参両院から選挙された10名ずつの議員からなる**両院協議会**が開かれることもあります。法律が成立すれば，内閣の助言と承認を得て天皇が公布します(➡p.124)。

2 予算の審議・議決

予算の審議・議決も主要な仕事です。国や地方公共団体は，1年間にどれだけ収入があり，どのように支出するかの見積もりを立てます。これを**予算**といい，国家予算の場合，財務省が原案を作成し，内閣が承認して，予算案を先に衆議院に提出します(衆議院の優越)。衆議院は予算委員会で審議し，必ず**公聴会**を開き本会議で議決します。可決後に参議院が否決したり，30日以内に議決しなかったりした場合でも，衆議院の議決が優先され国会の議決になります(衆議院の優越)。

3 会議の表決と定足数

本会議・委員会での賛成・反対の意思決定である表決は，一般的に

議員立法と閣法

成立した法律のうち，国会議員が法案を提出した**議員立法**は，内閣が法案を提出した**閣法**よりも少ない。

両院が一致しない場合

衆議院で可決後，参議院で否決された法律案は，両院協議会で一致しなくても，衆議院で**出席議員**の**3分の2以上**の賛成を得て再可決されると，法律になる(**衆議院の優越**)。

決算の審議・承認

国会は，1年間の予算が正しく使われたかどうかを審議し，承認する(決算の審議・承認)。

出席議員の過半数の多数決で議決します。憲法に定められた特別な場合には，特別多数決が必要となります。

表決には一定数以上の出席者(**定足数**)が必要で，出席者が定足数に足りない場合，会議を開くことができません。本会議の定足数は総議員の３分の１以上，委員会の定足数は，委員の半数以上です。

4 その他の仕事

内閣総理大臣の指名も国会の重要な仕事です。**内閣総理大臣(首相)**は，国会議員の中から指名され，天皇が任命します。衆議院と参議院が異なる議員を指名し，両院協議会で調整がつかない場合，衆議院の議決が優先されます(衆議院の優越)。内閣総理大臣が，国務大臣を任命して組閣し，内閣が，法律や予算に基づいて，政策を実施します。

国会は，内閣が外国と結んだ**条約の承認**も行います。ここでも衆議院の議決が優先されます(衆議院の優越)。承認されると，内閣が批准して，天皇が公布します。また，国会は，**衆参各院の総議員の３分の２以上の賛成**によって，**憲法改正の発議**をすることができます。

5 行政・司法との関係

国会は，行政権をもつ内閣に対して行政を監視する役割をもっています。そのため，衆参各院が対等に**国政調査権**をもち，政治全般について調査することができます。証人を議院によんで証人喚問を行い，政府に記録の提出を求めたりします。

司法権をもつ裁判所に対しては，職務を果たさなかったり，ふさわしくない行為をしたりした裁判官を罷免するかどうか判断する**弾劾裁判所**を国会に設置しています。

種類	召集	会期
常会(通常国会)	毎年1回，1月中に召集	150日間
臨時会(臨時国会)	内閣が必要と認めたとき，または，いずれかの議院の総議員の$\frac{1}{4}$以上の要求があった場合	両院の議決の一致による
特別会(特別国会)	衆議院解散後の総選挙の日から30日以内に召集	
参議院の緊急集会	衆議院解散中，緊急の必要があるとき，内閣が召集	不定期

⬆ 国会の種類

条約の承認

内閣が条約を**締結**しても，国会が**承認**しなければ，その条約は効力をもたない。

弾劾裁判所

弾劾裁判所は，国会議員から選ばれた**裁判官訴追委員会**で訴追を受けた裁判官に対する裁判所。これまで7名の裁判官が弾劾裁判で罷免されている。

TRY! 思考力

なぜ国会議員提出の議員立法より，内閣提出の閣法のほうが多く成立するのか。理由を述べるとともに，この状態の問題点を書きなさい。

ヒント　内閣はどのような党が組閣するのか考えてみよう。立法権をもつ国会で，行政権をもつ内閣が提出した法案が多く成立するのはなぜか，考えてほしい。

解答例　内閣は，国会の多数派である与党の議員で構成されているため，閣法は優先して審議され，成立しやすい。しかし，全国民の代表である議員による立法が少なく，成立しにくい状態は，日本国憲法の三大原則である「国民主権」に反するおそれがある。

UNIT 3

行政の仕組みと内閣

着目 内閣はどのようなもので，具体的にどのような仕事をしているのか？

要点

- **行政**　国会で決められた法律や予算に基づいて政策を実施することを，「行政」という。
- **内閣の組織**　内閣は，内閣総理大臣(首相)とその他の国務大臣によって組織される。
- **議院内閣制**　内閣は国会の信任に基づいて成立し，国会に対して責任を負う。

1 行政とは？

国会が決めた法律や予算に基づいて政策を執行することを，**行政**といいます。複雑な現代社会において，**行政の活動**は生活のすみずみにまでおよんでいます。

行政は，国と地方公共団体のものに分けられます。国の行政は，財務省・外務省・国土交通省・環境省・厚生労働省・文部科学省など，東京都千代田区の霞が関を中心とする，**行政機関**(**中央省庁**)が分担して行っています。

2 内閣の仕事と組織

行政権をもつ**内閣**は，行政機関を指揮・監督する行政の最高機関で，**国の政府**(**行政府**)ともよばれます。内閣の最も重要な仕事は，行政各部門を通じて法律を執行し，政治を進めることです。

また，内閣は，法律案や予算案を作って国会に提出したり，外国と条約を締結したりします。外交関係の処理，公務員の事務処理，刑罰を軽くしたり免除したりする恩赦の決定，内閣の命令である**政令**の制定などもします。さらに，天皇の国事行為に対する助言と承認をあたえることや，最高裁判所長官の指名とほかの裁判官の任命も，内閣の仕事です。

内閣は，国会議員の中から国会で指名を受け天皇により任命された，国政を総括する**内閣総理大臣**(**首相**)と，ほかの**国務大臣**(**閣僚**)で組閣されます。そして，週２回**閣議**が開かれ，行政運営の基本方針について**全会一致**で決定します。

国務大臣は，任免権をもつ内閣総理大臣により任命され(天皇が認証)，過半数は国会議員から選ばれます。国会議員でない国務大臣も，

行政の活動

外交・国防，経済政策，公共事業，公害規制や環境保全，医療・年金・生活保護・社会福祉・公衆衛生などの社会保障，教育・文化の向上や消費者保護など，その仕事は多岐にわたる。

霞が関

国会議事堂がある「**永田町**」が**政治家**(国会議員)，省庁が集中する「**霞が関**」が**官僚**(国家公務員総合職)の代名詞となっている。

内閣総理大臣(首相)

内閣総理大臣(首相)は，与党の党首である**衆議院議員**が就任するのが一般的。内閣総理大臣は，**自衛隊**の最高指揮監督権ももつ。

大臣

内閣総理大臣と国務大臣は，すべて**文民**(職業軍人としての経歴をもたない人)でなければならない。

議院に出席して発言することができます。また，質問に答えたり説明したりするために出席を求められたときは，議院に出席しなければなりません。国務大臣の多くは，財務大臣・外務大臣のように各省の長となり（官房長官や国家公安委員会委員長も国務大臣），政策の提案や法律案の作成を行います。

憲法第69条による解散

A. 内閣不信任案の可決
B. 内閣信任案の否決
衆議院 → 内閣 →（10日以内）衆議院の解散 →（40日以内）総選挙の実施 →（30日以内）特別会の召集（内閣の総辞職）→ 内閣総理大臣を新たに指名 → 新内閣の成立

⬆ 衆議院解散から新内閣の成立まで

3 議院内閣制

立法と行政の関係については，**大統領制**と**議院内閣制**という 2 つの仕組みがあります。例えば，アメリカの大統領制では，国民は議会の議員と大統領を別々に選挙します。これに対して，イギリスなど議院内閣制の国では，国民は議会の議員を選び，議会が内閣の長である首相を選びます。日本は，後者の議院内閣制を採用しています。国民の支持を集める与党が内閣を組織すると，国民の意思を政治に反映させやすく，内閣と国会の関係が良好になり政治が安定するからです。

議院内閣制では，内閣は国会の**信任**に基づいて成立し，国会に対し**連帯責任**を負います。衆議院の総選挙が行われたときには，必ず内閣は**総辞職**（全閣僚が辞職）して，総選挙後の国会で新たに首相を指名し，新たに内閣が作られます。

もし内閣が信頼できなければ，衆議院が**内閣不信任を決議**します。内閣不信任決議が可決（または信任決議が否決）されると，内閣は10日以内に**衆議院を解散**するか，総辞職しなければなりません。反対に，内閣が国会について国民の意思を問う必要があると感じた場合，内閣の意思で衆議院を解散することもあります。このように，立法権をもつ国会と行政権をもつ内閣は，互いに**抑制**し合い**均衡**をはかっているのです。

参考

内閣の総辞職

死亡や病気などで内閣総理大臣が欠けてしまったときも総辞職する。また，政策に行きづまり，自ら総辞職を行うこともある。

分析

衆議院解散と総選挙

内閣が**衆議院解散**を決定（解散は天皇の国事行為）した場合，解散から40日以内に**総選挙**が行われ，総選挙から30日以内に**特別会**（特別国会）が召集され（国会の召集も天皇の国事行為），**内閣総理大臣**が指名される。

TRY! 表現力

議院内閣制を採用する日本の内閣と国会の関係を，アメリカの大統領制との違いから説明しなさい。

ヒント 大統領制を先に説明したうえで，それと対比して日本の議院内閣制を説明しよう。

解答例 アメリカの大統領制では，議会と大統領がそれぞれ別々に選挙され，独立しているが，日本の議院内閣制では，閣僚の過半数が国会議員から選ばれ，相互に衆議院の解散や内閣不信任決議ができるなど，内閣が国会の信任に基づいて成立し，連携している。

UNIT 4

行政の役割と行政改革

着目 歴史的に見て，行政機関や公務員にはどのような役割が求められてきたのか？

要点

- **公務員**　公務員は一部の人々のためではなく，「全体の奉仕者」として働かなければならない。
- **財政**　政府が税金を使って政策を実施する経済活動のことを，「財政」という。
- **行政改革**　社会が複雑化して行政権が拡大したことから，行政のスリム化が進められている。

1 行政を実行する公務員と財政

内閣総理大臣が長となる**内閣府**，官房長官のいる内閣官房や11の**省**を中心に，金融庁・消費者庁などの**庁**や行政委員会，内閣から独立した会計検査院など，多くの**行政機関**が国の仕事を分担しています。

政策の実行には，国務大臣や副大臣・大臣政務官という政治家だけでなく，各省の事務次官など一般**公務員**が欠かせません。公務員には，国で働く**国家公務員**(上位者を**官僚**とよぶ)と地方公共団体で働く**地方公務員**があり，一部の人々のためではなく「**全体の奉仕者**」として働くことが求められます。公務員の人事や待遇については，国家公務員は人事院，地方公務員は人事委員会が取りあつかいます。

また，政策を実施するためには，公務員だけでなく，お金が必要です。その大半は，国民から集めた**税金**(**租税**)が元になっており，限りがあります。限られた収入を有効に活用するため，政府はより重要と考える政策から優先して予算を作成し，実施します。このような政府の経済活動を**財政**といいます。

内閣府

内閣の政策についての企画立案を行い，ほかの省庁との調整などを行う。複数の担当大臣(省をもたない大臣)を置くことができる。

行政委員会

政治的中立や専門的知識などの必要性から，内閣や各省庁からある程度独立して設置される。中央省庁には，**国家公安委員会・公正取引委員会・人事院**などがある。

2 行政権の拡大

近代の資本主義発達期の欧米では，政府の役割を国防や治安維持など最小限にとどめ，自由と自己責任を重視する考えが中心でした(「**小さな政府**」)。その結果，格差が広がり社会が複雑化した現代では，政府は産業の振興，国土の保全開発，生活環境の整備，景気調整や雇用の確保，社会保障や教育なども行うべきだ，という考えが強くなりました(「**大きな政府**」)。

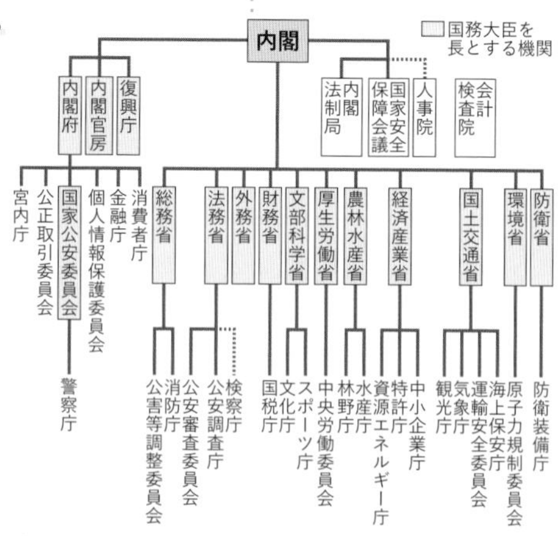

↑ 国の主な行政機関

政府の仕事が広がるにつれ，行政の役割や権限も拡大し「**行政国家**」となりました。まず，国会が決めた法律や予算を実施する本来の仕事が増え，公務員数や財政規模が大きくなります。また，法律だけでは社会の複雑化した出来事に対応できません。行政が個別に判断するために，内閣が定める命令の**政令**や，省庁が定める省令や**規則**，地方公共団体が定める**条例**が制定されます。さらに，官僚が専門知識をいかして法律案作成を助けるなど，行政は重要な役割を果たします。

ただ，「**行政の肥大化**」といわれるほど役割や権限が大きくなると，民間企業(きぎょう)にまかせるべき仕事をうばったり，**許認可権**をふりかざしたりすることも出てきます。また，公正・中立が求められる公務員の仕事には，規則を重視するあまり柔軟(じゅうなん)に対応できないこと(形式的な**官僚主義**)や，全体よりも各部門の利益を重視し連携(れんけい)をとらない「**縦割り行政**」などの弊害(へいがい)も見られます。日本では，退職後に公務員が在職中の仕事関連の団体・企業などに好条件で再就職する「天下り(あまくだり)」が，規制されながらも，続いています。行政を民主化するためには，衆参両院の国政調査権による行政の監視(かんし)や，公務員の意識改革が重要です。

3 行政改革

1980年代以降の日本では，簡素で効率的な「**行政のスリム化**」をめざす**行政改革**が進められ，2001年には**中央省庁の再編**が行われました。公務員を削減(さくげん)して整理・統合を進め，効率的な行政組織とするのです。また，許認可をなくし自由な経済活動をうながす**規制緩和**(かんわ)や，事業を見直し無駄(むだ)をなくす取り組みも進められています。

ほかにも，公的事業を**民営化**したり，国立大学・博物館を直接運営せず法人として自主性をもたせたり，IT技術を利用した電子政府化，国から地方に権限を移す**地方分権化**も推進されています。

許認可権

事業の許可や認可を出す権限。

官僚主義

役人である公務員の仕事は「お役所仕事」などとよばれることもあるように，融通(ゆうずう)が利(き)かず四角四面(しかくしめん)なイメージも強い。

縦割り行政の例

文部科学省が担当する幼稚園(ようちえん)と，厚生労働省が担当する保育所(保育園)などが有名。少子化対策に必要とされる「**幼保一元化**」は，縦割り行政にはばまれて，実質的には進めにくい。

TRY! 表現力

行政改革が積極的に進められている背景を，自分の言葉で説明しなさい。

ヒント　「自分の言葉で説明」するので，本文を引用すればいいわけではない。とはいえ，社会科の解答なので，表現をくずし過ぎないように気をつけよう。

解答例　複雑な現代社会においては，行政の仕事や役割が大きくなりすぎ，許認可権を盾(たて)に政府の指導が強すぎて民間企業の活力をうばう，省庁間の権限が複雑化してなわばり争いが生じるなど，無駄と非効率が指摘されている。

特集

行政を監視する国会

● 国会と行政の関わり

立法権・行政権・司法権の三権のうち，行政権は内閣がもちますが，内閣の首長である内閣総理大臣(首相)を選ぶのは，立法権をもつ国会の仕事です。衆議院・参議院それぞれで指名が行われ，指名された者が異なる場合は，両院協議会が開かれます(それでも決まらなければ，「衆議院の優越」により衆議院が指名した者に決まる)。この**国会の指名**に基づき，**天皇**が内閣総理大臣を**任命**します。

● 歴代の内閣

内閣制度は，明治時代の1885年に成立しました。初代の内閣総理大臣となった伊藤博文は就任時に44歳で，これは現在でも最年少記録となっています。2021年現在，第99代(63人目)の内閣は，自由民主党の**菅義偉内閣**で，公明党と連立しています。

菅内閣は，第2次～4次**安倍晋三内閣**のあとをうけ，2020年の秋に組閣しました。安倍内閣は，2012年末から7年以上にわたる史上最長政権(2006～07年の第1次内閣をふくむ在任期間の合計も歴代1位)です。

⬆ 天皇から内閣総理大臣を任命される菅首相

● 国政調査権

内閣総理大臣の指名とともに，行政の活動を監視することも，国会の重要な役割です。国どうしや国と国際機関との間で結ばれる**条約**は**内閣**が結びますが，**国会の承認**が必要です。また，衆議院・参議院の両院は対等に**国政調査権**をもっています。

● 憲法審査会と憲法改正

衆議院・参議院それぞれに常設の**憲法審査会**(衆議院50人・参議院45人)が設置され，2011年から活動をはじめています。ここでは，憲法や関連する法律などについて調査し，憲法改正原案，改正の発議，国民投票に関する法律案などの審査が行われます。

憲法改正原案は，①内閣，②憲法審査会，③衆議院議員100人以上の賛成，④参議院議員50人以上の賛成のいずれかにより，国会に提出されます。

その後，両院の憲法審査会で審査され，衆・参各議院の総議員の3分の2以上の賛成により，**憲法改正の発議**が行われます(「衆議院の優越」はなし)。

そして，発議後60日以降180日以内に18歳以上の国民による**国民投票**が行われます。ここで有効投票の過半数が賛成であれば承認され，**天皇**が国民の名で**公布**します。

これまで憲法改正原案が国会に提出されたことはありません。すなわち，憲法改正の発議も，国民投票も行われたことがないということです。1946年に公布されて以来，一言一句変わっていない日本国憲法を変えるのか(**改憲**)，変えないのか(**護憲**)は，最大の政治的課題の1つといえます。

特集 世界の政治体制と人物

● 二大政治体制

世界には，政治権力を分立させる**自由主義体制**と，社会主義政党に政治権力を集中させる**社会主義体制**の２つがあります。かつては自由主義体制と社会主義体制が二大勢力として対立していましたが，1989年にはベルリンの壁が崩壊し，同年のマルタ会談で冷戦終結が宣言されました。1991年には，ソ連も解体しています。

2021年現在，社会主義国(共産主義国)は，世界中で５か国しか残っていません。そのうち，**中国・ベトナム・キューバ・ラオス**は市場経済を導入しています。政治体制も経済も社会主義を維持しているのは，**北朝鮮**の１か国のみです。

● 議院内閣制と大統領制

自由主義体制は，イギリス・日本などの**議院内閣制**(イギリス・日本など)と，アメリカなどの**大統領制**が有名です。

ロシア・フランスなどは半大統領制(大統領が行政府の長)で，大統領制と議院内閣制の混合型です。また，ドイツ・イタリアは儀礼的な大統領制(首相が行政府の長)です。

⬆ バイデン米大統領

⬆ ジョンソン英首相

議院内閣制は，**首相**が議会の多数派を占める与党の議員から選ばれます。内閣は国会の信任により成り立ち，国会に対し連携して責任を負います。議院内閣制は，立法・行政が連帯し，司法権が独立する「**ゆるやかな三権分立**」といえます。イギリスでは，大臣の全員が下院の議員から選ばれますが，日本では，大臣の過半数が衆・参両院の議員から選ばれます。

大統領制は，国家元首である**大統領**が議員とは別の選挙で選ばれ，「**厳格な三権分立**」となっています。大統領や各省の長官は議員との兼職禁止で，大統領は議会に対して責任を負わず，国民に対して直接責任を負います。

● 世界の有名な政治家(2021年時点)

国際連合の安全保障理事会の常任理事国(五大国)のトップは，アメリカが民主党の**バイデン大統領**，イギリスが保守党の**ジョンソン首相**，フランスが**マクロン大統領**，ロシアが**プーチン大統領**，中国が**習近平国家主席**です。

また，私たち日本人にとって，韓国の**文在寅大統領**，北朝鮮の**金正恩総書記**は身近な存在です。女性指導者としては，ドイツの**メルケル首相**，台湾の蔡英文総統などが有名です。

UNIT 5

裁判所の仕組みとはたらき

着目 法や裁判は，私たちの社会において，どのような役割を果たしているのか？

要点

- **法の種類** 「法」には，憲法，法律，政令，条例，条約などさまざまな種類がある。
- **司法と裁判所** 法に基づいて争いを解決することを司法といい，裁判所がこの仕事を担当する。
- **司法権の独立** 国会や内閣は裁判所に干渉せず，裁判官は憲法と法律だけに拘束される。

1 社会生活と法

社会の中で多数の人が共同で生活していくためには，**法**などの決まり(ルール)が必要になります。法には，最高法規である**憲法**，国会が制定する**法律**，内閣が制定する**政令**，省が制定する省令，地方公共団体が制定する**条例**，外国と締結する**条約**など，さまざまな種類があります。

法は，争いや犯罪を裁く基準でもあります。問題を解決するため，明確で客観的な法をあらかじめ定めておき，それに従って紛争に決着をつける必要があります。このため，法の内容は大多数の人々に支持される，公正なものでなければなりません。

2 司法と裁判所

法に基づいて紛争を解決することを**司法**，すなわち**裁判**といいます。**裁判所**は，その名の通り裁判を行う権利である**司法権**をもち，**最高裁判所**と**下級裁判所**に分かれています。下級裁判所は，さらに**高等裁判所・地方裁判所・家庭裁判所・簡易裁判所**の４つに分かれています。

裁判は，多くの場合，事件の内容によって，まず地方裁判所・家庭裁判所・簡易裁判所のいずれかで行われ，これを**第一審**といいます。第一審の判決や決定・命令に不服がある場合，**第二審**の裁判所に裁判のやり直しを求めて**控訴**し，さらに不服があれば**終審**の裁判所まで**上告**することができます。

このように，１つの事件について３回まで裁判を受けられることを，**三審制**といいます。これは，裁判を公正・慎重に行わせ，人権を保障するための仕組みです。**裁判官**は，当事者の言い分を聞いたうえで判決を下し，争いを最終的に解決します(➡p.125)。

憲法の番人

国会の立法や内閣の行為の適否や，憲法解釈をめぐる争いを裁く権限である「**違憲立法審査権(法令審査権)**」は，裁判所にあたえられており，最終決定権をもつ最高裁判所は「**憲法の番人**」とよばれる。

特別裁判所の禁止

裁判はすべて最高裁判所と下級裁判所で行われる。戦前の**皇室裁判所**や**軍法会議**のような，特定の人・事件相手の特別な裁判所の設置は禁止されている。

裁判官の任命

最高裁判所長官は，**内閣**が指名し**天皇**が任命する。その他の最高裁判所裁判官(判事)は，内閣が任命し天皇が認証する。下級裁判所のすべての裁判官は，最高裁判所が名簿により指名し内閣が任命する。

3 司法権の独立

裁判は，正しい手続きにより公正・中立に行わなければなりません。そのためには，球技や格闘技の審判と同じように，裁判所や裁判官も公正・中立でなければなりません。そのための原則が**司法権の独立**で，日本国憲法第76条に規定されています。これは，司法権をもつ裁判所の活動は国会・内閣やその他の権力から圧力や干渉を受けないことです。また，個別の裁判において，裁判官は自らの**良心**に従い，憲法と法律のみに拘束されます(**裁判官の独立**)。

そのため裁判官は，国会議員による弾劾裁判(**公の弾劾**)や心身の故障，最高裁判所裁判官に対する国民審査によって罷免される場合を除き，定年まで在任中の身分が保障されます。

日本国憲法第76条

③すべて裁判官は，その良心に従ひ独立してその職権を行ひ，この憲法及び法律にのみ拘束される。

GRADE UP!
グレードアップ

①**最高裁判所**(東京都に1か所)
司法権の最高機関であり，最終判断を下し，刑などを確定させる**唯一の終審裁判所**。
最高裁判所長官と14名の裁判官の計15名で構成される。裁判は，3名以上の裁判官による小法廷か，15名全員が出席する大法廷で行われる。

②**高等裁判所**(札幌・仙台・東京・名古屋・大阪・広島・高松・福岡に1か所ずつ，計8か所)
控訴された事件・紛争など，主に第二審をあつかうことが多い。

③**地方裁判所**(各都府県に1か所と北海道に4か所，計50か所)
主に第一審と，簡易裁判所から控訴された民事事件の第二審を行う。

④**家庭裁判所**(地方裁判所と同じ50か所)
家庭内の争い(家事事件)や少年事件をあつかう。審理は**原則的に非公開**となる。

⑤**簡易裁判所**(全国438か所)
軽い事件や少額の紛争などを取りあつかう。

TRY! 表現力

裁判が1回で終わらない制度になっている理由と，その仕組みを説明しなさい。

ヒント　本文を読んでまとめてみよう。解答例では刑事事件に限定して「えん罪(無実の罪)をさける」とはせず，民事事件もふくめ「人権を保障する」としている。

解答例　より公正・慎重に裁判を行わせ人権を保障するため，第一審の判決に不服があれば，上級の裁判所に控訴でき，そこでも不服があれば，さらに上級の裁判所に上告し，やり直しを求めることができる。

UNIT 6

裁判の種類と人権

着目 裁判にはどんな種類があり，人権を守るためのどのような仕組みがあるのか？

- **民事裁判**　民事裁判は，私人(自然人・法人)の間の争いについての裁判である。
- **刑事裁判**　刑事裁判は，犯罪行為について，有罪・無罪と量刑を決定する裁判である。
- **人権保障**　被告・被告人の権利が保障されており，裁判では弁護士が手助けをする。

1 民事裁判

裁判には，２つの種類があります。まず，**民事裁判**は，私人(自然人および企業などの法人)間の紛争についての裁判です。個人どうし，個人と企業，企業どうしの利害をめぐる対立や，権利・義務に関する争いは，例えば貸したお金を返してもらえない，買った商品に欠陥があった，独自の広告をまねされたなど，さまざまな要因で起きます。なお，不当な行政行為があったとき，私人が国や地方公共団体などの行政機関を相手に起こす裁判を，特に**行政裁判**といいます。

自らの権利を侵害されたり，被害を受けたと考える人が，裁判所に訴えを起こすと，審理が始まります。訴えた側が**原告**となり，訴えられた側が**被告**となって，それぞれが意見を主張します。裁判官は口頭弁論で双方の言い分を聞き，**和解**(当事者間の話し合い)や**調停**(調停員が間に入り仲裁)をうながしたり，民法や商法などの法律に基づき判決を下したりして，紛争の解決をはかります。

2 刑事裁判

次に，**刑事裁判**は，殺人・暴行・傷害・強盗・収賄・詐欺・放火などの犯罪行為について，有罪・無罪を決定し，有罪の場合には量刑(刑罰の内容)も決定する裁判です。どのような行為が犯罪にあたるか，どの程度の処罰を受けるかは，あらかじめ法律により定められている必要があり，これを**罪刑法定主義**といいます。

刑事事件が起こると，**警察官**と**検察官**(**検事**)が，犯罪事実の発見や告訴(被害者が被害を訴えること)・告発(市民が訴えること)を受けて捜査を行い，罪を犯した疑いのある人物(**被疑者**)を探し，証拠を集めます。そして，被疑者を逮捕したり勾留したりします。警察や検察で

刑罰の種類

死刑，**懲役**(１か月以上20年未満の有期または無期の刑務所への収容・監禁＋労働)，**禁固**(１か月以上20年未満の有期または無期の刑務所への収容・監禁)，**拘留**(１日以上30日未満の刑務所への収容・監禁)，**罰金**(１万円以上)，**科料**(１千円以上１万円未満)。
刑が言いわたされても，一定期間罪を犯すことなく過ごせば言いわたしが無効になる**執行猶予**が付くことも多い。

罪刑法定主義

行為時に犯罪とされていなかった行為を，あとから犯罪として処罰することは禁じられている(**遡及処罰の禁止**)。

取り調べた結果(警察の場合はさらに検察に**送検**)，検察官はその人物の犯罪容疑が明白であると判断した場合，**被告人**として裁判所に訴えを起こします(**起訴**)。逆に，犯人ではないと判断したり，証拠不十分であった場合，ただちに釈放されます。

裁判所は，検察官と被告人双方の意見を聞いて，公判を行います。**裁判官**(裁判員裁判の場合は裁判員も)は，**刑法**に基づいて，被告人が有罪か無罪かを決め，有罪の場合には量刑も決めて言いわたします。判決の確定後，証拠の見直しや新たな証拠の発見などが出た場合，**再審**の請求ができます。

再審

自白の強要などで発生した**えん罪**(無実の罪)が，再審で無罪になった例もある。

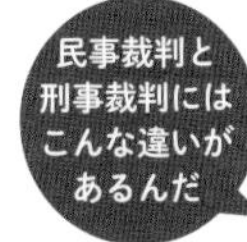

「疑わしきは罰せず」

犯罪を証明する証拠がない場合，自白だけでは有罪とならない(**証拠主義**)。

3 裁判と人権保障

裁判では，法律や裁判の手続きなどの専門的な知識が必要になります。一般に**弁護士**が民事裁判の原告・被告の**訴訟代理人**，刑事裁判の被疑者・被告人の**弁護人**となり，手助けをします。

特に刑事裁判では，警察・警察官や検察・検察官による捜査に行き過ぎがないように，被疑者・被告人の権利が日本国憲法に基づき保障されています。

例えば警察は，裁判官の出す**令状**がなければ，現行犯を除き逮捕や捜索をすることはできません。拷問は禁止され，拷問などによる自白は証拠として使うことはできません。被疑者・被告人には，取り調べや公判などで，自分の不利となる供述を強要されない権利(**黙秘権**)や，**弁護人**を依頼する権利が保障されています。経済的な理由などにより弁護人を依頼できないときは，国が費用を負担して国選弁護人をつけることになっています。被告人は，有罪判決を受けるまでは無罪と推定され，公平で迅速な公開裁判を受ける権利を保障されています。

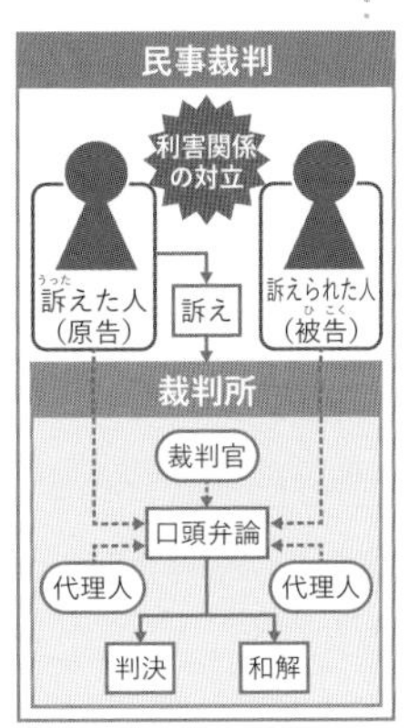

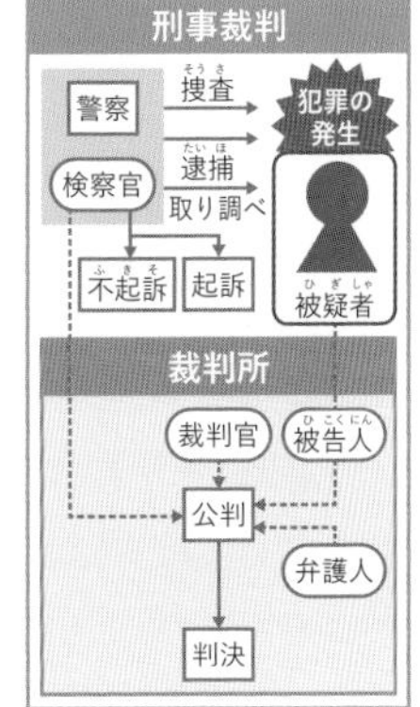

⬆ 裁判の手続き

TRY! 表現力

民事裁判とは異なる，刑事裁判の仕組みや特徴を，自分の言葉で説明しなさい。

ヒント 「民事裁判と異なる」という点に注目すれば，何を書けばいいかが見えてくるはず。

解答例 刑事裁判では，警察・検察が被疑者に対して捜査や逮捕をして，検察官が起訴をする。その後，被告人は弁護人の助けを借りて，公平で迅速な公開裁判を受ける。

UNIT 7

裁判員制度と司法制度改革

着目 司法制度改革はなぜ必要なのだろう？　裁判員制度はなぜ導入されたのか？

要点
- **司法制度改革**　裁判に費用と時間がかかり，利用しづらい状況を改めるために進められている。
- **裁判員制度**　司法制度改革の一環として，2009年から裁判員制度がスタートした。
- **その他の改革**　取り調べの可視化が進み，被害者参加制度も設けられた。

1 司法制度改革

日本では，裁判に時間と費用がかかりすぎ，判決文も一般の人にはわかりにくいという問題がありました。そこで，人々が利用しやすい裁判制度，**法律家**のあり方の改革，国民の司法参加などを目的に，**司法制度改革**が進められてきました。

公判前整理手続きなど，裁判にかかる時間を短縮するための制度が作られ，法律の改正もあり，第一審は2年以内に終わらせるようになりました。また，だれもが無料の法律相談や犯罪被害者支援を受けられるよう，**日本司法支援センター(法テラス)**も設立されました。弁護士の少ない地域も多いことから，法律家を増やすための**法科大学院(ロースクール)**も，主に大学内に設置されています。

2 裁判員制度

「国民の司法参加」の典型例が**裁判員制度**です。これは，国民が**裁判員**として刑事裁判に参加し，裁判官とともに被告人の有罪・無罪や刑罰の内容(量刑)を決める制度です。司法の場に，法律の専門家ではない一般の視点や感覚を導入し，裁判を身近にして国民の司法への理解を深めるため，2009年から導入されました。

裁判員制度の対象となるのは，殺人や強盗致死傷などの重大な犯罪についての刑事事件のみです。また，裁判員が参加するのは地方裁判所で行われる第一審のみで，第二審(控訴審)や終審(上告審)には参加しません。裁判員は，満20歳以上69歳までの国民の中から抽選により**裁判員候補者名簿**が作られ，その中から事件ごとにくじで選ばれます。病気や家族の介護などの特別な事情を除き，裁判員への就任を辞退することはできません。

用語

法律家

一般的に裁判官・検察官・弁護士の「**法曹三者**」をさす。弁理士(特許などをあつかう)や司法書士(書類作成などを行う)をふくむ場合もある。

用語

日本司法支援センター(法テラス)

法律上のトラブル解決を支援する組織。司法サービスを利用しやすくすることを目的に，2006年に設立。法制度や関係機関の相談窓口の紹介，弁護士費用の立て替え，**犯罪被害者支援**などを行っている。

参考

裁判員になれない人

司法関係者，法律学の大学教員，議員・首長・幹部クラスの官僚・自衛官などの特別な公務員，禁固以上の刑に処せられた人，被告人・被害者の家族などは対象外。

裁判は，原則として６名の裁判員と３名の裁判官が一緒に担当します。裁判員も公判に出席し，被告人・証人・検察官の話を聞いて質問したり，証拠を調べた結果を見たりします。そのうえで，裁判員と裁判官で評議したり，裁判官が判決を言いわたします。

3 その他の改革

国民の良識を反映させるための，**検察審査会**の設置もあります。被害者からの申し立てなどを基に，抽選で選ばれた国民が，検察による不起訴が妥当であったかを審査します。審査会で「不起訴不当」や「起訴相当」と議決されれば，検察官は再捜査し，起訴を再検討することになります。もし二度議決されれば，必ず起訴され，公判が開かれることになります。

司法にとって，「無実の罪」である**えん罪**を防ぐことは，最も重要な課題です。しかし，自白を強要するなど行き過ぎた捜査が原因でえん罪が生まれ，いったん有罪判決を受けた人が，やり直しの裁判(**再審**)によって無罪になった例もあります。そこで，適正な捜査が行われたかどうかを事後に確認できるように，警察や検察では，一部の事件で取り調べを録画・録音する，**取り調べの可視化**を行っています。

一方で，刑事裁判が被害者や被害者家族の気持ちを十分ふまえて行われることも，重要な課題です。このため，一部の事件では，被害者本人や遺族などが被告人や証人に直接質問したり，求刑のときに意見を述べたりすることができる**被害者参加制度**が，2008年から設けられました。

最高の刑罰

日本にはアメリカや中国と同様に**死刑制度**が存在している。死刑判決が言いわたされた場合，法務大臣の命令によって死刑が行われる。

検察審査会の審査員

全国165か所の審査会ごとに選ばれる審査員は11名で，任期は６か月。

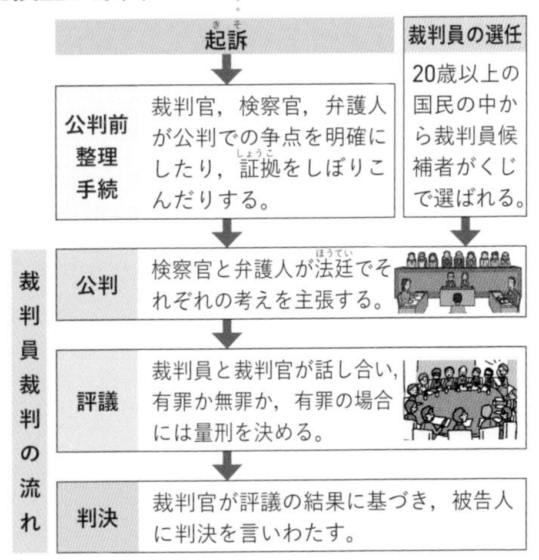

裁判員制度の仕組み

TRY! 思考力

裁判員制度の長所と短所について考えられることを，自分の言葉でそれぞれ説明しなさい。

ヒント　長所は本文に直接記述があるので，すぐにわかるはず。短所は本文中にヒントはあるが，自分で考える必要がある。

解答例　長所は，国民が司法の現場に参加することで一般の視点や感覚が反映されることや，裁判を身近にして国民の司法への理解と信頼を深めることなどがある。短所は，専門家ではない人々の判断であることから，量刑が過去の判決と異なり，不公平になることなどがある。

UNIT 8

三権の抑制と均衡

着目 立法権(国会), 行政権(内閣), 司法権(裁判所)の三権はどのような関係にあるか?

要点

- **三権分立** 国の権力を立法権・行政権・司法権に分けて担当させる三権分立を採っている。
- **三権の関係** 立法権, 行政権, 司法権が互いに抑制し合い, 均衡を保つ。
- **違憲審査制** 裁判所は国会と内閣に対し違憲審査権をもち, 具体的な事件の裁判で審査する。

1 三権分立

日本の政治は, **立法権**をもつ国会, **行政権**をもつ内閣, **司法権**をもつ裁判所という, 3つの機関を中心に行われています。国の権力を3つに分け, それぞれ独立した機関に担当させる**三権分立(権力分立)**を採っているのです。これにより, 国家権力が1つの機関に集中して権力が濫用されることを防ぎ, 国民の自由や権利が守られています。

権力分立が確立するまでの歴史を, ふりかえってみます。17～18世紀, ヨーロッパで絶対王政による国王の専制政治に反対する立場から, **啓蒙思想**が誕生しました。17世紀後半, イギリスのロックは, 権力を立法権・行政権・外交権の3つに分け, 立法権の優越を主張しました。18世紀半ば, フランスのモンテスキューは, ロックの思想を発展させ『**法の精神**』を著します。ここでは, 立法権・行政権・司法権の三権相互の**抑制と均衡**(**チェック&バランス**)を実現し, 国民の自由を守ることを主張しました。

2 三権の関係

アメリカ式の厳格な三権分立を採る**大統領制**とは違い, イギリス式の**議院内閣制**を採る日本では, 国会は「**国権の最高機関**」(憲法第41条)で, 三権の中でも中心的な位置を占めます。主権者である国民は, 衆参両院の国会議員を選挙で選びます。国民が直接構成員を選ぶことができるのは, 国会だけです。

国会は, 議員の中から内閣総理大臣を指名(衆議院の指名が優越)し, 衆議院は内閣不信任の決議を行うことができます。そして, 内閣総理大臣は国務大臣の任免権をもちます。つまり国民は, ある意味で, 国会議員を選ぶ選挙を通じ, 与党が構成する内閣も選んでいることにな

啓蒙思想

古くからの慣習や体制を変えようとする考えを, 人々に広めていく思想。

大統領制

国民が**国家元首**を選挙で選ぶ, 現代における**共和政**で, 厳格な三権分立。行政機関のトップである**大統領**は議席をもたず(連邦議会議員ではない), 議会の信任を必要としない。国民は, 大統領と議員のそれぞれを選挙で選ぶ。

議院内閣制

議会中心の三権分立。内閣総理大臣(首相)を中心とする内閣は, 議会の信任を得て成立する。内閣の構成員が国会議員であるという前提で, **内閣**は**国民**ではなく, (自らを選んだ)**国会**に対して責任を負う。

ります。また，衆参両院は内閣に対して**国政調査権**をもちます。裁判所に対しては**弾劾裁判所**を設けて，問題のある裁判官を辞めさせることができます。

内閣は，国会に対して衆議院の解散権をもち，裁判所に対しては最高裁判所長官の指名と，ほかの裁判官の任命を行います。内閣総理大臣は国会議員でもあり，行政機関と立法機関の両方に所属しています。

裁判所は，国会の定めた法律，および内閣の定めた命令・規則や行政処分に対して，**違憲審査**を行います(**違憲立法審査権**)。内閣の行為は行政裁判の対象でもあります。そして，裁判所は国会と内閣から厳しく独立しています(「**司法権の独立**」)。

このように，三権が互いに抑制し合い，均衡を保つことによって，権力の行き過ぎを防いでいるのです。

裁判所に対する国民の信任

15名いる最高裁判所の裁判官(長官と判事)に対しては，国民が直接，任命が適切かどうか，本人が適格かどうかの**国民審査**を行う。

3 違憲審査制

裁判所は，国会や内閣の行為に対し，憲法に違反していないかどうかを，具体的な事件の裁判を通して審査し，違憲の場合は無効と宣告します。特に最高裁判所は，合憲か違憲かについての最終決定権をもつため，「**憲法の番人**」とよばれています。

このような**違憲審査制**は，「憲法により国家権力を制限し，国民の人権を保障する」という立憲主義の考えに基づいており，これにより，憲法が国の最高法規であることが確保されます。しかし，そもそも裁判所に具体的な訴えがない限り発動されないことや，判決の結果も合憲か違憲かの判断そのものをさける場合が多いなどの問題があります。

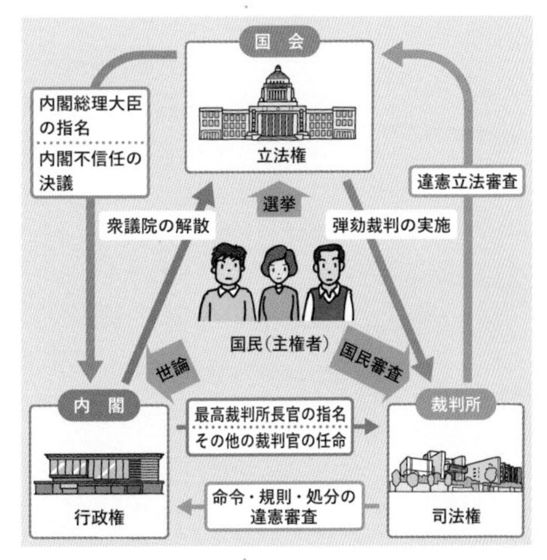

三権の抑制と均衡

TRY! 思考力

日本はアメリカと同じ「三権分立」の国とされているが，行政府の長のあり方に大きな違いがある。考えて 2 つ書きなさい。

ヒント　1つは選挙に関すること。もう1つは，一体どういう立場の人間がリーダーなのか。

解答例　アメリカでは大統領も選挙で選ぶが，日本では国民が選んだ議員の所属する国会が，内閣総理大臣を指名する。また，アメリカ大統領は連邦議会の議員ではないが，日本の内閣総理大臣は国会議員から選ばれる。

資料　日本国憲法の重要条文まとめ②

第41条　〔国会の地位〕

国会は，**国権**の最高機関であつて，国の唯一の立法機関である。

国権　国家の統治権のこと。

第59条　〔法律案の議決と衆議院の優越〕

①法律案は，この憲法に**特別の定のある場合**を除いては，両議院で可決したとき法律となる。

②衆議院で可決し，参議院でこれと異なつた議決をした法律案は，衆議院で出席議員の3分の2以上の多数で再び可決したときは，法律となる。

③前項の規定は，法律の定めるところにより，衆議院が，**両議院の協議会**を開くことを求めることを妨げない。

④参議院が，衆議院の可決した法律案を受け取つた後，国会休会中の期間を除いて60日以内に，議決しないときは，衆議院は，参議院がその法律案を否決したものとみなすことができる。

特別の定のある場合　法律案の衆議院の優越，参議院の緊急集会による立法，地方特別法の場合。

両議院の協議会　両院協議会のこと。

第60条　〔衆議院の予算先議権と議決〕

①予算は，さきに衆議院に**提出**しなければならない。

②予算について，参議院で衆議院と異なつた議決をした場合に，法律の定めるところにより，両議院の協議会を開いても意見が一致しないとき，又は参議院が，衆議院の可決した予算を受け取つた後，国会休会中の期間を除いて30日以内に，議決しないときは，衆議院の議決を国会の議決とする。

提出　予算案の作成と提出は内閣が行う。

第65条　〔行政権の帰属〕

行政権は，内閣に属する。

第66条　〔内閣の組織，国会に対する連帯責任〕

①内閣は，法律の定めるところにより，その**首長**たる内閣総理大臣及(およ)びその他の国務大臣でこれを組織する。
②内閣総理大臣その他の国務大臣は，**文民**でなければならない。
③内閣は，行政権の**行使**について，国会に対し連帯して責任を負ふ(う)。

首長　行政機関を統率する者。
文民　軍人でない者(過去の職歴をふくむ)。
行使　権利・力などを実際に使うこと。

第69条　〔内閣不信任決議と解散，総辞職〕

内閣は，衆議院で不信任の決議案を**可決**し，又は信任の決議案を否決したときは，10日以内に衆議院が解散されない限り，総辞職をしなければならない。

可決　提案された議案を認めて決定すること。

第76条　〔司法権・裁判官の独立，特別裁判所の禁止〕

①すべて司法権は，最高裁判所及び法律の定めるところにより設置する**下級裁判所**に属する。
②**特別裁判所**は，これを設置することができない。行政機関は，終審(しゅうしん)として裁判を行ふ(う)ことができない。
③すべて裁判官は，その良心に従ひ(い)独立してその**職権**を行ひ(い)，この憲法及び法律にのみ拘束(こうそく)される。

下級裁判所　高等裁判所，地方裁判所，家庭裁判所，簡易裁判所をさす。
特別裁判所　大日本帝国憲法下のような，特別の人・事件をあつかう裁判所のこと。
職権　職務上の権限のこと。

第96条　〔憲法改正の手続き〕

①この憲法の改正は，各議院の総議員の３分の２以上の賛成で，国会が，これを**発議**し，国民に提案してその承認を経なければならない。この承認には，特別の国民投票又は国会の定める選挙の際行は(わ)れる投票において，その過半数の賛成を必要とする。
②憲法改正について前項の承認を経たときは，天皇は，国民の名で，この憲法と一体を成すものとして，直ちにこれを**公布**する。

発議　議論すべき案を決めて，これを提出すること。
公布　公表して国民に知らせること。

図表

国の政治の仕組み

国会の仕事 → p.106

国会の種類

種類	召集(しょうしゅう)	会期
常会(通常国会)	毎年1回，1月中に召集	150日間
臨時会(臨時国会)	内閣が必要と認めたとき，または，いずれかの議院の総議員の$\frac{1}{4}$以上の要求があった場合	両院の議決の一致(いっち)による
特別会(特別国会)	衆議院解散後の総選挙の日から30日以内に召集	
参議院の緊急(きんきゅう)集会	衆議院解散中，緊急の必要があるとき，内閣が召集	不定期

毎年決まった期間に開かれるのは常会のみ。

法律のできるまで

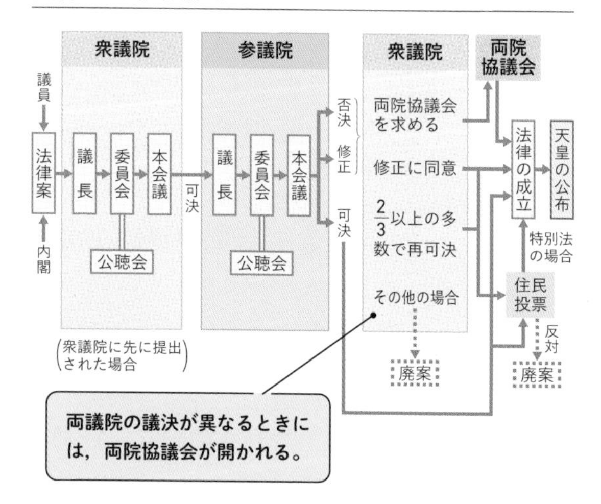

衆議院の優越(ゆうえつ)

事項	内容
予算の先議	予算は衆議院が先に審議(しんぎ)する
内閣不信任の決議	内閣不信任を決議できるのは衆議院のみ
予算の議決 条約の承認 内閣総理大臣の指名	○参議院が衆議院と異なる議決 ○参議院が30日(内閣総理大臣の指名は10日)以内に議決しない →両院協議会でも意見不一致 →衆議院の議決が国会の議決となる
法律案の議決	○参議院が衆議院と異なる議決 ○参議院が60日以内に議決しない →衆議院が出席議員の$\frac{2}{3}$以上で再可決 →法律となる

衆議院は参議院より国民の意思を反映することから，議決が優先される。

行政の仕組みと内閣 → p.108

衆議院解散から新内閣成立まで

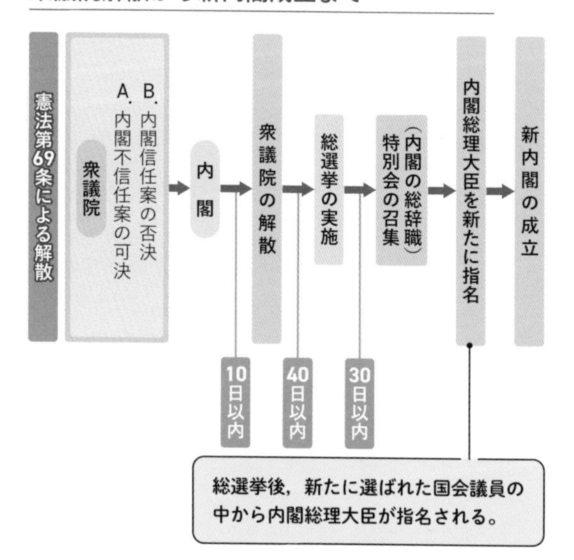

図表を見るときのポイントをおさえておこう！

裁判所の仕組みとはたらき → p.114

三審制の仕組み

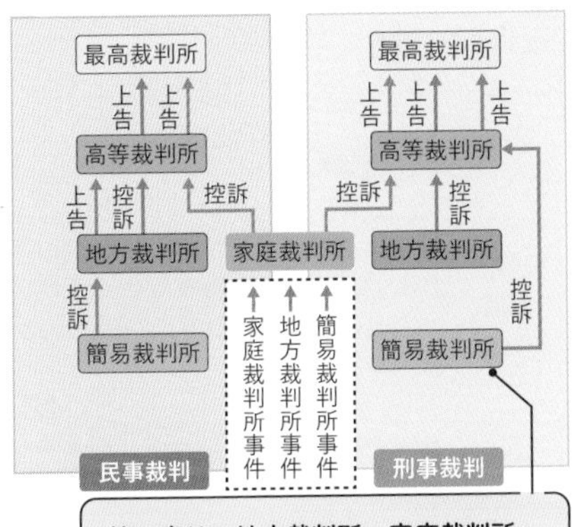

第一審は，地方裁判所・家庭裁判所・簡易裁判所のいずれかで行われる。

裁判の手続き

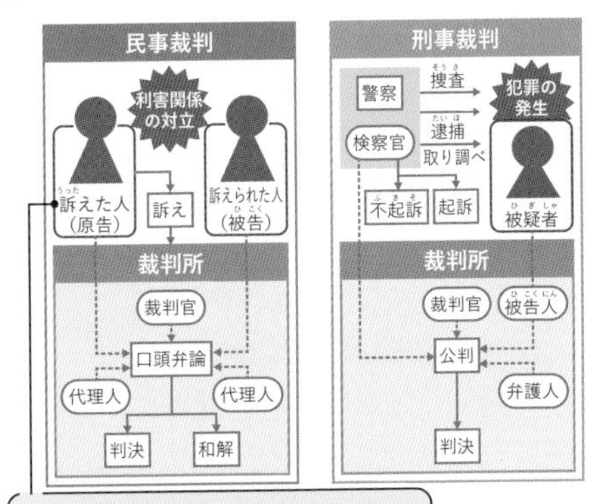

訴えをおこすのは，民事裁判では原告，刑事裁判では検察官である。

裁判員制度と司法制度改革 → p.118

裁判員裁判の手続き

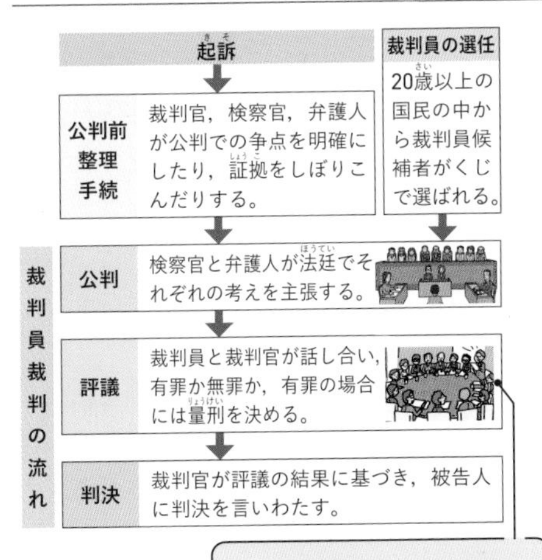

6人の裁判員と3人の裁判官で評議が行われる。

三権の抑制と均衡 → p.120

三権の抑制と均衡

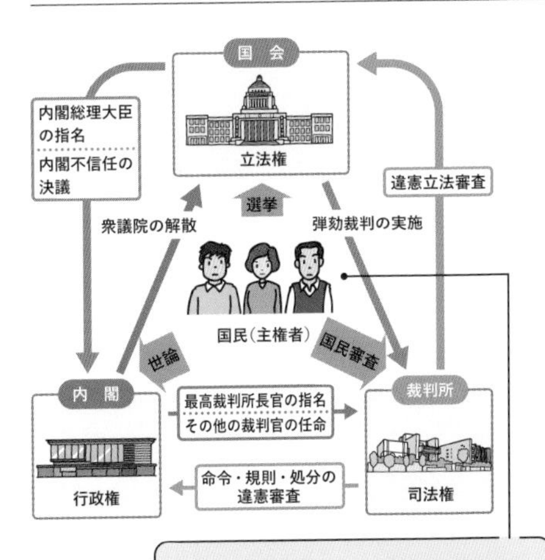

国民は選挙を通じて国会，国民審査を通じて裁判所にはたらきかける。

3章 現代の民主政治と社会

特集

裁判員制度

● 裁判員制度の仕組みと目的

裁判員制度とは，国民を**裁判員**として**重大な刑事裁判**の**第一審**に参加させ，裁判官とともに被告人の有罪・無罪や刑罰の内容(量刑)を決める制度です。司法の場に国民の視点を導入するとともに，国民の司法への理解を深めることを目的として，2009年から導入されました。

● 裁判員制度による裁判の流れ

公判の前に**20歳以上の国民**から**くじ**で選ばれた裁判員は，次の③④⑤の過程に参加します。裁判によっては，裁判の途中で欠員が出たときのために，補充裁判員も選ばれます。

①起訴

検察官が被疑者を被告人として裁判所に訴えを起こす。

②公判前整理手続

裁判のスムーズな進行のため，中立的立場の裁判官・起訴した検察官・被告人側の弁護人が事前に話し合い，公判での争点を明らかにしておく。

③公判

検察官と弁護人が，公開された法廷でそれぞれの考えを主張し合い，それに対して裁判官と裁判員が質問したりする(公判は必ず平日に行われ，裁判の傍聴は無料で，年齢制限なし)。

④評議

裁判官3名と裁判員6名が非公開の評議室で評議し，多数決で評決する(多数の側に裁判官が1名以上ふくまれている必要あり)。

⑤判決

裁判官と裁判員が公開の法廷にもどり，裁判長が被告人に判決を言いわたす。

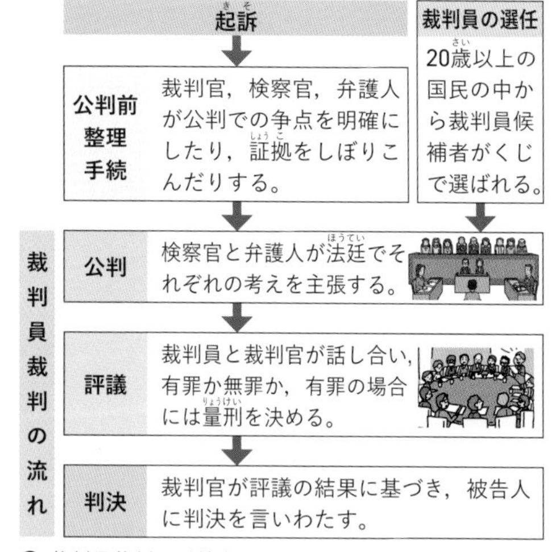

⬆ 裁判員裁判の手続き

● 裁判員制度の見直し

裁判員制度は，審理期間や対象事件などについて，見直しが進んでいます。あまりにも長い審理期間や，薬物犯罪や死刑求刑をともなう事件は，専門家ではない市民の感覚的に，負担や精神的なストレスが大きすぎるのではないかという懸念があるからです。

また，第一審(地方裁判所)での裁判員裁判の判決が，第二審である控訴審(高等裁判所)や終審である上告審(最高裁判所)でくつがえされることもあり，それなら何のために国民が負担やストレスをかかえながらも裁判員裁判に参加しているのか，という意見もあります。

☑ 用語チェック

できたらチェック！	QUESTIONS	ANSWERS
□	国会は，国権の(　①　)として中心的な地位を占める，国の唯一の(　②　)である。	①最高機関 ②立法機関
□	国会には衆議院と参議院の２つの議院があり，(　③　)が採られている。	③二院制 ［両院制］
□	国会は，(　④　)をもつ内閣に対して(　⑤　)をもち，政治全般について調査することができる。	④行政権 ⑤国政調査権
□	(　⑥　)では，内閣は国会の信任に基づいて成立し，国会に対して連帯責任を負う。	⑥議院内閣制
□	公務員は，一部の人々のためではなく「(　⑦　)」として働くことが求められる。	⑦全体の奉仕者
□	1980年代以降の日本では，簡素で効率的な「行政のスリム化」をめざす(　⑧　)が進み，中央省庁の再編が行われた。	⑧行政改革
□	裁判所は裁判を行う権利である(　⑨　)をもち，(　⑩　)と下級裁判所に分かれている。	⑨司法権 ⑩最高裁判所
□	裁判を公正・慎重に行うため，１つの事件について３回まで裁判を受けられるが，このことを(　⑪　)という。	⑪三審制
□	裁判には，私人間の紛争をめぐる(　⑫　)と，犯罪行為をめぐる(　⑬　)という２つの種類がある。	⑫民事裁判 ⑬刑事裁判
□	(　⑭　)では，国民が裁判員として(　⑮　)に参加し，裁判官とともに有罪・無罪と量刑を決める。	⑭裁判員制度 ⑮刑事裁判
□	日本では，国の権力を３つに分け，それぞれ独立した機関に担当させる(　⑯　)の仕組みを採用している。	⑯三権分立 ［権力分立］
□	(　⑰　)は合憲か違憲かについての最終決定権をもつため，「(　⑱　)」とよばれている。	⑰最高裁判所 ⑱憲法の番人

UNIT 1

私たちの生活と地方自治

着目 地方公共団体は，どんな考えに基づいて行われ，どんな仕事をしているのか？

要点

- **地方自治** 地域を住民が運営するために，国から自立した地方公共団体を作る。
- **役割分担** 国と地方公共団体には，それぞれの役割分担がある。
- **地方分権** 各地方公共団体が独自の活動を行えるように，地方分権が進められている。

1 地方自治とは？

住民が自らの意思に基づいて地域の政治を行うことを，**地方自治**といいます。私たちの日々の暮らしは，地域社会に基づいています。地域の課題は，気候や地形，産業や交通の発達度，人口構成などにより異なるので，課題を解決し住民の幸せを実現するためには，住民自らの意思に基づき地域の運営をしていくことが必要です。

運営の主な場となるのが，**地方公共団体**(**地方自治体**)です。地方公共団体は，議決機関である**地方議会**と執行(しっこう)機関からなり，司法機関はありません(➜p.138)。役所や役場では，多数の**地方公務員**の人々が働いています。

このように，各地域は住民自身によって運営されるべき(**住民自治**)で，そのために国から自立した地方公共団体をつくるべき(**団体自治**)という原則が，憲法によって保障されています。この2つを合わせた地方自治の考えそのもの(**地方自治の本旨**(ほんし))や，地方公共団体の組織や運営については，1947年に制定された**地方自治法**に定められています。地方自治は，人々の暮らしに身近な政治参加の機会であり，これを通じて政治を知り，関心を高めることから「**民主主義の学校**」とよばれています。

2 国と地方公共団体の役割

国と地方公共団体には，それぞれ役割分担があります。例えば国は，国民から国税を徴収(ちょうしゅう)したうえで，外交・防衛・司法などのような仕事や，公的年金のように全国的な規模や視点で行われるべき仕事などを重点的に担っています。

それに対し，地方公共団体は，住民から地方税を徴収したうえで，

執行機関

都道府県や市(区)町村の執行機関は，それぞれ**都道府県庁**や**市(区)役所**，**町役場**や**村役場**にある。

地方公共団体の種類

都道府県・市町村は普通(ふつう)地方公共団体。**特別区**・(地方公共団体の)組合・財産区などは特別地方公共団体。

日本国憲法第92条

地方公共団体の組織及(およ)び運営に関する事項は，地方自治の本旨(ほんし)に基(もとづ)いて，法律でこれを定める。

より身近な仕事を担っています。私立・国立以外の小・中学校や市立高校などは，**市町村**や**特別区**によって設置されていますし，ごみの収集も行います。複数の市町村や特別区にまたがる仕事は，**都道府県**が担います。また，大きな河川や道路の管理，公立高校の設置，警察なども都道府県の仕事です。

発展

事務の再分類

地方公共団体（地方自治体）を国の下請けと位置づけていた**機関委任事務**を廃止。仕事を自治体が主体的に行う「**自治事務**」と，法令に基づき国が自治体に委託する「**法定受託事務**」に再分類した。

3 地方分権

地方公共団体は多くの仕事を行いますが，そのために必要となる財源の多くは，地方税だけではまったく足りません。結果的に，国からの補助にたよってしまい，長らく「**三割自治**」（自主財源が三割程度）などといわれてきました。また，本来は国の仕事であるべきものを地方公共団体が引き受け，まるで国の下部組織のように代行することが多く，さらに，本来は地方公共団体の判断で行うべき仕事に，国が関わることもありました。

このような状況を改め，それぞれの地方公共団体が独自の活動を行えるようにするため，1999年に**地方分権一括法**が成立しました。翌年に施行されて以降，国の仕事の多くが地方公共団体の仕事になり，現在でも，仕事や財源を国から地方に移していく**地方分権**が進められています。

GRADE UP!

グレードアップ

特別区

東京都の特別区「23区」は，**特別地方公共団体**の一種として，区議会や区長が置かれており，「市」と同じように選挙で区議会議員や区長を選びます。これに対し，全国に20ある**政令指定都市**（横浜市・大阪市・名古屋市など）の区は地方公共団体ではないため，区議会がありません。区長も公選ではなく，地方公務員が市長により任命されます。

TRY! 表現力

地方自治とはどのような考えで，どのような法によって規定されているか，答えなさい。

ヒント　法は２つあるが，重要なほうを先に出して記述するのが，通常の書き方。

解答例　各地域は住民によって運営されるべきもので，そのために国から自立した地方公共団体を作るという原則が，日本国憲法で保障されている。また，地方公共団体の組織や運営については，地方自治法に定められている。

UNIT 2
地方自治の仕組み

着目 地方公共団体と住民による地方自治は，どのような仕組みで行われているのか？

要点
- **地方議会**　国の政治に国会があるように，地方公共団体にも地方議会がある。
- **首長**　地方公共団体には，住民から直接選挙によって選ばれる首長と地方議員がいる。
- **直接請求権**　直接民主制の原理を採り入れた直接請求権が，地方自治法で認められている。

1 地方議会

国に国会があるように，地方公共団体にも4年任期の**地方議会**が議決機関として置かれています。都道府県議会と市(区)町村議会の**議員**は，住民の直接選挙により選ばれます。

地方議会には，毎年4回以内の定例会と，必要に応じて開かれる臨時会があり，**条例の制定**や改正・廃止，**予算の議決**と決算の承認，行政の監視などを行います。条例は，地方公共団体が法律の範囲内で自由に制定できます。

	選挙権	被選挙権
市(区)町村長	18歳以上	25歳以上(任期4年)
都道府県知事	18歳以上	30歳以上(任期4年)
都道府県・市(区)町村議会議員	18歳以上	25歳以上(任期4年)

住民の選挙権，被選挙権

2 首長

執行機関のトップである4年任期の**都道府県知事**と**市(区)町村長**が，**首長**です。内閣総理大臣が国会で指名されるのに対し，首長は住民から直接選挙によって選ばれます。住民が地方議員と首長を選ぶこと(**二元代表制**)が，地方自治の特徴です。

首長は，予算案や条例案を作成して議会に提出し，議決した予算や条例を実施したり，地方公務員の指揮・監督や地方税の徴収を行います。国の政治に先がけた政策や，ほかの地方公共団体には見られない取り組みを行うなど，首長が指導力を発揮する例も見られます。

そして，首長の補佐・代理として，都道府県には**副知事**，市(区)町村には**副市(区)町村長**という任期4年の補助機関が置かれます。また，首長からある程度独立した機関として，教育委員会や選挙管理委員会，人事委員会や監査委員などの**行政委員会(委員)**が設置されます。

議会と首長も，国会と内閣の関係と同じく，抑制と均衡の関係にあります。議会は，**首長の不信任決議**を行うことができますが，可決された場合，首長は10日以内に議会を解散させなければ，失職します。

行政委員会

専門性・中立性が求められる分野に置かれる合議制の機関。ほかに，都道府県のみに**公安委員会**，市(区)町村のみに**農業委員会**などがある。

首長の不信任決議

総議員の3分の2以上の出席で，4分の3以上の多数が不信任に賛成した場合に可決される。

逆に首長は，**議会の解散**や，議決された予算・条例を拒否し審議のやり直しを求めること(**再議要求**)ができます。また，議会の決定と関係なく自らの責任と判断で行政を行う権限ももちます(**専決処分**)。

3 直接請求権

国に比べ範囲がせまく，日常生活と密接に関わる地方自治では，住民の意思をより反映させられるように，**直接民主制**の原理を採り入れた権利(**直接請求権**)が，地方自治法で認められています。

例えば，議員や首長，副知事・副市(区)町村長に問題があり解職を求める場合，有権者の原則３分の１以上の署名を集めて**住民投票**を求めます。投票の結果，過半数の同意があれば，その人物を辞めさせること(**リコール**〔**解職請求**〕)ができます。選挙管理委員会に議会の解散請求をする場合も，同様の手続きがあります。また，有権者の50分の１以上の署名を集め，首長に条例の制定，改正・廃止の審議を求めること(**イニシアティブ**〔**住民発案**〕)，監査委員に財務や事業が適切かどうかを調べてもらうこと(**監査請求**)もできます。

		必要な署名	請求先
条例の制定・改廃の請求		有権者の $\frac{1}{50}$ 以上	首　長
監査請求			監査委員
解職請求	首長・議員	有権者の $\frac{1}{3}$ 以上	選挙管理委員会（住民投票で過半数の同意があれば職を失う）
	その他の役職員		首　長
解散請求			選挙管理委員会（住民投票で過半数の同意があれば解散）

住民の直接請求権

分析

請求先と必要署名数

首長・議員のような選挙で選ばれた人の場合は**選挙管理委員会**。その他の場合は任命した**首長**に請求する。**解職・解散請求**(有権者の原則３分の１以上)の署名数が**条例の制定・改廃請求**や**監査請求**(有権者の50分の１以上)に比べ多いのは，地位や仕事をうばうので妥当と考えられる。

COLUMN コラム

その他の請求権

議員の紹介があれば，住民は請願書を地方議会に提出できます(請願の権利)。また，特定の地方自治体にのみ効力を発揮する**地方自治特別法**を国が制定する場合，その地域で住民投票を行い，賛否を問う必要があります(**レファレンダム**〔**住民表決**〕)。

最近，各地域で，諸問題に住民の意思表示が必要と考え，**住民投票条例**を定めて住民投票を行う地方公共団体も増えています。ただし，結果についての**法的拘束力**はありません。

TRY! 思考力

地方自治体の議会と首長の関係は，対等か否かを，その理由とともに書きなさい。また，それぞれが相手に対してもつ権限を示しなさい。

ヒント　単純な知識ではなく，その理由も理解できているかを問う問題。もちろん理由も暗記すれば解けるが，「理解をともなう暗記」を心がけたい。

解答例　ともに住民からの直接選挙で選ばれるため，対等な関係にある。議会は首長の不信任決議権をもち，首長は議会の解散権や再議要求や専決処分などの権限をもつ。

UNIT 3

地方公共団体の課題

着目 地方公共団体のお金はどのように使われているのか？　地方財政の課題とは？

- **地方財政**　地方公共団体が収入を得て，それを支出する経済活動のことをいう。
- **財源**　地方公共団体の財源には，地方税，地方債，地方交付税交付金，国庫支出金などがある。
- **財政の健全化**　それぞれの地方公共団体は，財政の立て直しに向けて努力をしている。

1 地方財政の仕組み

生活に直接関わる政治の多くは，**地方公共団体**によって行われています。消防・水防やごみの収集，道路や河川などの整備，学校や公民館，図書館や博物館などの教育・文化施設の管理だけでなく，戸籍・住民登録や国政選挙事務など，国から委託された事業も行います。

さまざまな仕事をするために，地方公共団体が収入を得て，それを支出する経済活動のことを**地方財政**といいます。政府(中央である国と地方公共団体)が1年間に支払う支出(**歳出**)のうち，地方公共団体の割合はおよそ6割にのぼります。

代表的な地方の歳出の種類として，社会福祉関連費用である**民生費**，学校教育に用いる教育費，道路建設や都市計画に用いる土木費，借金である地方債を返済するための公債費などがあります。

地方公共団体の財源には，それぞれが独自に集める**自主財源**と，国などにたよる**依存財源**があります。代表的な自主財源は，住民から徴収する**地方税**です。しかし，1年間に得る収入(**歳入**)のうち，地方税の割合はおよそ4割にとどまっています(「三割自治」から「四割自治」へ)。

依存財源には，地方財政の格差を是正・調整するため，歳入の少ない地方公共団体に国が交付する使いみちが自由な**地方交付税交付金**，義務教育や道路整備など特定の経費の一部について，国が使いみちを指定して支出する**国庫支出金**，地方公共団体の借金の証書(公債)である**地方債**などがあります(➡p.139)。

地方が使うお金は，なるべく地方公共団体が集められるように，2007年，国税を減らすかわりに，都道府県や市(区)町村へ納める地方税を増やす，すなわち国の税収を地方公共団体の税収へと移す**税源**

地方税

自主財源である地方税には，都道府県民税(住民税)・事業税・自動車税などの**都道府県税**と，市(区)町村民税(住民税)・固定資産税・軽自動車税などの**市(区)町村税**がある。

地方債

主に国や市中銀行に買ってもらう形式で借り入れている地方公共団体の借金。地方債の発行は，交通・水道などの公営事業，災害復旧事業，公共施設建設事業などの財源にあてる場合に限られる。

移譲が行われました。これに合わせ，国から地方公共団体に支出される地方交付税交付金や国庫支出金の削減もはかられました。

2 財政の健全化

近年では，日本経済の低迷によって地方税の収入が落ちこみ，国からの補助金や地方債にますますたよるようになるなど，財政難に苦しむ地方公共団体が少なくありません。それぞれの地方は，職員や事業削減をするなど，財政の立て直しに向けて努力をしています。地方債の発行残高が大きくなりすぎると，やがて，収入のほとんどを借金の返済にあてなければならなくなってしまいます。地方公共団体が住民にとって本当に必要な仕事をできなくなってしまうおそれもあります。

そこで，国は2007年に**自治体財政健全化法**を制定し，基準よりも財政状態が良くない地方公共団体には，早期に改善するようにうながし，特に状態が悪化している地方公共団体については，国の監督の下で立て直しをはかることにしています。

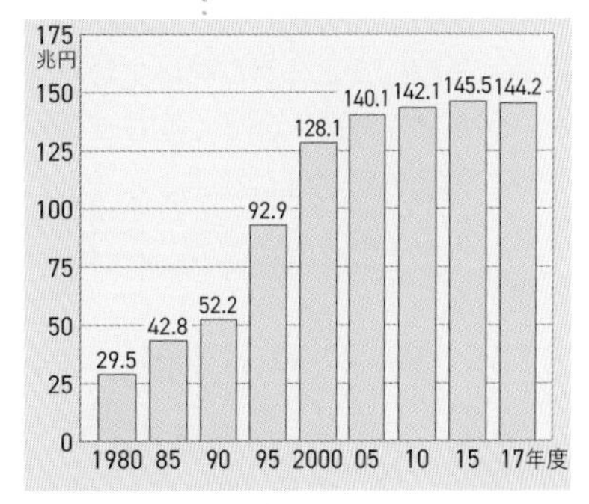

地方債の発行残高
(「地方財政白書」)による

3 地方分権化

従来の中央集権的な方式を改め，各地域の実情に合った政治を行うために，国の仕事や財源を地方に移す**地方分権化**が進んでおり，1999年には**地方分権一括法**が成立し，翌年に施行されました。大規模な**市町村合併**(「平成の大合併」)も行われ，新しい地域づくりが進められています。

また，国は，地域独自の取り組みを積極的に認める「構造改革特別区域」(小泉純一郎内閣)や「国家戦略特別区域」(安倍晋三内閣)を設け，各地でさまざまな**特区**が認定されています。

用語

税源移譲

2000年代前半に小泉純一郎内閣が進めていった地方財政と地方分権に関わる改革である「**三位一体の改革**(国庫支出金の削減，税源移譲，地方交付税交付金の見直し)」の一環として，後年実施された。国民が負担している租税の割合は，国税：地方税＝３：２程度だが，国から地方への支出があるので，最終的な税の行先は，国：地方＝２：３と逆転している。

TRY! 思考力

地方公共団体の財政の課題を具体的にあげ，自分なりにその解決法を考えてみよう。

ヒント　解決法に正解はないので，自由に書いてみよう。課題だけあげて解決法まで書かない人も多いが，書けば必ず得られるはずの何点かを放棄しないようにしたい。

解答例　自主財源の割合が少なく，地方交付税交付金や国庫支出金など依存財源の割合が多い。また，地方債発行により借金も増えている。地方の特産物をつくって税収を増やしたり，不要不急の公共事業を削減して支出を減らしたりする必要がある。

市町村合併

● 地方分権改革

地方公共団体が国に従うだけの中央集権的な仕組みを改め，さらに東京一極集中と地方衰退の解消をはかる目的で，1990年代半ばから**地方分権改革**がはじまりました。1999年には，**地方分権一括法**が制定されています。

2002年には，地域独自の取り組みを積極的に認める構造改革特別区域法が制定され，それ以来，各地にさまざまな**特区**が認定されています。例えば，外国人が多く定住する群馬県太田市は外国語教育特区に認定されました。これにより，英語で教える小中高一貫校の設置などが可能となりました。

また，2003年以降，「地方にできることは地方に」をスローガンとして，小泉純一郎内閣により**三位一体の改革**(地方交付税交付金の見直し・国庫支出金の削減・地方への税源移譲)が進められました。

● 市町村合併の推進

しかし，1991年のバブル経済崩壊から長期化した不況(「失われた20年」)と重なったこともあり，地方の財源は充実しませんでした。そこで，地方公共団体も，歳出を減らすために公務員や事業を削減したり，国の後押しで**市町村合併**を進めたりしてきました。

1999年～2010年代の前半にかけて，多くの市町村が合併したことを「**平成の大合併**」とよびます。1999年に3232あった全国の市町村は，2014年には1718に再編されています。

●「平成の大合併」の背景

市町村合併が急激に進められた背景には，①財政の安定化，②市町村の仕事の効率化，③1つの市町村では対応しにくい課題(少子化・高齢化や公害・環境問題など)を解決する必要にせまられている，などの事情があります。

● 合併のメリット・デメリット

市町村合併のメリット(利点)としては，知名度アップをふくむ経済効果，効率的な行政・財政運営，広域的なまちづくりなどがあります。

しかし，市町村が広くなることで，地方自治を住民から遠ざけたり，住民サービスが低下したりするのではないかという意見もあります。郷土の固有性・独自性の喪失をあやぶむ住民たちが多かったことから，あえて合併しなかった市町村もあります。

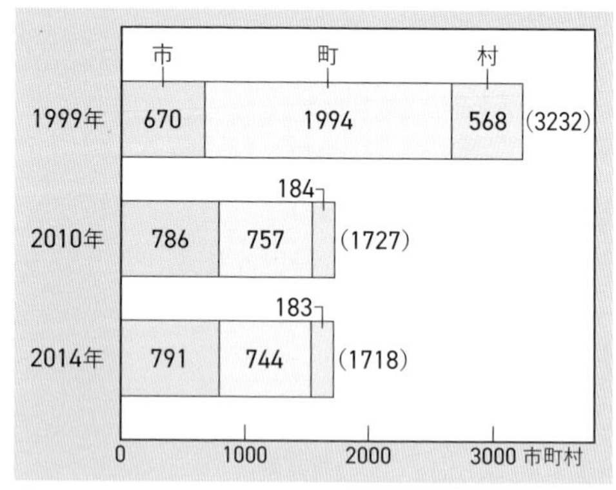

⬆ 市町村合併による市町村数の推移

特集

地方財政の課題

● 地方の財源不足

1970年代には「地方の時代」というスローガンがありました。しかし，それとは裏腹に，政治・経済・文化の各分野で，東京一極集中が進んでしまいました。

このような中で，市場経済におけるすべての原動力となるお金，すなわち**財源の不足**が，多くの地方公共団体の課題となっています。

①地方税

自主財源である**地方税**は，使いみちが自由な**一般財源**です。しかし，地方税は歳入全体の3～4割にとどまっており，地方自治が「三割自治」(近年は「四割自治」)とよばれています。

②地方債

依存財源である**地方債**は，使いみちが決まっている**特定財源**です。2006年以降，地方債の発行は許可制から協議制に移行し，各地方公共団体は自主性を増しています。しかし，地方債が借金であることに変わりはありません。

③地方交付税交付金

依存財源である**地方交付税交付金**は，国が交付するタイプの**一般財源**です。地方公共団体の財政格差を是正するためのもので，47都道府県のうち，東京都だけは交付されていません。

④国庫支出金

依存財源である**国庫支出金**は，国の補助金にあたる**特定財源**です。しかし，実際の事業にかかる費用よりも少ないため，不足分は地方公共団体が負担しています(超過負担)。

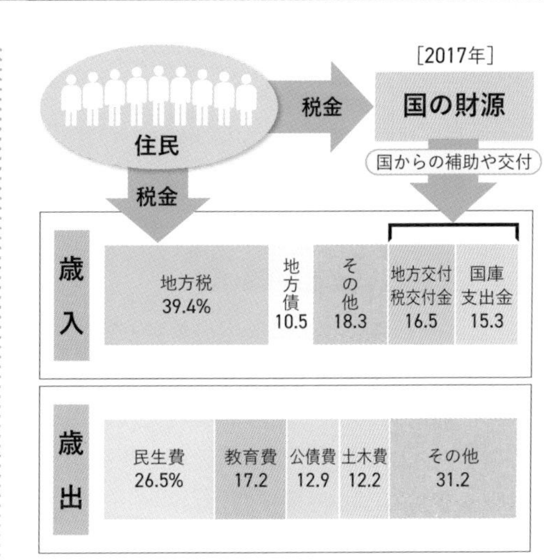

↑ 都道府県・市町村の歳入・歳出

●「ふるさと納税」

財源不足解消のための一手段として，2008年から「**ふるさと納税**」がスタートしています。これは，住民が住民税の一部の納付先を選ぶことができる，事実上の寄付制度です。「ふるさと」とありますが，住民の出身地や居住地に関係なく寄付ができ，魅力的な返礼品を楽しむ人も多く，例年話題となっています。

ふるさと納税には，国民が税金の使い方を選べるというメリットがあります。また，地域経済の活性化につながることから，特に特産品の宣伝効果があるような市町村からは歓迎されています。しかし，人口や所得が多い都道府県や大都市は，本来入ってくるはずの地方税収入が減ることもあり，反対の声や慎重な意見もあります。

UNIT 4

住民参加の拡大と私たち

着目 地方政治における「住民参加」はどのように行われているのか？

- **住民の声**　地方公共団体では，住民の声をいかすために，さまざまな工夫が見られる。
- **住民運動**　地方公共団体以外に，住民も地域の公共の仕事を行い，それが広がっている。
- **取り組み**　地域の課題を解決し，持続可能な社会をつくるため，主体的な考えや行動が大切。

1 住民の声をいかす

地方公共団体では，住民の声をいかすために，さまざまな工夫が見られます。例えば，産業廃棄物処理場・原子力発電所など特定施設の建設や市町村合併，在日米軍基地関連など，地域の重要な問題について，住民投票によって全体の意見を明らかにしようという動きがあります(**条例**に基づく**住民投票**)。

また，政策を行うときに，対象となる住民から意見を聞いたり，住民どうしの議論をうながしたりする場合があります。そうして制定されたユニークな条例も各地に存在します。

地方公共団体が適正に仕事を行っているか住民が監視できるように，情報公開条例を定めて**情報公開制度**を整備するところも増えました。地方公共団体から独立した人や組織が，住民の苦情を受けつけ，調査を行う**オンブズマン(オンブズパーソン・行政監察官)制度**を導入している場合もあります。

2 住民運動の広がり

地方公共団体だけが，地域の公共の仕事を行うわけではありません。身近な例が，**自治会(町内会)**です。自治会は，住民の多くが加入しているため，地域づくりに大きな役割を果たしています。また，自発的に，地域のために活動するボランティアも広がりを見せています。

利益目的でなく活動する団体は**NPO(非営利組織)**とよばれます。1998年には**特定非営利活動促進法(NPO法)**が制定され，社会貢献活動を支援する仕組みが整えられました。そして，**住民運動**(地域住民が地域の利害に対して起こす)や**市民運動**(社会の構成員である市民として社会の諸問題に対して活動する)も盛んに行われています。

ユニークな条例

都道府県では，**宮城県**の「宮城県暴走族根絶の促進に関する条例」(暴走族にガソリンを売らない)，市(区)町村では，東京都**千代田区**の「千代田区生活環境条例」(路上禁煙地区での喫煙や，吸い殻のポイ捨てをした場合に罰則を適用)，徳島県**美波町**の「美波町ウミガメ保護条例」(ウミガメの産卵時のさまたげとなるフラッシュや照明を使用した撮影を禁止)などがある。しかし，条例の実効性は法律に比べて弱い。

オンブズマン制度

地方公共団体から独立した市民の立場で行政を監視する人を**オンブズマン(オンブズパーソン)**とよぶ。住民は，地方公務員などへの意見や苦情などを，オンブズマンを通して伝えられるようになった。

3 地域の課題と私たち

現在，各地域には，少子高齢化への対応や環境対策など，さまざまな課題があります。地元の特産品や観光資源などを核とした**町おこし・村おこし**や，商店街や公共交通の活性化，地震・台風など自然災害の被災地の復興，そして災害から人々を守る**まちづくり**も重要です。

交通・通信手段の進歩にともなう住民の生活エリアの拡大や，住民福祉の充実などによる行政サービスの質・量の増大によって，従来の地方公共団体の区分けでは対応できない課題もあります。さらに，地方財政の悪化などから，より広い地域区分で効率的な行政を行う必要が生じています(**広域行政**)。

こうした地域の課題を解決し，持続可能な社会をつくるために，今，何ができるのか，一人一人が主体的に考え，行動することがますます大切になってきています。

広域行政

この考えを背景に，2000年代前後から市町村合併が大きく進んだ(「**平成の大合併**」)。1998年度に3232あった全国の市町村は，2014年度までに1718に再編された。

GRADE UP!

グレードアップ

住民投票

住民投票は，地方自治における間接民主制の限界を補うための制度で，次の３つの場合があります。

①地方自治法の定める，住民からの**解職請求**や**議会解散請求**の可否を問う場合。

②国会が特定の地方自治体のみに適用される**特別法**を制定するときの可否を問う場合。

③**住民投票条例制定の直接請求**や，首長・議員による**住民投票条例制定提案**が議会で可決された場合(条例により，16歳以上の国民や定住外国人に投票権をあたえている地方自治体もある)。

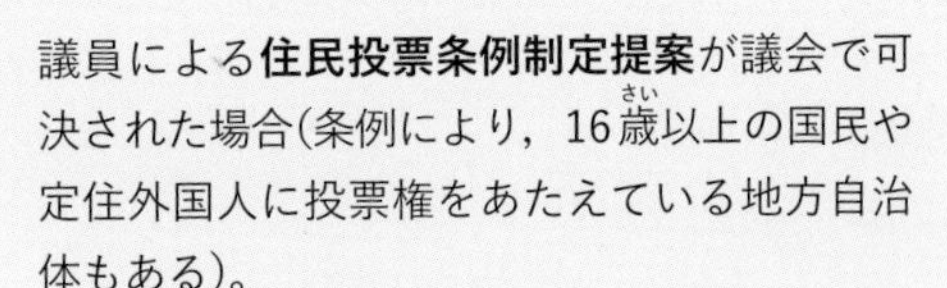

①②は法的拘束力をもち，③はもたないのですが，実質的に尊重されることも多く，住民の民意を地方行政に反映させる重要な手段として，注目されています。

TRY! 思考力

地方公共団体の住民が，地域の政治やまちづくりに参加する方法について，例をあげなさい。

ヒント　思いつくままに「地域の政治」と「まちづくり」に参加する方法をあげていこう。

解答例　直接請求権を活用したり，住民運動に参加したりする。また，自治会やNPO(非営利組織)，ボランティアなどに参加したり，インターネットを利用してブログやSNSで自分の意見を述べたりする。

図表

地方自治と私たち

地方自治の仕組み → p.130

地方自治の主な仕組み

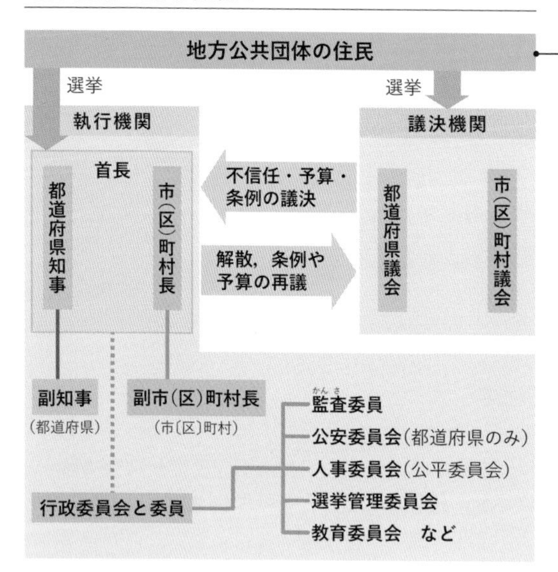

地方自治では，住民が首長と議員を両方選ぶ「二元代表制」となっている。

選挙権年齢(地方公共団体)

	選挙権	被選挙権
市(区)町村長	18歳以上	25歳以上(任期4年)
都道府県知事	18歳以上	30歳以上(任期4年)
都道府県・市(区)町村議会議員	18歳以上	25歳以上(任期4年)

首長も議員も任期は4年となっている。

住民の直接請求権

		必要な署名	請求先
条例の制定・改廃の請求		有権者の $\frac{1}{50}$ 以上	首　長
監査請求			監査委員
解職請求	首長・議員	有権者の $\frac{1}{3}$ 以上	選挙管理委員会(住民投票で過半数の同意があれば職を失う)
	その他の役職員		首　長
解散請求			選挙管理委員会(住民投票で過半数の同意があれば解散)

首長や議員を辞めさせたり議会を解散するには，有権者の3分の1以上の署名が必要。

図表を見るときのポイントをおさえておこう！

地方公共団体の課題 → p.132

都道府県・市町村の歳入・歳出

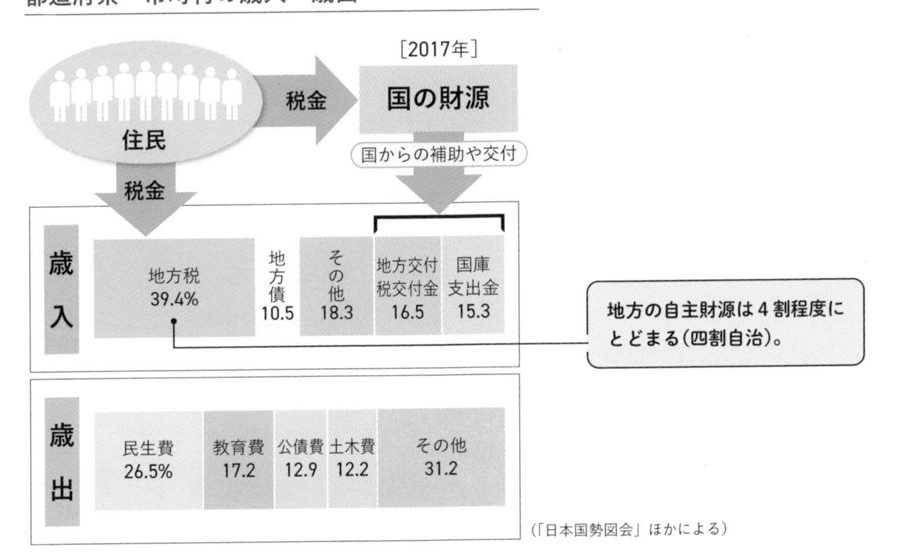

地方の自主財源は４割程度にとどまる(四割自治)。

(「日本国勢図会」ほかによる)

都府県の歳入とその内訳

地方交付税交付金など 3.4　国庫支出金4.9

東京都 7兆1225億円：地方税 74.7%｜3.4｜4.9｜14.9｜2.1
大阪府 2兆7770億円：46.8｜14.9｜9.2｜その他 17.9｜11.2
熊本県 1兆189億円：19.1｜31.0｜20.7｜15.6｜地方債 13.6
沖縄県 7477億円：18.9｜30.8｜31.7｜11.0｜7.6
鳥取県 3582億円：17.8｜42.0｜13.2｜13.1｜13.9

[2016年度] 0　20　40　60　80　100%

(「地方財政統計年報」による)

地方税の割合は自治体により大きく異なる。

地方債の発行残高の推移

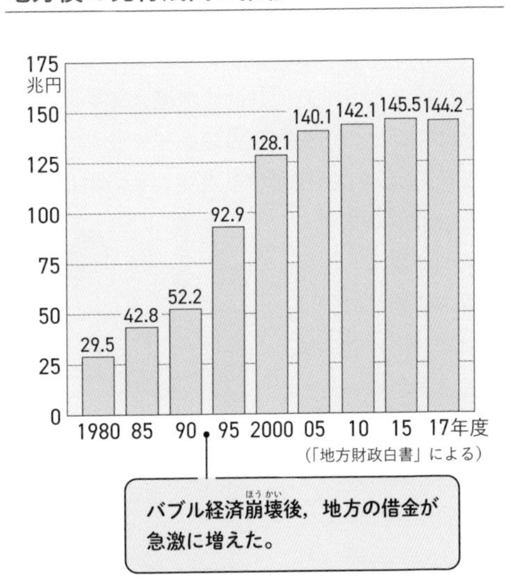

(「地方財政白書」による)

バブル経済崩壊後，地方の借金が急激に増えた。

3章 現代の民主政治と社会

特集

住民参加の事例

● 住民の権利

住民の生活に密接に関わる地方自治では，地方議会や首長の直接選挙(間接民主制)のほかに，**直接民主制**的な要素を採り入れています。

直接請求権は，地域住民から一定の署名を集め，首長・議員の解職(リコール)，議会の解散，財政の監査，条例の制定・改正・廃止を請求できます。

また，特定の地方自治体にのみ効力を発揮する特別法(地方自治特別法)を国が制定する場合，その地域で**憲法第95条に基づく住民投票**を行い，賛否を問う必要があります。この場合，結果についての**法的拘束力**があります。特別法の例として，1949年に制定された広島平和記念都市建設法や，長崎国際文化都市建設法などがあります。

● 条例に基づく住民投票

そのほかに，各地域で重要な問題については住民の意思表示が必要と考え，**条例に基づく住民投票**を行う地方公共団体が増えています。結果についての**法的拘束力**はありませんが，民意を地方行政に反映させる重要な手段として，注目されています。

条例に基づく住民投票の初めての例は，1996年8月，新潟県旧巻町で行われた原子力発電所の建設についてのものです。都道府県レベルでの初の例は，同年9月，沖縄県で行われた日米地位協定見直しとアメリカ軍基地縮小についてのものでした。

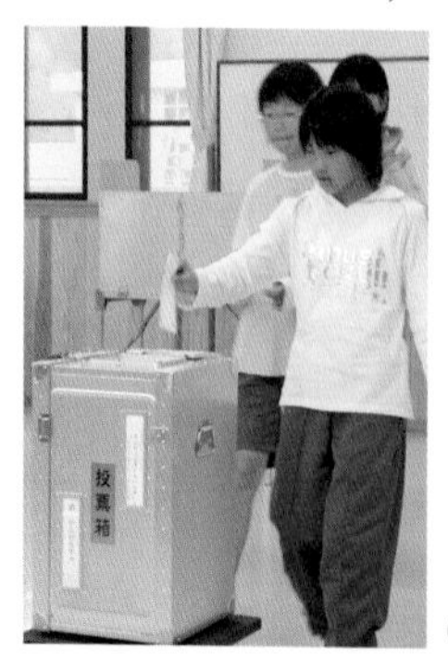

➡ 長野県平谷村の住民投票で投票する中学生(2003年)

また，2002年，滋賀県米原町(現在の米原市)で行われた市町村合併についての投票は，外国籍住民が参加したことで有名です。2003年，長野県平谷村の市町村合併についての投票も，中学生以上の住民が参加したことで話題になりました。

大阪府で「大阪維新の会」の知事・市長が求めた**大阪都構想**が，2015年と2020年の二度にわたる住民投票の反対多数によって挫折したことは，各メディアに大きく取り上げられたので，ご存じの人も多いでしょう。

⬆「大阪都構想」をめぐる住民投票(2015年)

● 住民運動

地方公共団体の住民が，地域の問題を解決するために自発的な運動を行うことを，**住民運動(市民運動)**といいます。身近な**自治会(町内会)**や，自発的に地域のために活動する**ボランティア**，公共の利益のために活動する**NPO(非営利組織)**などが中心となり，自らの住む地域を良くしようという運動が，各地で行われています。

用語チェック

できたらチェック!

QUESTIONS	ANSWERS
□ 日本で地方自治の運営の主な場となっているのは,(　①　)である。	①地方公共団体［地方自治体］
□ 地方自治は,国民がこれを通じて政治を知り,関心を高めることから「(　②　)」とよばれている。	②民主主義の学校
□ 1999年に(　③　)が成立して以降,国の仕事や財源を国から地方に移す(　④　)が進められている。	③地方分権一括法 ④地方分権
□ 地方公共団体には4年任期の(　⑤　)があり,(　⑥　)の制定や改正・廃止,予算の議決などを行う。	⑤地方議会 ⑥条例
□ 地方公共団体の執行機関のトップで4年任期の(　⑦　)と市(区)町村長が,首長である。	⑦都道府県知事
□ 地方自治は,住民が地方議員と首長の両方を選ぶ(　⑧　)が特徴となっている。	⑧二元代表制
□ 地方自治においては,直接民主制の原理を採り入れた権利である(　⑨　)が認められている。	⑨直接請求権
□ 地方公共団体の財源には,住民から徴収する(　⑩　)などの(　⑪　)と,国にたよる依存財源がある。	⑩地方税 ⑪自主財源
□ 地方公共団体の依存財源には,地方財政の格差を是正・調整するために国が交付する(　⑫　)がある。	⑫地方交付税交付金
□ 地方公共団体の依存財源には,特定の経費の一部について国が使いみちを指定して支出する(　⑬　)がある。	⑬国庫支出金
□ 地方公共団体が適正に仕事を行っているかを住民が監視できるように,(　⑭　)やオンブズマン制度の整備が進んでいる。	⑭情報公開制度
□ 住民が地域づくりのために参加する(　⑮　)や,利益目的ではない団体である(　⑯　)が盛んである。	⑮自治会［町内会］ ⑯NPO［非営利組織］

定期テスト対策問題

解答 ➡ p.260

問 1 選挙の仕組み

次の各問いに答えなさい。

⑴ 次のうち，現在の日本の選挙制度の特徴(とくちょう)でないものを１つ選び，記号で答えなさい。

ア 秘密選挙　**イ** 平等選挙　**ウ** 制限選挙　**エ** 直接選挙　**オ** 普通(ふつう)選挙

⑵ わが国で選挙の仕組みや運営について定めている法律の名を答えなさい。

⑶ 大選挙区制と小選挙区制の特徴を，次から２つずつ選び，記号で答えなさい。

ア 多数党に有利で，政局の安定をもたらす。
イ 選挙費用が多くなりがちである。
ウ 政党に投票するので，議員にしたい候補者に投票できない。
エ 候補者の選択(せんたく)の範囲(はんい)が広くなり，少数派も選ばれる機会が多くなる。
オ 死票が多くなり，買収などの不正選挙が行われやすい。

問 2 政党の役割

次の文のうち，政党の役割として正しいものを１つ選び，記号で答えなさい。

① 社会が直面する政治課題や解決方法を公約として国民に示し，政権の獲得(かくとく)をめざす。
② 与党(よとう)は内閣と異なる意見を常にもち，内閣に助言をして権力の均衡(きんこう)をはかる。
③ 野党(やとう)は内閣の政策を批判したり，対案を出したりして，政府の政策を停止させる権限をもつ。
④ 政党間の政権交代は一定期間ごとに行われ，一党支配が起こらないようにしてある。

問 3 国会・内閣・裁判所

日本国憲法の条文を読んで，あとの問いに答えなさい。

第41条　国会は，A□□□□□□□であって，国の唯一(ゆいいつ)の（　a　）機関である。
第60条　①予算は，さきに（　b　）に提出しなければならない。
②予算について，参議院で衆議院と異なった議決をした場合に，法律の定めるところにより，両議院の協議会を開いても意見が一致(いっち)しないとき，又(また)は参議院が，衆議院の可決した予算を受け取った後，国会休会中の期間を除いて30日以内に，議決しないときは，衆議院の議決を国会の議決とする。
第66条　①内閣は，法律の定めるところにより，その首長たる（　c　）及(およ)びその他の（　d　）でこれを組織する。
②（　c　）及びその他の（　d　）は，B文民でなければならない。
③内閣は，行政権の行使について，国会に対し連帯して責任を負ふ。

第76条　①すべて司法権は，最高裁判所及び法律の定めるところにより設置する**C**下級裁判所に属する。
②特別裁判所は，これを設置することができない。行政機関は，終審として裁判を行ふことができない。
③すべて裁判官は，その(　**e**　)に従ひ独立してその職権を行ひ，この憲法及び法律にのみ拘束される。

(1)　第41条の波線部**A**は，国政の上で国会に最も高い地位をあたえたことを表現している。憲法はどのような表現で国会の地位を定めているか，答えなさい。

(2)　(　**a**　)〜(　**e**　)にあてはまる語句を，憲法の条文にしたがって答えなさい。

(3)　第60条の②項は衆議院の優越について定めたものである。次のうち，衆議院の優越にあてはまるものを選び，記号で答えなさい。

ア　憲法改正の発議　　**イ**　内閣総理大臣の指名　　**ウ**　国政調査権
エ　弾劾裁判所の設置

(4)　衆議院が参議院に優越する理由を，衆議院だけの特色や議員の任期の点から述べなさい。

(5)　第66条の②項の下線部**B**の意味するものを次から選び，記号で答えなさい。

ア　軍人でない人　　**イ**　学識経験の豊かな人　　**ウ**　文化人　　**エ**　学歴の高い人

(6)　第66条の③項のように，国会の信任の下に成り立つ内閣の制度を何というか，答えなさい。

(7)　第76条の①項の下線部**C**で，全国８か所に置かれている裁判所は何か，答えなさい。

(8)　第76条の条文は，何を定めているのか。次から選び，記号で答えなさい。

ア　裁判の公開　　**イ**　罪刑法定主義　　**ウ**　三権分立　　**エ**　司法権の独立

司法制度と裁判所

次の各問いに答えなさい。

(1)　裁判所について誤っているものを次から選び，記号で答えなさい。

ア　最高裁判所は全国に１か所，高等裁判所は８地方に１か所ずつ設置されている。
イ　最高裁判所長官は，内閣の指名に基づいて天皇が任命する。
ウ　下級裁判所の裁判官は，国会の指名した者の名簿によって，内閣が任命する。
エ　最高裁判所長官以外の最高裁判所裁判官は，内閣が任命する。

(2)　裁判と人権について誤っているものを次から選び，記号で答えなさい。

ア　捜索や逮捕は検察官の発行する令状が必要である。
イ　拷問や残虐な刑罰は禁止されている。
ウ　刑事裁判で起訴された被告人は，弁護人を依頼することができる。
エ　唯一の証拠が本人の自白だけである場合には，有罪とされない。

(3)　裁判員制度に関わる裁判の種類を次から選び，記号で答えなさい。

ア　民事裁判　　**イ**　刑事裁判　　**ウ**　行政裁判

問 5 三権の抑制と均衡

右の図は国民と国会・内閣・裁判所の関係を示したものである。次のことがらは，それぞれ図のどれにあてはまるか。図中の記号で答えなさい。

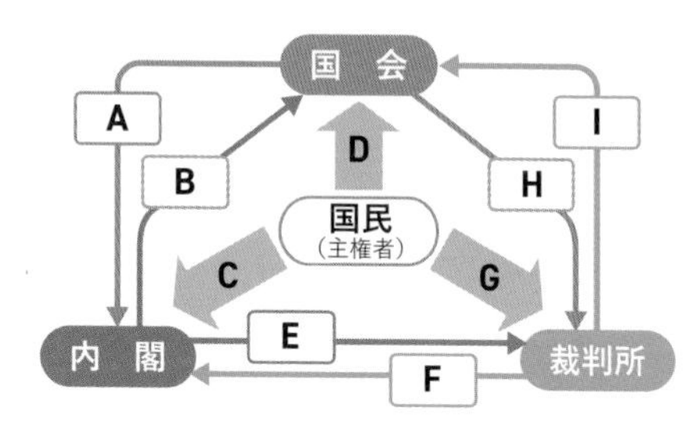

① 衆議院の解散を決定する。
② 内閣総理大臣を指名する。
③ 内閣不信任の決議をする。
④ 国会の構成員を選ぶ。
⑤ 弾劾裁判にかけることができる。
⑥ 国民審査によってその適否を決める。
⑦ 最高裁判所の長官を指名する。
⑧ 政令や行政処分が憲法に違反していないかどうかを審査する。
⑨ 法律が憲法に違反していないかどうかを審査する。

問 6 地方自治の仕組み

次の文章を読んで，あとの問いに答えなさい。

> 日本国憲法第92条には「①地方公共団体の組織及び運営に関する事項は，②地方自治の本旨に基いて，法律でこれを定める」と規定されている。これにしたがって，1947年に（　a　）が制定され，地方の住民による地方分権の政治が行われることになった。
>
> これにより，地方公共団体はその③地域の実情にあった行政を進め，議決機関である地方議会は（　b　）の制定・改廃や予算の議決などを行っている。また，国の政治とは違い，地方の住民には④直接請求権や住民投票権などの直接民主制が認められている。

(1) （　a　）（　b　）にあてはまる語句を答えなさい。

(2) 下線部①に関して，都道府県の首長の名称を答えなさい。また，その首長の被選挙権の年齢を答えなさい。

(3) 下線部②にあてはまるものを次から２つ選び，記号で答えなさい。

ア 三権分立　**イ** 中央集権　**ウ** 住民自治　**エ** 広域行政　**オ** 議会政治
カ 団体自治　**キ** 道州制

(4) 下線部③に関して，地方公共団体の仕事でないものを次から選び，記号で答えなさい。

ア 上下水道の仕事　**イ** 警察や消防の仕事　**ウ** 公立学校の仕事
エ 郵便の仕事　**オ** 選挙人名簿の作成

(5) 下線部④には次のようなものがあるが，原則として有権者の３分の１以上の署名が必要で，選挙管理委員会に請求するものをすべて選び，記号で答えなさい。

ア 議会の解散の請求　**イ** 首長の解職の請求　**ウ** 副知事や副市長の解職の請求
エ 監査の請求　**オ** 条例の制定・改廃の請求

4章

私たちの暮らしと経済

UNIT 1

私たちの消費生活

着目 経済活動の中で，私たちの消費生活はどのように営まれているのか？

- **経済活動** お金のやり取りでつながりながら，生産された財やサービスを消費している。
- **家計** 財やサービスを選択して家計から支出し，残りを貯蓄している。
- **消費生活** 経済活動は計画性をもって行い，より良い消費生活を営んでいく必要がある。

1 私たちの生活と経済活動

私たちの生活は，農家・漁師・工場・商店・塾などが必要な財とサービスを生み出し(**生産**)，だれかがそれを必要なところまで届け(**流通**)，だれかがお金を使い入手する(**消費**)，という一連の流れで成り立っています。この生産・流通・消費の仕組みを，**経済**(**経済活動**)といいます。

衣類や食べ物，家屋や書籍など，目に見える形のある商品は，**財**とよばれます。それに対し，電車に乗ったり，髪を切ったり，映画を観たり，習い事をしたり，治療を受けたりなど，目に見える形のない商品を**サービス**といいます。これを言いかえれば，人間の生活に役立つ**用役**(労働や奉仕)のことです。教育・医療・福祉・娯楽・修理・配膳・演奏・宣伝・運輸・金融など，いくらでも思いつくでしょう。

私たちはさまざまな財やサービスを**選択**し，お金を支払い消費することで，生活を便利で豊かなものにしています。

2 家計の収入と支出

家族や個人の経済活動で，消費生活を営む単位を**家計**といいます。家計は**所得**とよばれる収入を得て，さまざまな目的に対し支出します。所得の種類には，**勤労所得**(賃金などの収入，**雇用者所得**)，**事業所得**(事業経営による収入)，**財産所得**(土地や家を貸して得る地代・家賃や，預金の利子・株式の配当などの収入)，贈与所得などがあります。なお，個人事業主の場合は，事業所得とは分け，勤労所得と財産所得の混合型である**個人事業主所得**といいます。

支出のうち，**食料費**，住居費，光熱・水道費，交通・通信費，交際費，教養娯楽費，医療費など，日々の生活に必要な財・サービスに対

財の種類

財(財貨)は，性質により空気などの「自由財」と商品の「**経済財**」に分かれる。また，用途により「**公共財**」と「**私的財**」に分かれる。そして「経済財」は，原材料や機械などの**生産財**と，生活の中で消費される**消費財**に分類される。消費財の中でも，自動車・電化製品のように長く使えるものを，特に**耐久消費財**という。

3つの経済主体

消費の主体で，**労働力**も提供する**家計**，生産の主体で，**流通**も行う**企業**，税金を受け取り社会資本・公共サービスなど財政を通じて経済活動を行う**政府**(**国・地方公共団体**)の3つ。その間をお金・モノ・人が回ることを経済循環という。国を単位とすれば「国民経済」。

する支出を，**消費支出**といいます。そして，家計の消費支出に占める食料費の割合(食料費÷消費支出総額×100＝○○％)を**エンゲル係数**といいます。家計の収入が増えるにつれ，この係数が小さくなる傾向があることを「エンゲルの法則」とよびますが，近年は価値観の多様化により，必ずしもそうとはいえません。

それに対し，国・地方公共団体に納める，所得税や住民税などの直接税と，年金保険・医療保険・雇用保険などの**社会保険料**が**非消費支出**です。所得から非消費支出を差し引いたものを**可処分所得**といい，これが実際に使えるお金となります。

一般に，収入から消費支出と非消費支出を差し引いた残りを**貯蓄**といいます。貯蓄は，**現金・銀行預金**・郵便貯金，株式・公債，**生命保険**・損害保険の支払いなどに回され，将来の支出への備えになります。限られた収入を有効に活用するには，消費と貯蓄への配分を合理的に行う必要があります。

所得の種類

3 より良い消費生活

支払いには，**現金(キャッシュ)**や**電子マネー**，プリペイドカードなどのさまざまな方法があります。**クレジットカード**もその1つです。クレジットカードを使えば，手元に現金がなくても商品を購入できますし，お得なポイントもつきますが，それはカード会社が一時的に代金を立て替えるだけで，要するに**借金**です。収入を考えず商品を買いこみ，支払い口座の残高不足が生じると，あとで利子がつき，ふくらみ続ける借金の支払いに追われることもあります。私たちは，現時点の収入だけではなく，先々の収入についても正確な見通しを立て，計画性をもった，より良い消費生活を営んでいく必要があります。

電子マネーとプリペイドカード

電子マネーは現金をデジタルデータ化したもので，あらかじめチャージ(補充)して使用する。
プリペイドカードはお金を支払い，額が書いてあるカードを事前に購入する。

表現力

経済活動について，「生産」と「消費」という語句を順に使用して説明しなさい。その際，3つの経済主体についてふれること。

ヒント　指定は「語句を順に使用」「3つの経済主体についてふれる」なので，このルールを必ず守ろう。採点基準の最も重要な部分になる。

解答例　企業や個人事業主，または政府によって生産された財やサービスを，家計を中心とする消費者がお金と交換して消費する。これらの行動を中心に行われる活動を経済活動といい，暮らしを豊かにする仕組みである。

UNIT 2

契約と消費生活

着目 契約とは何か？　また，契約をめぐる問題にはどのようなものがあるのか？

要点

- **消費者主権**　消費者が自分の意思と判断で適切な商品を選び，購入できること。
- **契約**　個人の意思で自由に契約することができるので，内容を慎重に検討する必要がある。
- **消費者問題**　消費者が売り手に対して不利な立場にあることが主な原因となって起こる。

1 消費者主権

商店やインターネットショップには，さまざまな種類の商品(財・サービス)が存在し，新商品が次々と発売されています。しかし，**家計**を中心とする**消費者**(企業や政府もまた消費者です)が，それらの商品の本当の性能や仕組みをすべて理解することは不可能です。

その結果，人々は広告・宣伝にたよりがちになり，企業や個人事業主の発信する情報をそのまま信用して商品を購入することも少なくありません。トラブルは多数報告されている中で，消費者が自らの意思と判断で適切な商品を選び購入することができる，**消費者主権**を実現していく必要があります。

2 消費生活と契約

私たちの消費生活は，**契約**により成り立っています。契約とは，必ずしも契約書を交わすことをさすわけではありません。例えば，コンビニのレジで商品を差し出すとき，いちいち売買契約書を交わしませんが，売り手と買い手の間で，何をいくらで売買するか，**合意**が成立しています。タクシーに乗車するときは，口頭で行き先を告げ，運転手が了解するだけで成立しています。このような当事者間での合意を契約というのです。

資本主義国である日本の社会では，だれと，どんな内容の契約を，どんな方法で結ぶかは，個人の意思に任せられており，基本的に自由です。これを**契約自由の原則**といいます。ただし，一度契約を結ぶと，結んだ当事者にはそれを守る**義務**が生まれます。一方が勝手な都合で契約を取り消すことは，基本的に許されません。そのため，契約を結ぶときには，その内容を慎重に検討する必要があります。

消費者主権

自らの意思と判断で適切な商品を選び購入することができる，つまり**生産のあり方を決定する最終的な権限は消費者にある**という考え。

⬆ 契約自由の原則

日常生活の中にある契約

例えば，朝起きて顔を洗うときに「契約」がなければ水もお湯も出ない。テレビで天気予報を見るのも，スマホで友人にLINEを送るのも，それぞれ「契約」が必要。家を出て通う学校も，入学時にさまざまな手続きをしている。

3 消費者問題の発生

契約は当事者間でそれぞれの意思に基づいて自由に行われるべきものですが，現実には，消費者が自らの意思だけで判断することは難しいものです。商品を売買するとき，**売り手**はその商品についての知識や情報を十分もっていることが多いですが(もちろんよく知らない商品を「売れるから」という理由だけで販売(はんばい)する業者もあります)，**買い手**である消費者はそうではありません。

そのため，消費者は売り手が一方的に示す情報にたよることになり，それが正しいかどうかを判断することは困難です。例えば，スーパーでパックづめされた食料品を買うとき，私たち消費者は，シールで貼(は)られた食品表示くらいしか，原材料や生産地，食品添加物(てんかぶつ)や賞味期限などについて知る手段をもっておらず，もしその情報がうそだったとしても，気づけません。

このように，消費者が売り手に対して情報面で不利な立場にあることが原因で，消費者が不利益を受けることがあります。食料品や医薬品による**健康被害(ひがい)**，**欠陥(けっかん)商品**や欠陥住宅，**詐欺(さぎ)**や**悪徳商法(悪質商法)**など，消費者が受ける被害や不利益全般(ぜんぱん)をさす**消費者問題**の多くは，このようにして起こっています。消費者主権を確立するためには，契約自由の原則に任せるだけでなく，国や地方公共団体が消費者の権利を保障していくことが重要になります。

特に近年は，通信技術の発達により**通信販売**や**オンラインショッピング**などでの契約上のトラブルが増えています。また，ネット上のオークションサイトを利用して，個人の消費者どうしが，売り手と買い手になることも多くなっているので，それぞれが，より細かく注意をはらう必要があるといえます。

製造物責任法(PL法)

この法律は，製造物の欠陥(けっかん)により人の生命，身体又(また)は財産に係(かか)る被害が生じた場合における製造業者等の損害賠償(ばいしょう)の責任について定めることにより，被害者の保護を図(はか)り，もって国民生活の安定向上と国民経済の健全な発展に寄与(きよ)することを目的とする。

詐欺

リフォーム詐欺や投資詐欺，結婚(けっこん)詐欺などが有名だが，近年特に問題になっているのが，**振り込(ふこ)め詐欺**や**ワンクリック請求(せいきゅう)**である。

悪徳商法(悪質商法)の例

キャッチセールス，デート商法をふくむ**アポイントメント商法**，**マルチ商法**(**連(れん)鎖(さ)販売契約**)，展示会商法，催眠(さいみん)商法，霊感(れいかん)商法，かたり商法，情報商材詐欺，**貧困ビジネス**など。毎年のように新手(あらて)の商法が登場する。

消費者被害を防ぐために，私たちが心がけたほうがいいことを考え，説明しなさい。

ヒント　このような問題の場合，文字数の制限がなければ，例は２つ以上出したほうが高得点につながる。本文ではふれられていない内容もふくめて，考えてみよう。

解答例　商品やサービスに関する知識を事前に集め，購入する際にきちんと自分の意思と責任で選択(せんたく)する。もし，トラブルに巻きこまれたら泣き寝入(ねい)りせず，各地の関係機関や警察などに相談する。

UNIT 3

消費者の権利を守るために

着目 消費者の権利を守るため何が行われているのか？　消費者が注意すべきこととは？

要点
- **消費者の権利**　ケネディ大統領が「消費者の４つの権利」を表明し，大きな影響をあたえた。
- **行政**　製造物責任法(PL法)や消費者契約法が制定され，消費者庁が設置されている。
- **責務**　消費者保護基本法は消費者基本法へと改正され，自立した消費者が求められている。

1 消費者の権利

1955～73年の高度経済成長期，消費者問題が深刻化すると，人々は消費者団体を作って企業に抗議したり，行政に対応を求めたりする**消費者運動**を活発に行うようになりました。これを受けて，消費者主権を確立したうえで「健康で文化的な最低限度の生活」(憲法第25条)を営めるようにするためには，**消費者の権利**を保障することが必要だという考えが強まりました。

1962年，アメリカの**ケネディ大統領**が，消費者には「**安全を求める権利**」「**知らされる権利**」「**選択する権利**」「**意見を反映させる権利**」の**４つの権利**がある，と明確に示し，欧米や日本の消費者行政に大きな影響をあたえました。

史料

日本国憲法第25条

①すべての国民は，健康で文化的な最低限度の生活を営む権利を有する。

ケネディ大統領

2 消費者問題への行政の対応

日本でも，本格的な消費者行政が始まりました。1968年には，基本理念を定めた**消費者保護基本法**が制定され，さまざまな仕組みが整えられました。

都道府県や市(区)町村には，消費者相談や情報提供，商品テストなどを行う**消費生活センター**が，さらにこれと連携する中心的組織として，**国民生活センター**が設置されています。架空請求や送りつけ商法(ネガティブ・オプション)，点検商法などの被害相談が，特に多く報告されています。

また，電話勧誘や訪問販売，割賦(分割払い)販売などで商品やサービスを購入した場合，一定期間内であれば無条件に契約を解除できる**クーリング・オフ**(冷静になり契約を見直す)**制度**も，代表的な消費者保護の１つです。これは，1976年の訪問販売法，2000年の特定商取

発展

消費生活センター

2009年制定の**消費者安全法**に基づき，設置されている。都道府県は必ず設置することが義務づけられているが，市(区)町村は努力義務にとどまる。2020年現在，全国に829か所。

引法の中に規定されている制度で，**8日間**(マルチ商法は20日間)のクーリング・オフ期間が設けられています。

1994年には，欠陥商品で消費者が被害を受けたときの企業の責任を定めた**製造物責任法(PL法)**が，そして2000年には，契約上のトラブルから消費者を保護する**消費者契約法**が制定されました。2009年には，さまざまな省庁に分かれていた消費者行政をまとめて取りあつかうため，内閣府の外局として**消費者庁**が設置され，同時に**消費者安全法**も制定されました。

3 自立した消費者

消費者保護基本法は，2004年に**消費者基本法**へと改正されています。改正前は，あくまでも「消費者が被害を受けたあとに」，国や地方公共団体が救済をはかるという考え方でした。しかし，事後の「保護」という観点では，消費者の権利を十分守れているとはいえませんし，消費者の自立意識も高くなりません。

そこで，消費者基本法では，**消費者の6つの権利**を明記するとともに，国や地方公共団体に対し，法律や仕組みの整備や情報開示をうながすことで，消費者が被害にあうことなく「自立した消費生活を送れるように支援する」責務があると定めました。

一方で，私たち消費者も，権利とともに責任や義務を負っていることを自覚しなくてはいけません。どれだけ時代の変化が速くなり，商品の多様化や仕組みの複雑化が進んだとしても，**自立した消費者**として，自ら知識や情報を広く収集し，不正表示や誇大広告，契約条件の非通知などにふり回されない的確な判断力を養い，それに基づいて行動する必要があります。

製造物責任法(PL法)

商品の欠陥により消費者が被害を受けた場合，製造者である企業に過失がなくても，企業に被害の救済を義務づけた(**無過失責任主義**)。これにより，被害者は企業の過失を証明しなくても損害賠償を求めることができるようになった。

消費者契約法

販売者が事実と異なる内容を告げて消費者と契約した場合，消費者はその契約の取り消しができると定めた。

消費者基本法における消費者の権利

ケネディが提唱した4つの権利ではなく，①**安全の確保**，②**選択の機会の確保**，③**必要な情報の提供**，④**教育の機会の提供**，⑤**消費者の意見の反映**，⑥**消費者被害の救済**，の6つの権利が規定され，国や地方公共団体が消費者の自立を支援することを明記している。

TRY! 表現力

1960年代の初め，ある国の人物が世界の消費者問題に大きな影響をあたえたが，それについて説明しなさい。

ヒント 「ある国の人物」とあるので，人物名だけでなく国名も書こう。具体的内容と同様に，どんな影響をあたえたかも重要である。

解答例 アメリカのケネディ大統領が，消費者の「安全を求める権利」「知らされる権利」「選択する権利」「意見を反映させる権利」の4つの権利を明確に示し，以後，消費者主権の考えが各国に広まった。

UNIT 4

消費生活を支える流通

着目 生産された商品は，どのような流通経路で消費者に届くのだろう？

要点

- **流通**　商品が卸売業者や小売業者を経て消費者に届くまでの流れを，商品の流通という。
- **商業**　商業の活動は，商品流通の手間や費用を省くうえで重要な役割を果たしている。
- **合理化**　小売業者や卸売業者は，人手を省き流通費用をおさえる努力をしている。

1 商品が手元に届くまで

消費者は，お金やカードを使い**生産者**から商品を直接購入するのではなく，コンビニやスーパー，百貨店(デパート)，生活協同組合(生協)などの**小売業者**(**小売**)から購入しています。一般的に小売業者は商品をどこから仕入れるのでしょうか。

野菜や魚などの生鮮食品の場合，産地から農協や漁協などの出荷団体を通して運ばれた商品は，青果市場や魚市場で「せり」にかけられ，競り落とした卸売業者(仲卸・問屋)の市場内の店先に並べられ，それを小売業者が仕入れます。「市場に仕入れに行く」という言葉の意味はこれです。また，工業製品や加工食品の場合には，**卸売業者**が製造業者と小売業者の間に入り，小売業者は卸売業者から商品を仕入れます。輸入品の場合には，**商社**(貿易＋販売会社)や輸入代理店が，卸売業者の役割を果たしています。

このように，商品が生産者から卸売業者や小売業者を経て消費者に届くまでの流れを**流通**といいます。商品流通を専門的に行うのが，**卸売業**や**小売業**などの**商業**です。商業には，生産活動と消費活動をともに活発化させる役割があります。

2 商業の役割

生産者と消費者ははなれていることが普通なので，それをつなぐ商業の役割は重要です。もし，消費者が生産者から直接商品を買おうとしたら，「どこにどんな商品がどれだけあるのか調べる」だけでも手間がとられ，輸送費や人件費などの**費用**(**コスト**)もかかります。卸売業や小売業など商業の活動は，このような手間や費用を省くうえで重要な役割を果たしているのです。

参考

流通に関わるサービス

流通には，商業のほかに**運送・倉庫業**，保険・金融業や広告業など多数の「サービス」業も関わっている。近年はオンラインショッピングの増加により，**宅配便**の伸びがいちじるしい。

発展

チェーンとフランチャイズ

チェーンは，企業が直接運営する「直営店」を複数，多地域に展開していく事業形態。

フランチャイズ(**FC**)は，コンビニやファストフードなどの飲食，アパレル(衣料品)や塾，理・美容などの業種で多く見られる。本部がもつ商標(ブランド名)を，「加盟店(フランチャイズ店)」が使用して商品やサービスを販売する代わりに，商標使用料(ロイヤルティ)を支払う。本部は少ない費用で知名度を上げつつ事業展開でき，加盟店ははじめから知名度のある商標を使い，仕入れもしやすい状態で事業を運営できるメリットがある。

3 流通の合理化

流通が複雑になりすぎると，人手が増え費用もかかるなど効率を損ね，消費者の金銭的負担が増すことにつながり，売りにくくなります。そこで，無駄を省き費用をおさえるために，**流通の合理化**がはかられます。例えば，大型スーパーやディスカウントストア，家電量販店やファストファッション店などの**大規模小売業者**は，卸売業者を介さず商品を生産者から直接仕入れることで，流通費用の削減をはかります。

さらに，大手**チェーン**や**フランチャイズ**では，大量の商品をまとめて安く仕入れること(スケールメリット〔規模の利益〕の一種)により，費用削減をはかります。ほかに，自社流通センターの設置や**独自ブランドの開発**なども合理化の例です。これらは，価格が安くなるという側面においては，確かに消費者のためになっています。

商業には，原材料や商品など「物の流れ」である**物流**がともないます。近年では，情報通信技術(ICT)の発達により，原材料の調達から製造，製品の保管，配送，販売に至るまでをコンピュータを使って一元的に管理できます。また，売り手と買い手をインターネットで直接結ぶ**オンラインショッピング(ネットショッピング)**は，流通経路を短縮するだけでなく，在庫にかかる費用を節約することもできます。

GRADE UP!
グレードアップ　POS(販売時点情報管理)システム

POSは「Point of Sale(販売する場所)」の略。例えばコンビニでは，バーコード入力により商品名・金額・数量・販売時間・購入者の性別や年齢層を瞬時に本部が把握し，経営戦略に活用します。このような「ビッグデータ」は貴重な情報です。

［一般的な仕入れ］

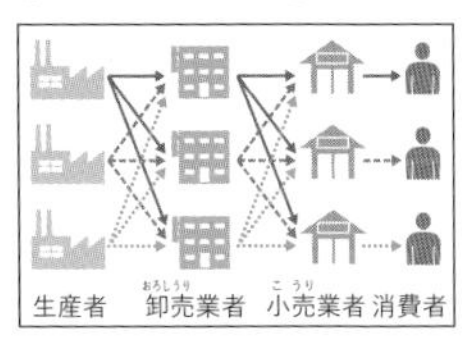

［直接仕入れ］

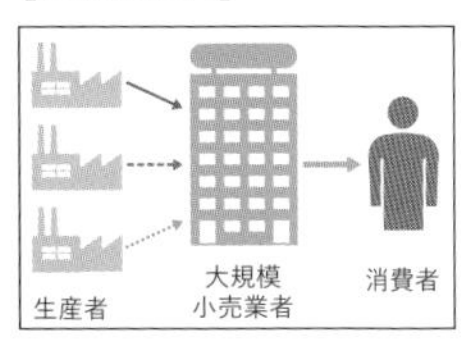

［一括仕入れ］

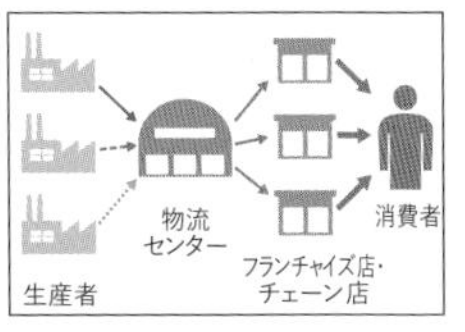

⬆ 流通の合理化

賢い消費者

商品は「安かろう悪かろう」では意味がない。食品などの**偽装表示**や工業製品のリコール隠し(不具合の放置)もある。生産者の良心や，卸売・小売業者と消費者自身の「目利き」が重要となる。

TRY! 思考力

大規模小売業者による流通の合理化の例を2つ以上あげ，そのメリットを説明しなさい。

ヒント　問題文が要求する条件をともに満たしているかが，見直しのポイント。用語だけ知っていて，あまり仕組みがわからないようなものを取り上げることはさけよう。

解答例　卸売業者を介さず商品を生産者から直接仕入れることや，大量の商品をまとめて仕入れることで，流通にかかる経費を削減し，さらに仕入れ価格そのものを安くできる。

特集

悪徳商法

アポイントメント商法

電話などで特別サービスをよそおって呼び出し，英会話教室や会員権などを契約させる商法。

キャッチセールス

街頭で声をかけ，近くのカフェや事務所に連れていき，高額な商品やサービスを売りつける商法。

マルチ商法

入会金などを支払って販売組織の会員となり，自分の下に会員を増やすことで，もうけを得る商法。

ネガティブ・オプション（送りつけ商法）

注文していない商品を送りつけ，断らなければ買ったものとみなし，一方的に代金を請求する商法。

かたり商法

消防職員をよそおい，消火器の検査をするふりをして，消火器を高額で購入させるなどの商法。

☑ 用語チェック

できたら
チェック！

	QUESTIONS	ANSWERS
□	生産，流通，消費という一連の流れで成り立っている仕組みを(　①　)という。	①経済[経済活動]
□	目に見える形のある商品を(　②　)，目に見える形のない商品を(　③　)という。	②財 ③サービス
□	家族や個人が消費生活を営む単位を(　④　)といい，収入である(　⑤　)の中から支出する。	④家計 ⑤所得
□	消費者が自らの意思と判断で適切な商品を選び購入(こうにゅう)することを(　⑥　)という。	⑥消費者主権
□	だれとどんな内容の契約(けいやく)をどんな方法で結ぶかが個人の意思に任されていることを(　⑦　)の原則という。	⑦契約自由
□	健康被害(ひがい)，欠陥(けっかん)商品，詐欺(さぎ)や悪徳商法(悪質商法)など，消費者が受ける被害や不利益全般(ぜんぱん)を(　⑧　)という。	⑧消費者問題
□	消費者保護のため，一定期間であれば無条件に契約を解除できる制度を(　⑨　)制度という。	⑨クーリング・オフ
□	1994年に，欠陥商品で消費者が被害を受けたときの企業(きぎょう)の責任を定めた(　⑩　)が制定された。	⑩製造物責任法 [PL法]
□	消費者保護基本法は，2004年に，消費者6つの権利を明記した(　⑪　)へと改正された。	⑪消費者基本法
□	商品が，生産者から卸売(おろしうり)業者や小売業者を経て，消費者に届くまでの一連の流れを(　⑫　)という。	⑫流通
□	卸売業や小売業などの(　⑬　)には，生産活動と消費活動をともに活発化させる役割がある。	⑬商業
□	売り手と買い手をインターネットで直接結ぶ(　⑭　)には，流通の費用を節約するなどの利点がある。	⑭オンラインショッピング [ネットショッピング]

UNIT 1

生産活動と企業

着目 経済活動の中で暮らしに必要な財やサービスはどのように生産されているのか？

- **資本主義** 生産活動の元となる資金を資本といい，日本をふくめ資本主義経済の国が多い。
- **技術革新** 新しい商品を生み出したり費用を下げたりして，経済を成長させる原動力になる。
- **私企業と公企業** 企業は私企業・公企業・公私合同企業(第三セクター)に分かれている。

1 資本主義経済の仕組み

生産と流通を主に担っているのが**企業**です。企業は，①工場や店舗を建てる**土地**(自然)，②経営資金・設備・原材料などの**資本**，③労働者の**労働**という**生産の三要素**を元手に，財やサービスをつくり出します。

個々の企業は，さまざまな企業理念や目的をかかげています。しかし，ほとんどの企業の目的は，最終的には**利潤の追求**(もうけること)です。生産活動の元となるお金を稼がなければ，①②③の要素が手に入らず，継続的に生産することができません。たとえ生産できたとしても，価格が上がったり商品が粗悪になったりして，最終的に消費者のためにはなりません。

企業の理想を実現するため現実に必要な資金は，**資本**とよばれます。そして，商品を売り利潤を得て，それを次の生産の資本に加え利潤を増やし，資本を大きくしていく仕組みを，**資本主義経済**といいます。その特徴は，①生産手段の私的所有(個人所有)が認められていること(**私有財産制**)，②経済活動の自由が認められ，企業や個人は利潤を求めて互いに競い合うこと(**自由競争**)です。

世界経済は，「自由」を基本原理とする**資本主義経済**(**市場経済・自由主義経済**)が主流です。かつて，特に東西冷戦下においては，生産手段を国で共有しながら，結果の「平等」を基本原理とする**社会主義経済**(**計画経済**)の国も多数ありました。しかし，現在では，資本主義経済と同じ市場経済の仕組みを採り入れている国がほとんどです(実質的に社会主義経済の国は北朝鮮一国のみ)。

⬆ 生産の三要素

その他の生産の要素

近年では，製法の特許やノウハウ(知識や知恵)など，生産を効率的に進めるための知的資源のようなソフト面も重視されている。

利潤

売り上げから生産・販売にかかった費用(コスト)を差し引いた金額。

2 技術革新

資本主義経済における各企業は，生産活動のほかに，利潤を増やすために機械の増設や工場の拡大などの**設備投資**を行います。さらに，研究・開発を行い，知的資源を蓄積(ちくせき)し，より良い財やサービスを**再生産**する努力をしています。このような企業活動は，画期的な技術を生み出すことがあり，これを**技術革新**(**イノベーション**)といいます。

スマートフォンに代表されるような技術革新は，従来とはまったく異なる商品を生み出したり，費用(コスト)を大きく下げたりすることで，企業に大きな利潤をもたらし，国家や世界の経済を大きく成長させる原動力にもなります。

3 私企業と公企業

資本主義経済において，企業には私企業と公企業という２つの種類があります。

利潤の追求を目的として民間が経営する**法人企業**(会社企業と組合企業)・**個人企業**(農家や個人商店など)を，**私企業**といいます。これに対して，国や地方公共団体が経営する**公企業**は，**公共の利益**(社会全体の利益)を目的としています。例として，水道やガス，病院やバス・地下鉄などの地方公営企業や，NHK(日本放送協会)などの特殊(とくしゅ)法人，造幣局(ぞうへいきょく)やJICA(国際協力機構)などの独立行政法人などがあげられます。

このほかに，国や地方公共団体と民間がお金を出しあって経営している**公私合同企業**があります。この中で，地域開発や新しい都市づくり推進のため，鉄道や地域開発分野で事業を行っている企業を，**第三セクター**といいます。

再生産

資本を大きくして生産規模を拡大することを**拡大再生産**とよぶ。多くの企業が，単純再生産ではなく拡大再生産をめざしている。拡大再生産の対義語は，**縮小再生産**。

資本主義の問題点

好景気と不景気をくり返し(＝景気変動)，不景気には企業の倒産(とうさん)や失業者が増加する。**自由競争**により**資本家**(有産階級，ブルジョワジー)と**労働者**(無産階級，プロレタリアート)に人が二極化し，格差が広がる。これらを放置すると，階級が固定化されてしまうおそれもある。

第三セクター

国や地方公共団体を**第一セクター**，民間を**第二セクター**ということから，それと区別するための名称。

公企業と私企業の違(ちが)いを考え，自分の言葉で説明しなさい。公私合同企業についてはふれなくてもよい。

ヒント　本文の通りではあるが，「理解をともなう暗記」ができているかを問う問題。わざわざ指定されているので，公私合同企業についてはふれない。

解答例　国や地方公共団体が運営する公企業は，公共の利益を目的としている。これに対し，民間の会社企業・組合企業・個人企業は私企業とよばれ，利潤の追求を目的としている。

UNIT 2

企業の種類

着目 企業の種類とは？ また，現代の企業はどのような社会的責任を負っているのか？

要点

- **大企業と中小企業** 資本金と従業員数の違いによって，企業は大企業と中小企業に分かれる。
- **ベンチャー企業** 独自のアイデアや高度な技術を基に，小規模な事業を起こす会社もある。
- **社会的責任** 企業は利潤追求だけでなく，企業の社会的責任(CSR)を果たさなければならない。

1 大企業と中小企業

企業は，資本金や従業員数によって**大企業**と**中小企業**に分けられます。日本の企業数では，全体の99％以上が中小企業であり，全従業員数の約70％，売上高の約40％を占め，日本の経済に大きな影響をあたえています。

大企業を上回る独自の高い技術力をもつ中小企業も多く，日本の生産力を支えてきました。高度経済成長期の1963年には，**中小企業基本法**も制定されました。この法律では，中小企業を次のように定義しています。

業種	規模
製造業	資本金３億円以下，または従業員300人以下。
卸売業	資本金１億円以下，または従業員100人以下。
小売業	資本金5000万円以下，または従業員50人以下。
サービス業	資本金5000万円以下，または従業員100人以下。

東京・大阪など大都市の周辺には，金属加工や部品製造などを行う中小企業(**町工場**)が多く集まる地域があります。日本では，「自動車メーカーと部品メーカー」「大手建設会社(ゼネコン)と工務店」「テレビ局と制作会社」のように，大企業の仕事を中小企業が**下請け**し，協力して技術をみがくとともに，生産・販売にかかる費用を減らして競争力を高めてきました。

しかし，不景気になると大企業からの注文が減り，経営が不安定になりやすい問題もあり，グローバル化が進む中で，新たな販売先・生産地を求めて海外に進出する

分析

中小企業の問題点

大量生産を行う大企業に比べ資金面で劣り，勤務時間が長いわりに従業員の賃金が低く，福利厚生が充実していない(＝労働条件がよくない)中小企業も多い。また，設備などが劣ることも多く，「どれだけ効率よく生産できるか」という生産性が低くなりがちである。

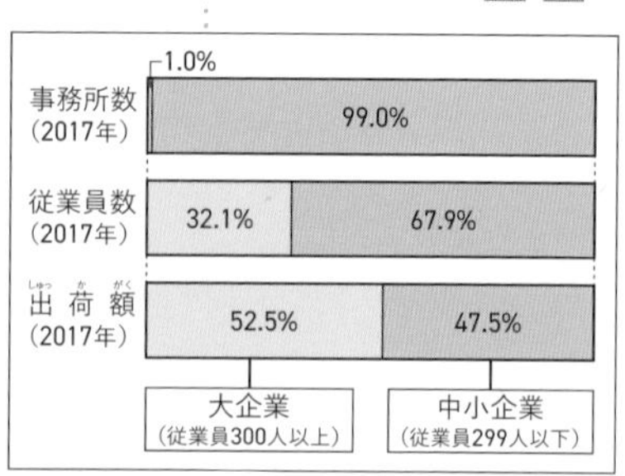

中小企業の占める割合
(「日本国勢図会」による)

中小企業も現れています。また，生産性の低さを補うため，思い切った設備投資をする企業もあります。

2 起業とベンチャー企業

近年の**情報通信技術(ICT)**分野における急速な技術革新や，各種の**規制緩和**は，個人や中小企業に新たな事業機会をもたらし，企業のあり方を大きく変えています。

独自のアイデアや高度な技術を基に，小規模な事業を起こす(起業する)，**ベンチャー企業**も多く見られます。これらが成長して大企業になった「メガベンチャー」もあり，規模の大小にかかわらず，日本経済の活性化に期待を寄せられています。

株式上場したベンチャー企業

3 企業の社会的責任

全国各地にくまなく存在する企業，特に大企業の活動は，社会に大きな影響をおよぼします。例えば，高度経済成長期以降，大きな社会問題となった公害は，企業が地域社会にあたえた負の影響です。

一方で，教育や文化・芸術・スポーツ，環境保全などの面で積極的に**社会貢献**を行う企業も増えています。現代では，企業は最大の目的である「利潤の追求」だけでなく，人々の暮らしを向上させるため，**企業の社会的責任(CSR)**を果たすべきだと考えられています。

企業は，法令を守り(法令遵守)，情報を公開する(情報開示)だけでなく，消費者に安全な商品を届け，従業員の労働条件を整備し，株主や取引先へ利益を提供し，地域社会との共生・協働を行うなど，多様な役割と責任を担っています。

用語

ベンチャー企業

冒険(ベンチャー)的に，新しい分野を創造的に開拓して事業を展開する中小企業。コンピュータソフトやインターネット関連事業のほか，ほかの企業が手がけてこなかったニッチ(すき間)産業も多い。

参考

文化・芸術・スポーツ支援

本業とは直接的に関係のない，企業の**文化支援活動(メセナ)**とともに，**慈善的寄付活動(フィランソロピー)**も行われている。

発展

法令遵守・情報開示

企業の**法令遵守(コンプライアンス)**は，近年，特に重視されている。また，企業は必要な**情報開示(ディスクロージャー)**を積極的に行うべきだが，その際に個人情報は慎重に保護しなければならない。

TRY! 思考力

中小企業の数が全体の99％を占めるのに対して，売上高は約40％程度にとどまる。その理由を説明しなさい。

ヒント　企業の数が多いのにもかかわらず，それらの売上高の合計が小さいということは，それぞれの中小企業の売上が小さいということを意味する。

解答例　中小企業は，大企業と比べると資本金が少ないことや設備面で劣ることなどから，生産性が低いことが多いため，1つの企業あたりの売上が小さいから。

UNIT 3

株式会社の仕組み

着目 株式とはどういうものか？　また，株式会社の仕組みとは？

要点

- **株式**　株式とは，企業に資金を投資した人の権利や義務を定めた証書(証券)である。
- **株式会社**　株式会社では，最高意思決定機関の株主総会で選ばれた取締役会が経営にあたる。
- **株価**　株式会社は，株式の発行により得られた資金を元に設立され，株価は変動する。

1 株式とは？

企業が大きな事業を行おうとすれば，巨額の資金が必要となります。複数の人が資金を出し合って作る**法人企業**のうち，最も数が多いのが，広く資金を集めやすい**株式会社**です。

株式会社は，自己資金に加え，電子データで管理される**株式**の発行・販売で得た資金を元に設立されます。株式は，個人・法人の**出資者**の権利や義務を定めた証書(証券)で，必要な資金を少額に分割して発行したものです(1株〔1口〕=〇〇円)。

株式を購入した出資者を**株主**といい，この意味において，株主は株式会社の区分的所有者と考えることができます。株式は自由に譲渡・売買できるため，追加購入や売却も可能です。

2 株式会社の仕組み

株式会社は，事業が拡大してさらなる資金が必要になっても，株式を追加で発行し，投資家に購入してもらうことができます。

株価は上下するので，株主は得も損もしますが，利潤の一部を**配当**(**金**)という分け前として受け取る権利があります。また，規定の株数をもてば，特別な優待を受けたり，**株主総会**に出席して基本方針や配当の決定などの議決に参加したりすることもできます。

株主総会は，株主で構成される**最高意思決定機関**で，事業報告と決算の承認，取締役や監査役の選任・解任などを行います。株主総会では，**1株につき1票**があたえられるので，大株主ほど大きな影響力をもちます。例えば，ある企業に積極的に経営参加したければ，大量に株式を買い占めればいいのです。

大企業における株主は，企業を直接経営するわけではなく，専門的

株式会社

起業者だけでなく，多くの人から大量の資金を集めることを目的に作られる。必要な資金を**株式**として小分けして発行，**出資者**(**株主**)を募り，資金を調達する。株主は個人だけでなく，企業でもよい。2006年に施行された**会社法**では，**資本金**が1円でも株式会社を設立可能となった。

経営陣の名称

経営陣をどうよぶのかは，企業によりさまざまである。取締役会のトップは**代表取締役**で，社長と必ずしも同一人物ではない。一般的に「**役員**」は，取締役や，会計業務を監督する監査役をさす。最近では欧米の影響を受け，**CEO**(**最高経営責任者**)・**COO**(**最高執行責任者**)などの名称を使用する場合もある。

な知識・経験をもつ経営者たちの**取締役会**にまかせ，取締役会のメンバーが具体的な方針を決めます(**所有〔資本〕と経営の分離**)。会長・**社長**・副社長・専務・常務などの肩書がつくことも多い**取締役**は，社外取締役も設置できます。もしも経営がうまくいかない場合は，株主総会で経営陣を交代させることもできます。

出資
株式会社
資本(元手)
取締役会
具体的な方針を決める
株式の発行
生産や販売
役員
社長
専務
常務
など
株主
売上金
配当
(利潤の一部)
出席
出席
株主総会
・事業の基本方針の決定
・役員選出，解任
・配当金の決定

⬆ 株式会社の仕組み

3 株価の変動

発行された株式は，譲渡・売買されることがあります。特に一定の条件を満たした企業の株式や債券(借金の証書)は，**証券会社**を通じて**証券取引所**で自由に売買され，価格が変動していきます。もうけを考えれば，安いときに買い，高いときに売ることが理想です。

株価は，実績の変動にともなう見通しや企業の人気により変動します。例えば，ある企業が画期的な開発をすると，多くの人が業績に期待して株式を買おうとするため，需要が高まり株価は上昇します。逆に，不祥事を起こすと，多くの人が株式を売り払おうとするため，需要が減って株価は下落します。株価は人々の意識のもち方で変化するため，実際の業績より大きく上下することも見られます。

また，政治や経済の情勢も株価に大きく反映されます。1929年の世界恐慌，2008年の世界金融危機にともなう株価下落は，アメリカ発の影響でした。1991年のバブル崩壊や2011年の東日本大震災は，日本国内の影響です。

このように，人々が株式を売買することは，その企業が好きで応援したいというよりも，主に，株価の変動や配当によって利益を得るためなのです。

株主の負担の範囲

株式会社では，事業に失敗し企業が倒産しても，株主は出資した金額以上の負担は負わなくてよい(**有限責任**)。

主な証券取引所

ニューヨーク・ロンドン・東京が世界**三大株式市場**。日本の主な証券取引所は，東京・名古屋・福岡・札幌の4か所。

TRY! 表現力

大企業に株式会社が最も多いのはなぜか。本文を参照して，要素を2文にまとめなさい。

ヒント　要素の登場順に2つの文を書いたほうが，おそらく採点者は採点しやすいだろう。テストでは，このように採点者の心理を考えることも重要である。

解答例　資本金が少額の株式に分割されており，有限責任であり，しかも自由に売買できるため，資金の少ない人でも気軽に出資でき，多くの資金を集めやすい。また，株主は有能な専門家たちに経営をまかせることもできる。

UNIT 4 労働の意義と労働者の権利

着目 労働の意義とは？　労働者の権利を守るため，どんな取り組みがなされているか？

要点

- **意義**　労働は，収入を得るためだけでなく，夢や理想をかなえ，社会参加をする側面もある。
- **労働者の権利**　労働者の権利を守るため，労働組合法・労働関係調整法・労働基準法がある。
- **労働条件**　ワーク・ライフ・バランスの実現や，労働災害をなくすことが重要な課題である。

1 労働とは？

「勤労」は，憲法で保障されている国民の権利であり，義務でもあります。**労働者**は，働くことで賃金を得て生活を維持・向上させています。また，**職業選択の自由**が認められている中，個性や能力をいかそうと選んだ職場は，生きがいや充実感を感じる大切な居場所です。そして，夢を実現したり，他人と働いたりすることを通して社会の一員となり，それを実感することもまた，労働の大きな意義です。つまり，労働は**「自己実現」の手段**でもあるのです。

労働者がそれぞれ役割を分担することで，社会全体で必要な財やサービスがまかなわれ，所得税や住民税などの税金も納められています。大人をさす「社会人」という言葉は，「**社会参加・社会貢献をしている人**」という意味なのです。

2 労働者の権利

資本主義経済では，労働力も１つの商品として売買されます。労働者は，**使用者**(経営者・資本家)に対して時間や技術からなる労働力を提供し，見返りに賃金を受け取ります。労働者と使用者は，形式的には対等の立場です。しかし，労働力が足りなければ，労働者優位の「売り手市場」となり待遇は良く，**失業率**は下がります。労働力が余れば，使用者優位の「買い手市場」となり買いたたかれ，失業率は上がります。

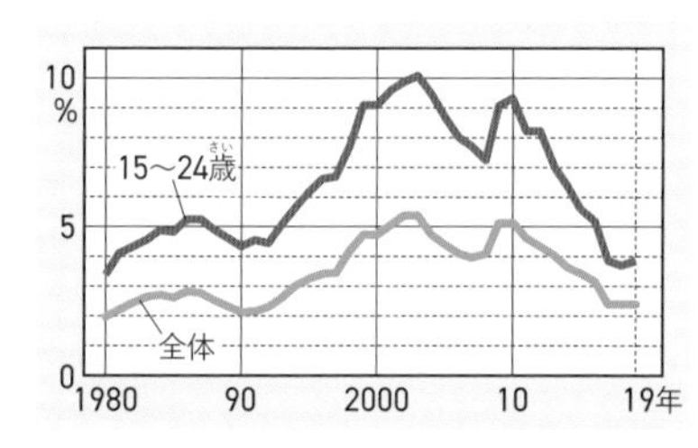

日本の失業率の推移
(「日本国勢図会」による)

参考

勤労は国民の権利

政府は雇用を増やしたり，就職先を紹介したりする公共職業安定所(ハローワーク)や公共職業訓練施設など，失業者へのセーフティネットを設けている。

分析

日本の失業率

あくまでも「**働く意思や能力があるのに職が得られない状態**」を失業という。最初からあきらめて職探しをしていない人は計上されないので，実際にはもっと多いと予想されている。

用語

契約

拘束力の上位から，①憲法(最高法規)，②労働法(国会で定める法律)，③労働協約(労働組合と使用者が締結する)，④就業規則(使用者が定める)，⑤労働契約(労働者と使用者が結ぶ)の順となる。

賃金や労働時間などの**労働条件**は，労働者と使用者の間で，**契約**として自由に取り決めます。その際，法律の枠内(法定)で，企業や役所の定めるところに合わせます。

ところが，労働者は実質的に弱い立場にあることが多いので，単独で交渉すると，不利な条件になりがちです。そのため，労働者は連帯して**労働組合**を結成し，労働条件の改善や維持を要求するようになりました。

一方，国も労働者の権利を認め，法律で保障しています。戦後すぐに制定された**労働組合法**，**労働関係調整法**，**労働基準法**の３つが代表的なもので，**労働三法**とよばれます。

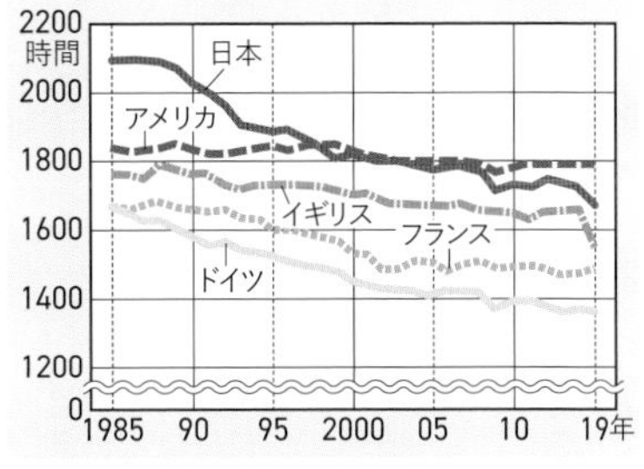

⬆ 各国の年間労働時間の推移
（経済協力開発機構資料による）

3 労働条件の向上

近年では，大企業では**週休二日制**を採用することが一般的になりました。しかし，労働時間は先進国の中でも依然として長いのが現状です。労働時間を減らし，**育児・介護休業**などの権利を充実させ，仕事と生活(豊かさとゆとり)を両立できる**ワーク・ライフ・バランス**を実現させることが，少子高齢化が進む中で課題となっています。

また，作業の機械化や組織の複雑化によってストレスを訴える労働者が増え，**職場うつ**(メンタルヘルス障害)や，**過労死・過労自殺**が，社会問題になっています。労働基準を守らない過重労働を課す，職場の安全管理が十分でない**ブラック企業**での事故は，あとを絶ちません。このような労働災害(労災)をなくしていくことは，重要な課題です。

2020年からの新型コロナウイルス感染症の流行で，一気にテレワークや裁量労働制，フレックスタイム制など多様な働き方が浸透しましたが，今後も定着するかどうかは，まだわかりません。

発展

労働基本権

憲法第27条の勤労権に加え，第28条の**労働三権**(**団結権・団体交渉権・団体行動権**〔**争議権・ストライキ権**〕)を合わせたもの。社会権の１つとして保障されているが，「全体の奉仕者」である公務員には，団体行動権を中心にさまざまな制限がある。

参考

その他の労働法

勤労の権利を保障するために，**職業安定法・最低賃金法・男女雇用機会均等法**など，さまざまな労働法が制定されている。

TRY! 表現力

近年，ワーク・ライフ・バランスの重要性が強調されているが，そのきっかけとなっている労働災害の例を，その要因とともに説明しなさい。

ヒント　単純な知識問題であるが，具体的に知っておくことが将来のためにも重要なので，自ら書くことで再度確認してもらいたい。

解答例　時間外労働の多さによる過労死・過労自殺や，職場うつなどのメンタルヘルス障害。労働基準を守らないブラック企業の存在や，育児・介護との両立の難しさなどが，これらの要因となっている。

UNIT 5

労働環境の変化と課題

着目 日本の労働のあり方や雇用状況には，どのような特色と課題があるのか？

- **多様化** 不況の長期化やグローバル化などにより，労働のあり方が近年大きく変化している。
- **非正規** 非正規労働者や外国人労働者が増えており，その保護と対策が大きな課題である。
- **生きがい** 女性・高齢者・障がい者などが労働を通して社会参加する道を広げる必要がある。

1 多様化する労働のあり方

日本では，学校を卒業し，民間企業や役所に**正規労働者**(正社員・正職員)として就職し，定年まで勤める**終身雇用**が一般的でした。能力・成果がきわめて低くない限り，年齢や勤続年数に応じて賃金や地位が上昇し続ける**年功序列賃金**と，手厚い社会保険や退職金により，労働者は人生設計を立てることができました。終身雇用と年功序列賃金に，労使協調的な**企業別労働組合**を加えた「**三大雇用慣行＝日本的経営**」が，高度経済成長(1955～73年)や，その後の安定成長(1975～91年)を支えたのです。

しかし，このような労働のあり方も，バブル経済崩壊後「失われた20年」の中で，他国との競争や産業の空洞化，グローバル化や**情報通信技術(ICT)**の発達など，さまざまな要因により，大きく変化しました。例えば，個人の能力や仕事の成果を基準に，年齢や勤務年数によらず待遇を決定する**能力主義**や**成果主義**を導入する企業が増えました。このことは，結果的に企業・役所の新卒一括採用を減らし，**中途採用**を増やすことになりました。

参考

学歴

かつて15歳の中学卒業後に就職する若者は，「金の卵」とよばれた。18歳で卒業する高校のほか，専門学校や短期大学，大学(学士)や大学院(修士・博士)など，「**学歴**」はさまざま。

発展

新卒一括採用

企業の新卒一括採用に合わせ，大学生の**就職活動(就活)**が行われる。新規学卒者が希望企業にエントリーシート(ES)を送付する方式が定着している。**インターンシップ(就業体験)**をふくむ就活の長期化による学業への影響や，学生の大手志向による雇用のミスマッチなど，問題点も多い。

2 増加する非正規労働者

不況が続く中で合理化をせまられた企業や役所は，人員削減などの**リストラクチャリング(事業の再構築)**を行いました。それにより**失業者**が増え，若者の就職難が問題となりました。

リストラを進めた結果，終身雇用がくずれ，**雇用の流動化**が進んでいます。日本の労働者の約4割が，**パート**(学生・生徒は**アルバイト**)，**契約労働者**，**派遣労働者**

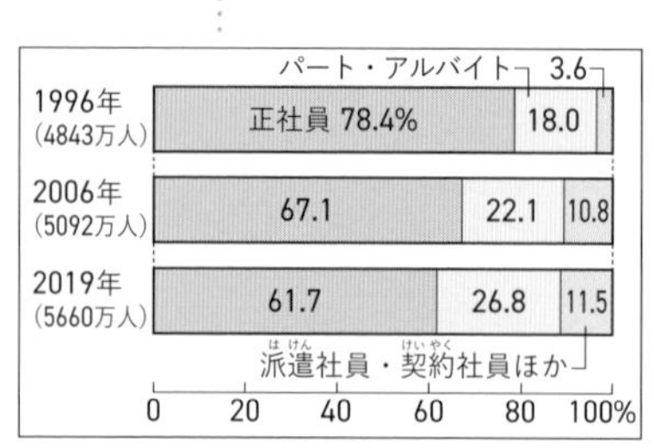

⬆ 労働者の雇用形態の割合
(「日本国勢図会」による)

などの**非正規労働者**です。一般に，非正規労働者の賃金は，自由度が高いことと引き換(か)えに低いことが多く，経済状況(じょうきょう)や企業の業績が悪化すると雇用調整の対象になりやすいです。このため，家庭に正規労働者がいない場合，安定した生活を営むのが難しくなります。このことが，**格差社会**の拡大につながり，「**ワーキングプア**(働く貧困層)」「ネットカフェ難民」「雇(やと)い止め」「派遣切り」などの言葉を耳にすることも多くなりました。

格差の解消には，**同一労働同一賃金**の実現や，失業した場合に備えた生活保護や職業訓練，就職相談などの**セーフティネット**(**安全網**(もう))を整備していくことが必要です。

日本では2019年現在，留学生のアルバイトや**技能実習生**，国が指定した特定技能者をふくむ160万人以上の**外国人労働者**が，非正規を中心に働いています。もともと外国人労働者は特定の人々に限定されてきましたが，1990年代，政府はブラジルなど日系人の受け入れを広げました。その後も，少子高齢(こうれい)化と人口減少を背景に，外国人労働者を必要な労働力として受け入れていく方針に切り替(か)えましたが，待遇の低さや生活習慣の違(ちが)い，**不法就労者**の多さなど，問題は尽(つ)きません。

3 生きがいを求めて

子をもつ女性や高齢者，障がいのある人たちは，特に理由もなく，採用や昇進(しょうしん)などの面で不利にあつかわれることもあります。**生きがい**を感じられる，活気ある社会を築くためには，人々が労働を通して社会に参加する道を広げていかなければなりません。日本は今後，人口減少が進み，労働力不足が深刻化することが予想されており，さまざまな人々が積極的に労働に参加することが，より重要になっています。

労働者側の対応

企業側の終身雇用や年功序列賃金がくずれる一方で，労働者側でも，能力をより発揮できる場を求めて**転職**する人や，独立して**起業**する人が増えている。民間企業では，会社から許可さえ出れば，**副業**に力を入れる会社員もいる。

女性と労働

女性にとって働きやすい環境(かんきょう)の増加や，不況やリストラへの不安などから，働く女性の数は増えている。しかし，家事・育児・介護(かいご)などの負担から，働く時間の短いパートタイムを選ぶ人が多く，賃金も少ない。

労働力不足の深刻化

正規雇用者の**定年延長制度**や**継続(けいぞく)雇用制度**が広がり，65歳までの雇用が一般的になってきている。

経済のグローバル化にともない，企業が経営の効率性を重視して非正規労働者を増やすようになったが，労使それぞれのメリットを書きなさい。

ヒント　ここではメリットのみでデメリットを書く必要はない。労働者側があえて非正規を選ぶ理由，使用者側が非正規を増やす理由を考えてみよう。

解答例　労働者側としては，職種や時間を自由に選べるうえ，正規労働者に比べて責任が軽く気楽な立場で働ける。使用者側としては，正規労働者に比べて賃金が安く福利厚生の負担が軽いうえ，時期ごとの雇用調整がしやすい。

特集

労働三法

● 労働三法の制定

働くか・働かないか，雇うか・雇わないか，職場における労働条件をどうするか，などは労働者・使用者それぞれが決めることができます。自由主義・資本主義の社会では「**契約自由の原則**」があり，両者は形式的には自由で対等な契約の主体として労働契約を結びます。

それにもかかわらず，労働者と使用者の間では摩擦や紛争などの**労働問題**が世界中で発生し続けてきました。戦後，日本では，GHQ(連合国軍最高司令官総司令部)による民主化改革の一環として，3つの主な労働法「**労働三法**」が順に制定されました。

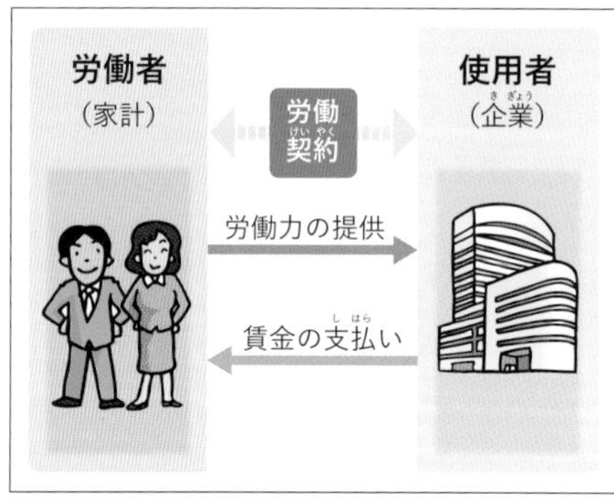

労働者と使用者の間の労働契約

● 労働組合法(1945年)

労働組合法は，労働者の地位向上のために**労働三権**(団結権・団体交渉権・団体行動権〔争議権・ストライキ権〕)を認め，**労働組合**や**労働委員会**について規定しています。

労働組合には，職業別組合・産業別組合・企業別組合がありますが，日本は企業別組合が多いことが特色です。

● 労働関係調整法(1946年)

労働関係調整法は，労働争議の予防と，労働者・使用者双方による自主的な調停・解決をめざしています。労働争議が起きた場合，労働委員会が次のような方法で調整を行います。

①**斡旋**
労使双方の主張を聞くが，具体案は出さず，自主的な解決をすすめる。

②**調停**
調停案を労使双方に提示し，受諾をうながす。

③**仲裁**
労使の間に入り，強制的に裁定を下す。

約95％の労働争議が①で解決し，②が必要となるのは4％ほど，③まで至るのは1％にとどまります。

また，例外として，国民経済に大きな影響をおよぼすおそれのある公益事業などの争議に関しては，内閣総理大臣により，50日間は争議禁止とする**緊急調整**という制度もあります。

● 労働基準法(1947年)

労働基準法は，**労働条件の最低基準**を規定しています。**1日8時間・週40時間**の労働時間，年次有給休暇や週1回以上の休日，**男女同一賃金**，時間外・休日・深夜労働の割増賃金，15歳未満の年少者の労働禁止，18歳未満の深夜労働禁止などが定められています。

強制労働は禁止されており，使用者の中間搾取も排除されています。また，労働者には選挙など公民権の行使も保障されています。

☑ 用語チェック

できたらチェック！	QUESTIONS	ANSWERS
□	生産と流通を主に担う企業は，（　①　）の追求を目的としている。	①利潤
□	企業が商品を売ったもうけを次の生産のときの資本に加えて，資本を大きくしていく仕組みを（　②　）という。	②資本主義経済
□	企業がより良い財やサービスを生産する努力をする中で，画期的な技術を生み出す（　③　）が起こることがある。	③技術革新［イノベーション］
□	独自のアイデアや高度な技術を基に小規模な事業を起こした企業を，（　④　）という。	④ベンチャー企業
□	現代では，企業は利潤の追求だけでなく，人々の暮らしを向上させるため，（　⑤　）を果たすべきだと考えられている。	⑤企業の社会的責任［CSR］
□	複数の人が資金を出し合って作る法人企業のうち，最も数が多いのが，広く資金を集めやすい（　⑥　）である。	⑥株式会社
□	株主は企業の利潤の一部を（　⑦　）として受け取る権利があり，（　⑧　）の変動によって得をしたり損をしたりする。	⑦配当（金） ⑧株価
□	（　⑨　）は，株主で構成される（　⑩　）であり，そこで事業報告と決算の承認などが行われる。	⑨株主総会 ⑩最高意思決定機関
□	労働三法とは，（　⑪　），労働関係調整法，労働基準法の３つをさす。	⑪労働組合法
□	少子高齢化が進む中，育児・介護休業の権利を保障することで，仕事と生活を両立できる（　⑫　）の実現が求められている。	⑫ワーク・ライフ・バランス
□	日本の企業では，一企業で定年まで勤める（　⑬　），年齢や勤続年数などに応じて賃金が上昇する（　⑭　）がとられていた。	⑬終身雇用 ⑭年功序列賃金
□	現在，日本の労働者の約４割が，パート・アルバイト，契約労働者，派遣労働者などの（　⑮　）となっている。	⑮非正規労働者

UNIT 1

市場経済と価格の決まり方

着目 市場経済とはどのような経済か？ 市場経済の下で商品の価格はどのように決まるのか？

要点

- **市場** 特定の商品(財・サービス)が売買される場の全体を「市場(マーケット)」という。
- **資本主義** 市場が社会のすみずみにまで張りめぐらされており，市場経済に支えられている。
- **価格の決まり方** 商品の価格は，市場における需要量と供給量の関係で変化する。

1 市場経済とは？

家計は，企業に商品として労働力を売り，対価として得た賃金でさまざまな企業から財やサービスの形で商品を買います。企業もまた，労働力を家計から，燃料や原材料をほかの企業から買い，商品を売ります。このように，それぞれの家計や企業は，商品の売買を通じて複雑に結びつき，経済を構成しているのです。

売り手と買い手が出会い，商品が取引される場を，**市場(マーケット)**といいます。市場・コンビニ・スーパー・デパートなどのような具体的な商業施設やネットショップに対して，市場は特定の商品が売買される場の全体をさす言葉です。例えば，穀物なら穀物市場，株式なら株式市場，労働力なら労働市場と考えます。

世界中の自由主義国が採用している**資本主義経済**では，市場が社会のすみずみまで張りめぐらされています。あらゆる市場において，自由に商品を売買して利潤追求の競争が可能な資本主義経済は，**市場経済**の仕組みに支えられています。

2 需要・供給と価格との関係

商品としての財やサービスには，**希少性**に応じて，値段すなわち**価格**がつけられています。**消費者(買い手・需要者)**は，価格を見て，買おうとする量，すなわち**需要量**を決めます。**生産者(売り手・供給者)**も，価格を見て，売ろうとする量すなわち**供給量**を決めます。

一般に，価格が上昇すると消費者は買いたくないので需要量は減り，生産者は売りたいので供給量は増えます。逆に，価格が下落すると消費者は買いたいので需要量は増え，生産者は売りたくないので供給量は減ります。価格の上下により，需要量と供給量は変化するというこ

発展

労働市場

労働力という商品情報の交換により，賃金などの労働条件が決定される市場。労働力が足りない場合は労働者の「**売り手市場**」で賃金は上がり，労働力が余っている場合は使用者の「**買い手市場**」で賃金は下がる。景気変動や産業構造の変化などが，賃金に大きく影響をあたえる。

分析

利潤追求の競争

資本主義経済においては，消費者(買い手・需要者)どうし，生産者(売り手・供給者)どうしの競争だけでなく，**消費者と生産者の競争**も行われる。希少性のある側が有利なので，ない側は，ある程度高くても買おう，ある程度安くしてでも売ろうとする。

用語

希少性

欲求される量に比べて利用できる量が少ない状態のことをいう。

とです。

逆に，需要量と供給量との関係で価格は変化するともいえます。需要量が供給量を上回っている状態，つまり商品の量に対して「買いたい」と思う人がたくさんいる(希少性が高い)場合には，商品の取り合いとなり，価格が上昇します。逆の状態，つまり，商品の量に対して「買いたい」と思う人が少ない(希少性が低い)場合には，商品が売れ残り，価格は下落します。

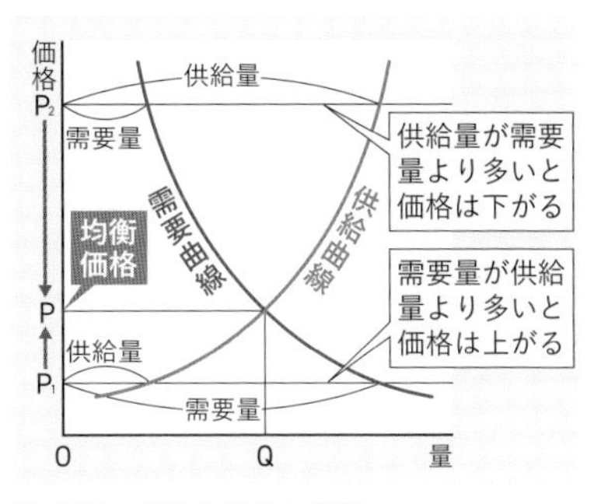

需要・供給と価格の関係

需要量と供給量が一致(いっち)すると価格は変化せず，市場は需要と供給のバランスがとれた均衡(きんこう)状態になります。このように，需要量と供給量が一致し，市場が均衡状態になる価格を，**均衡価格**といいます。

3 価格の決まり方のまとめ

ここまででの内容を簡潔にまとめておきましょう。

①**需要量**＞**供給量**(＝超過(ちょうか)需要・商品が不足している状態)の場合	**価格は上昇**し，消費者の需要は減るのに生産者は供給量を増やそうとする。
②**需要量**＜**供給量**(＝超過供給・商品が余っている状態)の場合	**価格は下落**し，消費者の需要は増えるのに生産者は供給量を減らそうとする。
③**需要量**＝**供給量**の場合	価格は変化せず，市場が均衡状態になる**均衡価格**で取引することができる。

「**市場メカニズム**」という言葉もあります。これは，生産者と消費者が市場で自由に売買を行っていれば，自然と均衡価格に導かれる仕組みのことです。また，価格の上下が需要量と供給量を自動的に調節するという仕組みのことでもあります(**価格の自動調節機能**)。

用語

価格の自動調節機能

自由競争の**資本主義経済**では，**計画経済**を採用せず見込(こ)み生産が行われるので，需要に対し供給が多すぎたり少なすぎたりする。そのため価格が上下し，これに合わせ需要と供給も変化し，自動的に一致する方向に向かう。このような価格の**自動調節機能**を，18世紀のイギリスの経済学者**アダム・スミス**は『**国富論**(諸国民の富)』の中で，「**見えざる手**」(invisible hand)と表現した。

TRY! 思考力

希少性が高い商品の価格は高く，希少性が低い商品の価格は低い。このような例を考え，「需要量」「供給量」という言葉を使って説明しなさい。

ヒント　同じような物質で比べなければ採点者が判断しにくい。解答例でいえば，「ダイヤモンド」と「空気」の対比では，あまり良い解答とはいえない。

解答例　金やダイヤモンドは需要量に比べて供給量が少ない，すなわち希少性が高いので価格も高い。鉄やアルミニウムは需要量に比べて供給量が多い，すなわち希少性が低いので価格も低い。

UNIT 2

価格のはたらき

着目 市場経済において，価格はどのようなはたらきをしているのか？

要点

- **価格のはたらき** 市場経済では，価格の動きによって生産資源が無駄なく効率的に利用される。
- **独占** 独占・寡占状態をさけるために独占禁止法が制定され，公正取引委員会が監督している。
- **公共料金** 電気・ガスなどの価格は，国や地方公共団体が決定や認可をしている。

1 市場経済における価格のはたらき

消費者(買い手・需要者)は，さまざまな商品(財やサービス)の価格を見比べ，何をどのくらい購入するかを決めます。**生産者(売り手・供給者)**もまた，価格の動きを見ながら，何をどのくらい生産するかを決めます。これが**価格**の重要なはたらきです。

青果市場を例にしましょう。夏野菜のナスやキャベツは，春と秋には品不足で価格が上昇します。この場合，消費者は安値で買えるほかの野菜を探し，少しでも得をしよう(損をしないようにしよう)と考えます。反対に，生産者は高値で売れるナスやキャベツを増産し，少しでも利潤を増やそうと考えます。

このように，市場経済では，市場ごとの価格(**市場価格**)の動きを見て，需要が大きい商品は多めに，需要が小さい商品は少なめに生産・供給されます。すなわち，価格の動きが需要と供給のバランスを示す指標となり，消費者のお金や，生産者の生産資源が，無駄なく効率的に利用されるのです。

2 独占価格

すぐに腐る野菜や，次々と新開発される商品の価格は，需要と供給の関係ですみやかに変化します。しかし，貯蔵が可能で価値が落ちない商品の場合，価格が需要量と供給量を反映しにくい傾向があり，生産者が効率的な動きを判断しづらくなります。

価格のはたらきが機能しなくなる原因の1つとして，**独占**と**寡占**があります。独占は，ある市場で商品を供給する企業が1社のみ，寡占は少数のみの状態をさします。寡占の例としては，携帯電話，自動車，ビールなどがあげられます。

市場価格の内訳

価格は，**生産費**(原材料費・人件費・地代・設備投資費・減価償却費〔消耗する機械・備品の価値を補う費用〕など)に，**流通経費**(卸売経費・小売経費)と**利潤**(生産者・卸売業者・小売業者が見込むもうけ)を加えたもの。それぞれの段階で**生産価格・卸売価格・小売価格**(消費者価格)となる。小売価格の中には，製造元・卸売業者に関係なく，小売業者が決める**オープン価格**もある。

高値で売れる野菜を増産

温暖な気候をいかしてナス・ピーマンなどをビニールハウスで栽培し，早めに出荷するのが**促成栽培**(高知平野・宮崎平野など)。涼しい気候をいかしてキャベツ・レタスなどを高原で栽培し，おそめに出荷するのが**抑制栽培**(長野県野辺山原・群馬県嬬恋村など)。

本来，市場経済では，多くの企業が価格や品質などの面で**自由競争**をしますが，独占や寡占の場合は競争が弱まり，ある企業が独断で，または少数の企業が横並びで生産量や販売地域，価格などを決めてひそかに協定を結ぶことになりがちです。このような価格を**独占価格**や**寡占価格**(管理価格)とよびます。

市場において生産者どうしの競争が弱まると，企業の利益だけが優先されて価格が高い(＝市場メカニズムが機能せず不健全な)状態になり，消費者の利益を損なうことになりかねません。そのため，1947年に，企業の競争をうながす目的で，**独占禁止法**が制定されました。不当な協定や不公正な取引方法が行われないよう，**公正取引委員会**が監視や指導にあたっています。

少数の企業が結ぶ協定

これを**カルテル**とよび，**独占禁止法**で原則として禁止されている。

3 公共料金

国が管理する計画経済ではなく，自由競争が行われる市場経済であっても，すべての価格が市場で決まるわけではありません。例えば，所得の高低に関係なく必要不可欠な，電気，ガス，水道，郵便などの価格(料金)や，公共交通機関の運賃が大きく変動すると，生活に大きな影響をあたえかねません。そこで，これらの価格は国(国会・内閣)や地方公共団体が決定・認可する**公共料金**となっています。

国が決定するもの	社会保険診療報酬，介護報酬
国が認可するもの	電気料金，都市ガス料金，鉄道運賃，乗合バス運賃，タクシー運賃など
国に届け出るもの	国内航空運賃，通話料金，郵便料金(手紙・はがきなど)
地方公共団体が決定するもの	公営水道料金，公立学校授業料など

主な公共料金

しかし近年，電気とガスの小売りが自由化されました。地方公共団体の水道事業も民営化が可能になったことで，料金が変動する可能性も出てきています。また，2020年以降，コロナ禍の下で移動が減ったことから，公共交通機関も，現状の運行ダイヤや運賃の維持が難しくなってきています。

TRY! 思考力

なぜ自由競争や市場メカニズムに適さない財やサービスがあるのか，複数の例をあげながらその理由を説明しなさい。

ヒント 身近な暮らしの中で，商品の価格を比較することなく自然に受け入れている価格(料金)は何かを，考えてみよう。

解答例 電気・ガス・水道など，だれの暮らしにとっても必要なもの(需要があるもの)は，所得の高低にかかわりなく，一定の価格(料金)による公平な供給が求められるから。

UNIT 3

貨幣の役割と金融

着目 私たちの社会の中で，貨幣の役割とは何か？　また，金融のはたらきとは？

要点

- **貨幣の役割**　市場での売買は，紙幣や硬貨などの流通する貨幣(通貨)を使って行われる。
- **金融**　資金が不足している側と余裕がある側との間でお金を融通し合うことを金融という。
- **2つの方法**　金融には直接金融と間接金融があるが，近年では直接金融の例も増えている。

1 貨幣の役割

市場における売買は，**紙幣**や**硬貨**など，流通している**貨幣(通貨)**を使って行われます。貨幣は，かつては金・銀などの貴金属で造られ，材料自体に価値がありましたが，紙幣が中心となっている現在では，国の信用を裏づけに流通しています。

貨幣は，あらゆる商品(財やサービス)に使用でき，長期保存がきき，持ち運びに便利です。貨幣には，主に3つの役割があります。

1つ目は「**価値の尺度**」。商品の価値を円・ドル・ユーロなどの通貨により価格で示し，互いに比較することができます。2つ目は「**交換の手段**」。商品を交換するさいに仲立ちとなります。貨幣がなければ，そのつど互いの欲しい物を探り合い，物々交換で手に入れなければなりません。3つ目は「**価値の保存**」。家に置いたり銀行に預けたりして，財産として保存し，利子を生みます。また，いつでも必要なだけ取り出すことが可能です。

このように，世界中の人々が貨幣を使うことで，場所や時間にしばられず，生産と消費を結びつけることができるのです。

2 お金の貸し借りと金融

手持ちのお金が足りなくても，お金を借りることができれば，**利子(利息)**の負担はありますが，商品を買うことはできます。例えば，家計が住宅や自動車などの高価な商品を購入したり，企業が設備投資を行ったりするときは，お金を借りることが一般化しています。

貸し借りは，資金不足で(利子を払ってでも)借りたいと思っている個人や企業と，資金に余裕があり(利子が取れるので)貸したいと思っている個人や企業との間で行われます。

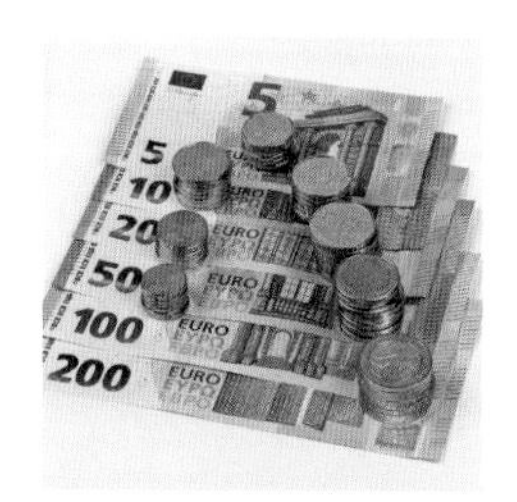

EU共通通貨ユーロ

分析

お金を借りることが一般化

もちろん現金一括払いの人もいれば，無借金経営の企業もある。お金を借りれば利子がつくため，手持ちの資金内で活動するという価値観も依然として根強く残っている。

参考

貸したいと思っている個人や企業

例えば銀行に「**預金する**」主な目的は，資金を安全に管理してもらうことと，(銀行がほかの人や企業に貸すことを通じて)利子を得ること。

このように，資金が足りない側と余裕がある側との間で資金を融通し合うことを**金融**といい，銀行・信用金庫・農協・漁協・保険会社・証券会社・消費者金融・質屋などの**金融機関**が，利子や手数料を受け取ってその仕事を担っています。

3 金融の方法とはたらき

企業の金融活動には，主に2つの方法があります。利子を負担して金融機関から資金を借りることを，**間接金融**といいます。それに対し，自ら株式や**債券**を発行することで，個人や企業から直接資金を調達することを，**直接金融**といいます。この場合，企業は配当や利子を負担しますが，株式や債券の購入者は，企業が倒産したらお金がもどらないリスク(危険性)を背負います。日本の金融は間接金融が中心でしたが，近年，**クラウドファンディング(クラファン)**が流行するなど，直接金融の割合も高まってきています。

金融は，資金の流れを円滑にすることで，家計・企業・政府の経済活動を助けるはたらきがあります。多くの企業は資金の一部を内部留保・減価償却積立金として確保していても，新たな生産活動のために大きな資金を必要としています。家計が所得の一部を銀行に預けた資金が，それを支えています。

金融は，金融機関を仲立ちに，貯蓄などを，資金を必要としているほかの家計や企業へと融通して，消費活動や生産活動が円滑・活発に行われるような役割を果たしているのです。

逆に，金融がうまく機能しない場合には，経済全体に悪影響をもたらします。20世紀以降，金融の規模が大きくなった結果，経済にあたえる影響も大きくなっています。

債券

借り入れの証明書を債券といい，企業が発行するのは**社債**。国が発行する**国債**，地方公共団体が発行する**地方債**もある。これらは，**証券会社**などで売買され，債券の持ち主が貸し手である債権者となり，発行した借り手である債務者(企業・国・地方公共団体)から，利子をふくめて一定期日に返済(償還)してもらう。

クラウドファンディング

クラウド(群衆)とファンディング(資金調達)との合成語。インターネットを通じ，不特定多数の個人・企業から小口の資金を集める。

金融危機

1929年にアメリカから発生した**世界恐慌**は，第二次世界大戦発生の大きな要因となった。また，1997年にタイから発生した**アジア通貨危機**や，2008年にアメリカから発生した**世界金融危機(リーマンショック)**なども有名。

TRY! 表現力

貨幣の主な役割を，3つ説明しなさい。その際，本文からその役割を示す用語を3つぬき出し，「　」でくくって書きなさい。

ヒント　問題文の指示に従うこと。3つの役割のうち1つも欠けてはならないし，用語を必ず「　」でぬき出さなければならない。

解答例　商品の価値を各通貨の価格に置き換えて大きさをはかり，ほかと比較することができる「価値の尺度」。商品交換の仲立ちとなる「交換の手段」。財産としてたくわえたり利子を生んだりする「価値の保存」。

UNIT 4

私たちの生活と金融機関

着目 中央銀行である日本銀行やその他の銀行は，どんな仕事をしているのか？

要点

- **銀行の種類** 間接金融を担う金融機関のうち代表的なものが銀行で，いくつかの種類がある。
- **現代の通貨** 現代社会では，預金通貨も現金通貨と同様に，貨幣としての役割を果たしている。
- **日銀の役割** 日本銀行は唯一の「発券銀行」であり，「政府の銀行」「銀行の銀行」でもある。

1 銀行の仕組みとはたらき

金融の中心である間接金融を行う，**金融機関**を代表する存在が**銀行**です。銀行には，中央銀行である日本銀行や，民間の普通銀行(都市銀行や地方銀行)・信託銀行などの種類があります。

私たちに身近な普通銀行は，預金・貸付・為替(振り込み・送金・引き落とし)・両替などさまざまな業務をしていますが，特に重要なのが，家計・企業の貯蓄・資金を預けてもらい(**預金**)，それをほかの家計・企業に貸し出すこと(**貸付・融資**)です。個々の預金額は少なくても，多くの家計・企業から集めることで，銀行は大きな資金を貸し出すことができます。

借り手は銀行に対し，借り入れた元の金額(**元金**)を期限内に返済し，一定期間ごとに**利子**(**利息**)も負担します。元金に対する利子の比率を**金利**(**利子率**)といいます。銀行は，借り手から利子を受け取り，預金者に利子を支払います。貸付金利は預金金利を上回り，その差額や手数料が銀行の収入になります。

私たちは，振り込みや口座引き落としなどを利用することで，直接現金のやり取りをせず(現金を実際には移動せず)，支払いや受け取りを済ませる(**決済**する)ことができ，これを**為替**といいます。為替は，はなれた場所へ安全に送金する手段で，この手数料も銀行の収入になっています。

2 預金通貨

私たちの**預金通帳**や**キャッシュカード**，ネット決済などの明細を見ると，預金を使ってさまざまな支払いができることがわかります。例

発展

金融機関の種類

中央銀行である日本銀行や公的金融機関(日本政策投資銀行・日本政策金融公庫など)を除いた民間の金融機関は，預金を取りあつかうか否かで大きく2つに分かれる。前者は**銀行・信用金庫・信用組合**など。後者は貸付のみを行う**消費者金融**(**ノンバンク**)・質屋・保険会社・証券会社など。

中央銀行		日本銀行
民間金融機関	預金取扱金融機関	普通銀行(都市銀行，地方銀行など) 信託銀行 信用金庫，信用組合，労働金庫， 農業協同組合，漁業協同組合など
	その他の金融機関	生命保険会社，損害保険会社 消費者金融機関 証券会社など
公的金融機関		日本政策投資銀行，日本政策金融公庫，国際協力銀行など

⬆ 金融機関の種類

用語

預金

出し入れが自由で利子がつく**普通預金**のほか，小切手(即払い)・手形(後払い)という支払い依頼の証書で引き出す利子がつかない**当座預金**や，一定期限内の引き出しには解約が必要な**定期預金**などがある。

えば，家計・企業からの公共料金引き落としやクレジットカード代金の支払い，企業からの賃金の支払いや，政府への納税などは，多くの場合，銀行の預金で行われます。

預金を使って支払う・受け取るといっても，現金が実際に移動しているわけではなく，預金口座の数字が書き換えられるだけです。現金が移動しない決済方法は，はなれた場所の場合は「為替」，対面の場合は一般的に「**キャッシュレス決済**」とよびます。

このように，私たちが決済することができるのは，**預金通貨**もまた**現金通貨**と同様に，流通している貨幣だからです。預金通貨は，日本の通貨全体の約９割を占めています。

３ 日本銀行の役割

世界の国々やヨーロッパ連合(EU)は，通貨制度の中心となる**中央銀行**という，特別なはたらきをする銀行をもっています。

日本の中央銀行は，明治時代の1882年に設立された**日本銀行**(**日銀**)で，政府の財政政策に対し，景気や物価の安定をはかる**金融政策**を担いますが，ふだんから３つの特別な役割をもちます。

１つ目が，**日本銀行券**とよばれる紙幣(一万円札・五千円札・千円札)を発行する，唯一の「**発券銀行**」です。紙幣は，独立行政法人である国立印刷局で刷られます。２つ目が，政府(国)の税金などから集められた資金である国庫金を預金として預かり，その出し入れを行う「**政府の銀行**」です。また，国債の発行・償還に関する事務も重要な仕事です。３つ目が，民間の銀行に対し，貸付や預金の受け入れを行う「**銀行の銀行**」です。日本銀行に口座を保有して取引することができるのは，政府と一部の金融機関に限られています。

その他の通貨

法定通貨ではないが，ポイントカードやネット上にたまった交換ポイント，チャージされた電子マネー，プリペイドカードなども，事実上，通貨の役割を果たしている。

日本銀行(日銀)

日本銀行法でそのあり方が定められている。日銀の最高機関は，**総裁**・副総裁や政府代表からなる，日本銀行**政策委員会**。独立性を維持するため，政府資金と民間資金の割合は55：45である。

硬貨の鋳造

補助貨幣の硬貨は，独立行政法人である**造幣局**で鋳造する。

TRY! 表現力

主な金融機関である銀行が必要とされる理由を，経済の３主体のうち「政府」を外した残り２つの用語を使って説明しなさい。

ヒント 「家計」と「企業」という言葉を用いて銀行を説明するので，この２つと直接取引をしない日本銀行にはふれないこと。

解答例 貯蓄や内部留保をもち資金に余裕のある家計や企業と，高価な買い物や設備投資などのため資金を必要としている家計や企業との間で，資金融通の仲立ちをして経済活動を円滑に進めていく必要があるから。

UNIT 5

景気と金融政策

着目 景気の変動はどのような影響をあたえるのか？　日本銀行が行う金融政策とは？

要点

- **景気**　景気とは経済全体の状態を意味し，好景気(好況)と不景気(不況)がある。
- **日本経済**　戦後は経済成長を続けてきたが，1991年のバブル崩壊以降は長期低迷した。
- **金融政策**　政府が財政政策を行うのに対し，日本銀行は金融政策を行い，景気の安定化をはかる。

1 景気とは？

経済全体の状態を**景気**といいます。**好景気(好況)**では，商品が売れて価格は上がり，企業の生産量や雇用が拡大します。賃金が上がり，家計の所得が増加して消費量も増え，政府の所得税・消費税などの税収も増えます。**不景気(不況)**では，商品が売れず価格は下がり，生産量や雇用が縮小します。賃金が下がり，所得が減少して消費量も減り，政府の税収も減ります。

好景気と不景気は，需要量と供給量の動きに応じ，山と谷を交互にくり返す波があります(**景気変動・景気循環**)。好景気では，需要過剰となり(少ない商品をうばい合い)，**物価**が上がり続ける**インフレーション**が起きます。しかし，高い利潤を求めて生産が増え，供給過剰になると売れなくなり，景気は後退し不景気に向かいます。不景気では，供給過剰となり(余る商品を買いたたき)，物価が下がり続ける**デフレーション**が起きます。しかし，安く買えるので消費が増えて需要と供給の均衡が取れるようになると，景気は回復し好景気に向かいます。

2 戦後の日本経済

1945年の敗戦以降，アメリカの援助を受けた民主化政策により復興した日本経済は，朝鮮戦争の**特需景気**を経て，1955年から年率約10％の**高度経済成長**を続けました(➡p.196)。

その後，1971年の**ドル・ショック**や，1973年の**第一次石油危機**(**オイル・ショック**)により成長率は低下しましたが，ほかの先進工業国と比べると，**安定成長**を保ちました。円高不況を経た1980年代後半には，地価や株価が急激に上昇する**バブル経済**になりましたが，実

不景気(不況)

急激に景気が下降して不景気になり，経済が混乱することを，特に**恐慌**とよぶ。株価や商品価格が暴落し，失業者が増大する。

不況下のインフレ

不景気(スタグネーション)なのに物価高(インフレーション)になることを，**スタグフレーション**とよぶ。

デフレーションの連鎖

不況とデフレが「らせん(スパイラル)」のように続き，ぬけ出せない悪循環を，**デフレスパイラル**とよぶ。デフレマインド(緊縮・抑制的な心理)を改善するため，2012年から安倍晋三内閣により「**アベノミクス**」というインフレ政策が取られた。ここで提唱されたのは，大胆な金融政策，機動的な財政政策，民間投資を喚起する成長戦略という「**三本の矢**」であった。

体をともなわない泡のような好景気にすぎず，1991年の春にバブルが崩壊しました。それ以降，日本経済は長期の低迷期である「**失われた20年**」に入りました。

3 日本銀行の金融政策

景気の急激な変動は，家計・企業・政府に大きな影響をあたえます。日本銀行は，物価の変動をおさえて**景気の安定化**をはかるため，通貨の量や流れを調整する**金融政策**を行います(➜p.196)。

金融政策は，主に**公開市場操作(オープン・マーケット・オペレーション)**という方法が採られます。不景気が長引いた場合，日本銀行は，一般の銀行がもつ国債などを買い上げ，代金を支払います(**買いオペ**)。銀行は資金が増えたので積極的に貸そうと，貸出金利を引き下げます。家計・企業は資金を借りやすくなり，消費・生産活動が活発になり，景気は回復へと向かいます。

好景気が過熱した場合，日本銀行は，銀行に国債などを売り，代金を受け取ります(**売りオペ**)。銀行は資金が減ったので慎重に貸そうと，貸出金利を引き上げます。家計・企業は資金を借りにくくなり，消費・生産活動が縮小され，景気はおさえられます。

高度経済成長

神武景気・岩戸景気・オリンピック景気・いざなぎ景気などの好景気が続いた(1955～73年)。その後，1974年はマイナス成長となったが，翌年から**安定成長(低成長)**を続けた。

近年の日本の金融政策

アベノミクス下で2013年から黒田東彦日本銀行総裁が行ったのは，市場への資金供給量(マネタリーベース)を増やす「**量的緩和」政策**と，償還までの期間が長い金融資産を積極的に買い入れる「質的緩和」政策を組み合わせた「量的・質的金融緩和」政策だった。

GRADE UP!

グレードアップ

物価

物価とは，**個々の商品(財やサービス)の価格をまとめ平均化したもの**で，社会全体の価格というような意味です。消費者が購入する商品の物価を「**消費者物価**」とよび，約600種の価格を基に算出します。基準年度を100として比較する「消費者物価指数」の推移により，過去や現在の物価水準がわかります。

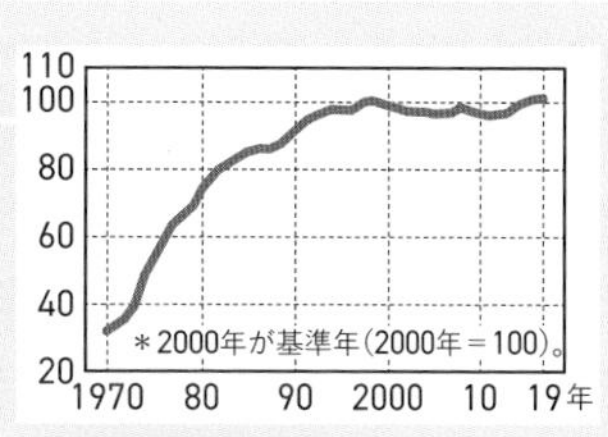

⬆ 消費者物価指数
(「日本国勢図会」による)

TRY! 思考力

「家計」におけるデフレーションの影響を，メリットとデメリットの順に考えて書きなさい。

ヒント　身近な「家計」の話題。デフレーションとは物価がどうなることなのか，景気はどうなのか，ということを理解していれば難しくない。

解答例　商品の価格が下がり，預金の価値は上がるというメリットがある。しかし，企業の生産活動が停滞し，不景気になると，賃金が下がり，経営や雇用が不安定になるというデメリットがある。

UNIT 6

グローバル経済と金融

着目 経済や金融のグローバル化は，私たちの暮らしにどのような影響をあたえているのか？

- **貿易**　国と国との間で行われる商品(財やサービス)の取引を，貿易という。
- **為替相場**　通貨どうしを交換する際の比率のことをいい，この変動が貿易に影響をあたえる。
- **グローバル経済**　金融自由化の中で，個人が世界中の取引に参加できる時代になっている。

1 貿易と経済のグローバル化

貿易は，国家間で行われる商品(財・サービス)の取引です。各国が得意な商品を生産して**輸出**し，不得意な商品は**輸入**する**国際分業**が確立すれば，より豊かに暮らすことができます。貿易を通じて世界経済を発展させていくためには，**国際協調**をはかることが欠かせません。

幕末の開国以降，貿易の拡大は，機械化を進めた産業革命とともに，日本経済の発展に大きな役割を果たしてきました。しかし，日清・日露戦争と第一次世界大戦に勝利し，第二次世界大戦には大敗するなど，日本は国際協調とはほど遠い状態でした。

戦後の日本は，資源は乏しくても技術力が高いことから，東西冷戦の下で資本主義国から原材料を輸入し，加工して製品を輸出する**加工貿易**を中心に復興し，1955～73年には高度経済成長を果たしました。二度のオイル・ショック(石油危機)が起きた1970年代以降，輸出額が輸入額を上回る貿易黒字が続き，欧米との**貿易摩擦問題**も起きましたが，日本は質の良い製品を作って産業を発展させ，国の内外に雇用を生み出してきました。

世界では，先進国の**多国籍企業**が，安い労働力・原材料と広い市場を求めて途上国や新興国に進出し，**国際競争**が激しくなり，**経済のグローバル化**が進みました。日本でも，1980年代半ばの円高不況，1991年の**バブル崩壊**，1997年の**アジア通貨危機**，2008年の**世界金融危機**(**リーマンショック**)など，国内外のトラブルのたび，アジア諸国を中心に，工場の海外移転や，部品調達先の海外企業への切り替えなどの対策を取り，**産業の空洞化**が進みました。2011年の**東日本大震災**以降，この傾向は激しくなり，輸入額が輸出額を上回る貿易赤字の年もあります。

雇用創出

国内では農村部から都市部へ労働力を移動させ，国外では貿易摩擦対策として**現地生産**・現地雇用を進め，工場・支社などを設立した。

バブル崩壊

1987～91年にかけ，**地価**や**株価**が急上昇した状態を**バブル経済**(**バブル景気**)という。低金利などを背景に，多くの資金を保有した企業や家計が土地や株を大量に購入したことで，実体をともなわない「泡(バブル)」の価値が発生した。**バブル経済が崩壊**すると，特に銀行などの金融機関が経営不振におちいり，貸し渋りや貸しはがし(借金を一気に返済させること)が起き，企業の倒産もあいついだ。

2 為替相場

貿易を行ったり，海外旅行をしたりするときは，日本円を外国通貨に交換する必要があります。通貨の交換比率を**為替相場**(**為替レート**)といいます。一般的に，外国通貨と日本円の為替相場は，1ドル＝100円，1ユーロ＝130円というように，外国通貨の1単位が日本円のいくらにあたるかで示されます。

為替相場は，経済状況を反映して変化します。1ドル＝100円が1ドル＝90円になるように，外国通貨に対して円の価値が高くなれば**円高**です。逆に，1ドル＝100円が1ドル＝110円に変化するように，外国通貨に対して円の価値が低くなれば**円安**です(➜p.196)。

為替相場の変動は，貿易に大きな影響をあたえます。例えば，円高状態では日本の輸出企業には不利，輸入企業には有利となります。逆に，円安状態では輸出企業には有利，輸入企業には不利となります。

外国通貨

アメリカの**ドル**，EUの**ユーロ**，イギリスのポンド，ロシアのルーブル，中国の人民元，韓国のウォンなどが，日本にとって身近な外国通貨といえる。

3 グローバル経済下の日本

世界貿易機関(**WTO**)(もと**関税と貿易に関する一般協定**〔**GATT**〕)が推進する形で，世界は貿易の自由化が進み，国境を越えた投資も活発化しました。また，情報通信技術(ICT)の普及にともない，大規模な資金のやり取りが行われる，**金融の自由化**も進展しました。今や，自宅の机でパソコンに向かうだけ，外出先でスマートフォンを操作するだけで，個人ですら世界中の取引に参加することが可能な時代です。

このような**グローバル経済**体制の下で，2020年以降，世界経済がコロナショックに大きくふり回される中で，日本経済も大きな課題に直面しています。

日本経済の大きな課題

第一次・第二次から第三次産業へと**産業構造の高度化**が進み，食料自給率は低下し，経済は**ソフト化・サービス化**しているが，情報通信分野で，他国に比べ乗りおくれている。

グローバル経済の下で国際競争が激しくなり，国内産業の衰退も見られるが，これについて「後継者」「空洞化」という用語を使って説明しなさい。

ヒント　まずは国内生産について考え，「後継者」という用語を使用する。次に国外生産について考え，「空洞化」という用語を使用する。本文にない部分もあるが，考えてみよう。

解答例　国際競争の中で，国内生産は賃金の安い派遣労働者や外国人労働者に依存し，後継者への技術の継承が難しくなった。さらに，企業によっては土地代と人件費の安い海外に移転を進めたため，産業が空洞化した。

特集

円高と円安

● 為替相場

外国と貿易を行ったり，海外旅行をしたりすると，外国と日本の通貨が異なるため，交換が必要になります。この交換の比率を**為替相場**(**為替レート**)といい，毎日変動しています。日本では，世界的に使われているアメリカの**ドル**(＄)やEUの**ユーロ**(€)と，日本の**円**(¥)との交換比率を表すことが多いです。

● 円高

例えば1ドル＝100円だったのが1ドル＝90円になるように，**外国通貨に対して円の価値が上がること**を**円高**といいます。円高のとき，日本への輸入品は安くなるので輸入に有利となり，日本からの輸出品が高くなるので輸出に不利となります。また，現地生産の場合，賃金を円建てで支払っているのなら，人件費が安く済みます。海外旅行をするときも，円を現地通貨に両替するので得をします。

● 円安

例えば1ドル＝100円だったのが1ドル＝110円になるように，**外国通貨に対して円の価値が下がること**を**円安**といいます。

円安のとき，日本への輸入品は高くなるので輸入に不利となり，日本からの輸出品が安くなるので輸出に有利となります。また，現地生産の場合，賃金を円建てで支払っているのなら，人件費は高くつきます。海外旅行をするときも，円を現地通貨に両替するので損をします。

● 為替相場と貿易

為替相場の変動は，**国際収支の均衡**をはかる機能をもっています。貿易黒字国は自国の通貨価値が上昇します。すると，輸出品価格が上昇して輸出は減少し，輸入品価格が下落して輸入は増加し，貿易黒字が減少に向かいます。逆に，貿易赤字国は自国の通貨価値が下落するので，輸出品価格が下落して輸出は増加し，輸入品価格が上昇して輸入が減少し，貿易赤字は減少に向かいます。

為替相場の乱高下を防止するため，各国の**通貨当局**(日本なら**財務省**と**日本銀行**)は市場に公的介入(外国為替平衡操作)することがあります。このようなとき，円高(あるいは円安)になるように誘導をして，通貨の安定化をはかります。

☑ 用語チェック

できたら
チェック！

QUESTIONS	ANSWERS
□ 売り手と買い手が出会い，特定の商品が取引される場全体を，(　①　)とよぶ。	①市場[マーケット]
□ 消費者は価格を見て商品を買い求める量である(　②　)を決め，生産者は価格を見て(　③　)を決める。	②需要量 ③供給量
□ 価格の自動調節機能がはたらかなくなる原因の1つとして，(　④　)や寡占があげられる。	④独占
□ 1947年に(　⑤　)が制定され，不当な協定や不公正な取引が行われていないか，(　⑥　)が監視や指導を行っている。	⑤独占禁止法 ⑥公正取引委員会
□ 市場における売買は，一般的には，紙幣や硬貨などのように流通している(　⑦　)を使って行われる。	⑦貨幣[通貨]
□ 個人などの預金が銀行を通じて企業へ貸し出される金融を(　⑧　)，企業が株式などの発行で資金を得る金融を(　⑨　)という。	⑧間接金融 ⑨直接金融
□ 直接現金のやり取りをせず支払いや受け取りを済ませることを(　⑩　)といい，近年は対面での(　⑪　)も増えている。	⑩為替 ⑪キャッシュレス決済
□ (　⑫　)は日本銀行券を発行する「発券銀行」であるほか，「政府の銀行」「銀行の銀行」の役割ももつ。	⑫日本銀行[日銀]
□ 経済全体の状態が(　⑬　)のとき，商品がよく売れて価格は上がり，企業の生産量や雇用が拡大する。	⑬好景気[好況]
□ 不景気(不況)になると，商品が供給過剰となり，物価が下がり続ける(　⑭　)が起こる。	⑭デフレーション
□ 国家間で行われる商品(財・サービス)の取引を(　⑮　)という。	⑮貿易
□ 先進国の(　⑯　)が途上国や新興国に進出して(　⑰　)が激化し，経済のグローバル化が進んだ。	⑯多国籍企業 ⑰国際競争

UNIT 1

私たちの生活と財政

着目 国や地方公共団体は，私たちが納めている税金でどんな経済活動を行っているのだろう？

要点

- **財政** 国や地方公共団体の経済活動を財政といい，毎年度の予算を組み決算を報告している。
- **税金** 税金は国税と地方税，直接税と間接税などさまざまな種類に分けられる。
- **公平性** 複数の税金を組み合わせることで，全体として公平性を確保しなければならない。

1 財政の仕組み

政府（国・地方公共団体）の経済活動を**財政**といい，1947年に制定された財政法に基づき行われています。政府は，主に家計と企業から**税金**（**租税**）などの収入を得て，社会保障や国債償還，公共事業や防衛などさまざまな支出を行います。**納税の義務**は憲法にも規定されており，国民・住民は，税金を負担する代わりに，政府からさまざまなサービスを受けているのです。

国家財政と**地方財政**を確認する手段が，**予算**と**決算**です。予算は，会計年度（4月1日～3月31日）ごとの収入（**歳入**）と支出（**歳出**）の計画で，一般会計と特別会計などに分けられます。また，近年では減りましたが，かつて「第二の予算」とよばれた**財政投融資**（政府が行う特別な投資・融資）もあります。

国会・地方議会は，内閣・首長が策定した予算を審議して議決することで，財政を監視しています。決算は，収入と支出の結果で，国の場合は独立組織の**会計検査院**が年度ごとに確認します。

	国税	地方税	
		（都）道府県税	市（区）町村税
直接税	所得税，法人税，相続税，贈与税	（都）道府県民税，法人税，自動車税，不動産取得税	市（区）町村民税，固定資産税，軽自動車税
間接税	消費税，酒税，たばこ税，関税，揮発油税	地方消費税，ゴルフ場利用税，たばこ税	たばこ税，入湯税

税金の種類

2 さまざまな税金

税金の種類や対象者などについては，国会・地方議会で議決された税法・税条例に定められています。政府は，法律に基づかなければ国民に税金を課すことはできません。これを**租税法律主義**といいます。

税金には，**納税者**（税金を納める人）と**担税者**（実際に税金を負担する人）が同じ所得税・法人税・相続税などの**直接税**と，納税者と担税者が異なる消費税・酒税・関税などの**間接税**があります。

さらに，納付先によって，国の財源となる**国税**と，地方公共団体の

参考

直接税と間接税

直接税は，景気に左右され，多額の徴税費用がかかり，所得かくしや脱税・滞納が多く**不公平感**も残る。しかし，累進課税により所得の再分配が可能である。**間接税**は，景気の影響は小さく，効率良く徴税でき，脱税もしにくいが，**逆進性**がある。日本の**直間比率**は，依然として直接税の割合のほうが高いが，間接税との差は縮まってきている。

財源となる**地方税**に分けられています。

3 税金の公平性

税金は，**公正**に分担し納められるべきものです。そのため，望ましい課税の基本法則として，**公平・中立・簡素**の３つがあげられます。しかし，例えば公平には，２つの考え方があります。「経済状態の違(ちが)いに応じて税負担を求める(負担感が公平)」という**垂直的公平**と，「全員が同率を負担する(負担率が公平)」という**水平的公平**です。

垂直的公平の例として，所得税や相続税では，課税対象の金額が大きいほど税率が上がる**累進課税**(るいしん)制度が適用されています。この場合，所得格差は調整されますが，納税額が圧倒的(あっとうてき)に多い人からは「なぜ(ほかの国民・住民のために)ここまで負担をしなければならないのか」と，不満が出る場合があります。

水平的公平の例として，消費税などの間接税は，所得に関係なく，同じ税率です。すなわち，低所得者ほど所得に占(し)める税負担の割合が高くなる，**逆進性**という問題があります。

税制には，このように相反する性格があるので，公平性を確保するためには，国税局・税務署が脱税(だつぜい)を見のがさないように所得捕捉(ほそく)率を上げることや，複数の税金を組み合わせることが重要です。しかし，政府は，貯蓄(ちょちく)や株式の購入(こうにゅう)，エコカーや住宅の取得を促進(そくしん)するために，それらを行う人々を減税する優遇措置(ゆうぐうそち)をしばしば行います。

税金の公平性を確保するためには，「同じ経済状態の人には同等の負担を求める」という「**垂直的公平×水平的公平**」の発想が重要です。行き過ぎた優遇措置・政策は，公平性を損ねてしまい，中立性や簡素さにも欠けています。

所得税の累進課税

所得税の場合，控除(こうじょ)額や経費などを除いた課税対象の所得額が，
195万円未満(**5％**)，
195～330万円(**10％**)，
330～695万円(**20％**)，
695～900万円(**23％**)，
900～1800万円(**33％**)，
1800～4000万円(**40％**)，
4000万円以上(**45％**)の
7段階で累進課税される。なお，2013～37年の間は，東日本大震災(だいしんさい)の**復興特別所得税**が，所得税額の2.1％加算される。

水平的公平の問題点

経済状態に関係なく「全員が同額を負担する(負担額が公平)」というのも，水平的公平の発想である。しかし，税金が高すぎれば支払(しはら)えない人が出てくる一方，低すぎれば国や地方の財政が成り立たない。現実的には，水平的公平に基づいて適切な税率や税額を決めることは，非常に難しい。

TRY! 思考力

消費税について，直接税・間接税のいずれにあたるかを答えたうえで，税制としてのメリットとデメリットを書きなさい。

ヒント　中学生にとって最も身近な税が消費税だろう。「自分としての」メリットとデメリットではなく「税制としての」という条件なので，注意したい。

解答例　間接税。軽減税率が８％という例外はあるが，徴税(ちょうぜい)費用をかけず効率よく集めることができ，全員負担率が同じで公平性がある。しかし，低所得者ほど所得に占める税負担の割合が高くなる逆進性という問題がある。

UNIT 2

財政の役割と課題

着目 市場経済において，財政にはどのような役割と課題があるのか？

要点

- **政府の役割**　市場経済において，政府(国・地方公共団体)は主に３つの重要な役割を担う。
- **財政政策**　政府が歳入・歳出を通じて景気を安定させようという政策を，財政政策という。
- **公債**　税金だけで必要な歳入をまかなえない場合，政府は公債を発行し，資金を借り入れる。

1 市場経済と政府

自由競争が行われる**市場経済**の中で，政府は主に４つの重要な役割を担っています。１つ目は，道路・港湾・空港・水道・公園などの**社会資本(インフラ)**の整備や，国防・警察・消防・学校教育・社会保障などの**公共サービス**の供給です。インフラ整備や公共サービスの充実は重要ですが，十分な利益を生むとは限らないため，民間企業のみで担うことは困難です。そこで，政府が税金を使って行うことで，市場のはたらきを補っています(**資源の適性配分**)。

２つ目は，累進課税や社会保障，雇用対策を通じて**所得の再分配**を行い，不当な経済格差を是正することです。３つ目は，日本銀行とも協力して**景気の安定化**をはかることです。増税・減税を行ったり，公共投資を増減したりするなどの政策を行います。４つ目は，独占・寡占の規制，消費者・労働者の保護，公害防止と環境保全などを行い，家計や企業の安全な経済活動をうながす**公正さの確保**です。

社会資本(インフラ)

社会全体の経済活動の基盤として必要な施設。家計に対する**生活関連社会資本**と，企業に対する**生産関連社会資本**に分かれる。

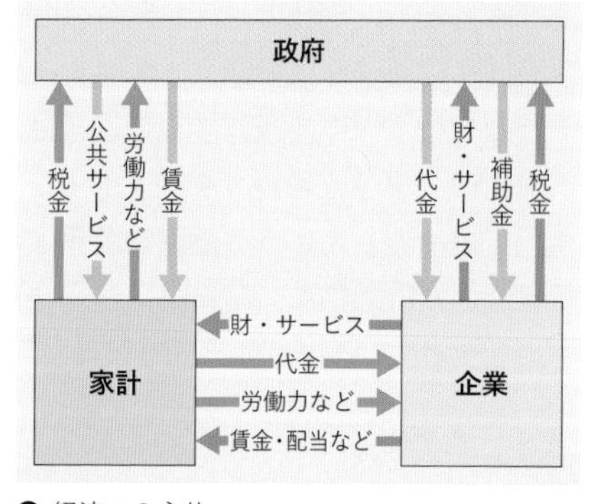

⬆ 経済の３主体

2 財政政策

日本銀行の金融政策に対し，政府が景気調整・安定化をはかる政策を，**財政政策**といいます。例えば国は，**不景気**のとき，公共事業への支出である**公共投資**を拡大して企業の仕事を増やしたり，**減税**したりして消費・生産活動を刺激し，景気を回復させます。逆に**好景気**が行き過ぎたときは，公共投資を削減して企業の仕事を減らしたり，**増税**して消費・生産活動を縮小させたりすることで，景気の過熱をおさえます。

財政政策

政府が財政支出を増やせば経済が活発となり(**積極財政**)，政府が支出を減らせば景気の過熱がおさえられる(**緊縮財政**)。

③ 公債の発行

政府(国・地方公共団体)の税収が足りず，支出をまかなえない財政赤字状態の場合，**公債**(**国債**・**地方債**)を発行して，家計や企業から資金を借り入れます。

公債は債券すなわち借金ですから，政府は公債を買った人や企業に利子を支払い，期日までに元金を返済(**償還**)しなければなりません。公債の発行は，若い世代やこれから生まれる将来世代に，増税という形で負担を先送りすることにつながり，世代間の公平が損なわれることから，慎重な姿勢が必要です。

④ これからの財政

19世紀から20世紀前半の近代国家は，人口が増えて社会が複雑化しました。そのような中で，政府の役割は，経済活動にほぼ介入しない「**小さな政府**」から，積極的に介入する「**大きな政府**」へと変化し，それに合わせて財政の規模が拡大しました。

20世紀後半の経済成長を経て21世紀となり，日本をふくむ現代国家では，税収不足で財政赤字が続き，巨額の債務残高をかかえていることが多くなっています。公債依存度が高まり，償還に追われ，**財政が硬直化**しているのです。

日本では，2000年代に入り，中央省庁の再編・地方分権の推進・郵政民営化などの構造改革が行われ「小さな政府」が模索されましたが，格差が広がるなど賛否両論があります。今後，政府の仕事をしぼり，減税や規制緩和をして「小さな政府」へと進むのか，大幅に増税して「大きな政府」を維持するのか，難しい選択をせまられています。

国債

中央政府の**債券**(借金証書)。原則は発行禁止だが，公共事業のための**建設国債**は例外的に認められている。また，一般会計の不足を補うために，臨時措置として財政特例法を制定して歳入不足を補う**赤字国債**(**特例国債**)も，結果的に毎年発行することが慣例となっている。国債は，日本銀行が政府から買う「直接引き受け」は認められておらず，民間銀行から買う形式を採っている。これを**市中消化の原則**とよぶ。

日本の債務残高

償還されず残っている国債残高は，2020年度末で約906兆円。これは国民1人あたり約723万円に相当し，先進国の中ではかなり多いレベルである。

TRY! 思考力

地方公共団体が，市場経済の中で社会資本(インフラ)や公共サービスを提供する理由を，具体例をあげつつ説明しなさい。

ヒント　指定通り地方公共団体の場合の例を書くこと。具体例は，住民としての自らの生活に身近なものをあげるとよい。

解答例　バスのような公共サービスは，住民のだれもが必要としているが，地域によっては利益が出るものではなく，民間企業が手を出しにくい。そこで，地方公共団体が，税金や地方交付税・補助金などを使って提供している。

UNIT 3

社会保障の仕組み

着目 社会保障とは何か？　日本の社会保障制度はどのような仕組みになっているのか？

要点

- **社会保障**　生活が困難になったとき，個人に代わり国が生活の保障を行うことをいう。
- **憲法の規定**　日本の社会保障制度は，憲法第25条「生存権」の規定に基づいて整備されてきた。
- **4つの柱**　公的扶助(ふじょ)・社会保険・社会福祉(ふくし)・公衆衛生が，日本の社会保障の4つの柱である。

1 社会保障のおこり

19世紀までは，「ケガ・病気や貧困は自己責任であり，国が生活を助ける必要はない」という考えが有力でした。しかし，自立が困難な人たちも，社会には一定数必ず存在します。

ケガ・病気や障がい，高齢(こうれい)や失業は，個人の努力ではさけられず，備えにも限界があります。このことから，生活が困難になったときに，個人に代わり国が生活を保障する**社会保障**制度が生まれ，その対象や範囲(はんい)を拡大していきました。

二度の世界大戦を経た20世紀半ば，全国民を対象に「**ゆりかごから墓場まで**」続く保障をめざす制度が**イギリス**で確立し，各国のモデルとなりました。しかし，その負担は大きく，特に少子高齢化が続けば国の財政を大きく圧迫(あっぱく)します。例えばアメリカは，自己責任・自助努力を強調する「小さな政府」で，社会保障をあえて発達させていません。それに対し，北欧(ほくおう)諸国は「大きな政府」で，税金や保険料の負担率が非常に高い代わりに，社会保障が充実(じゅうじつ)している**福祉国家**となっています。

現代では，持続可能な社会保障制度には，**自助(じじょ)・共助(きょうじょ)・公助(こうじょ)**の適切な組み合わせが必要だと強調されています。

社会保障のおこり

社会保障の発想は，17世紀前半に**イギリス**で始まった。産業革命後の19世紀にイギリスやドイツで広く導入されたあと，徐々(じょじょ)に世界各国で拡大していった。

自助・共助・公助

自助は自己責任で自身を守ること，**共助**は職場や地域の集団でともに支え合うこと，**公助**は国(政府)の責任で困った人を助けること。

種類	内容
社会保険	医療(いりょう)保険，介護(かいご)保険，年金保険，雇用(こよう)保険，労災保険
公的扶助(ふじょ)	生活保護［・生活扶助　・住宅扶助　・教育扶助　・医療扶助など］
社会福祉(ふくし)	高齢(こうれい)者福祉，児童福祉，障がい者福祉，母子・父子・寡婦(かふ)福祉
公衆衛生	感染症(かんせんしょう)対策，上下水道整備，廃棄物(はいきぶつ)処理，公害対策など

↑ 日本の社会保障制度

2 憲法に規定された社会保障

日本国憲法**第25条**①は，「すべて国民は，**健康で文化的な最低限度の生活**を営む権利を有する」と**生存権**について定めています。また，第25条②は，「国は，すべての生活部面について，社会福祉，社会保障及(およ)

び公衆衛生の向上及び増進に努めなければならない」としています。日本の社会保障制度は，これらの規定に基づき整備されてきました。①は国民の権利(社会権の一種)，②は国の責務をさしています。

3 社会保障の4つの柱

日本の社会保障には**4つの柱**があります。まず，**公的扶助**は，最低限度の生活を保障し自立を助ける仕組みです。税金で運営され，困窮者に対して**生活保護法**に基づき必要な援助を行います。

次に，**社会保険**は，**加入者**(個人・企業・地方公共団体など)が毎月保険料を支払い，必要なときに給付を受ける仕組みで，基本的に保険料でまかないます。病気・ケガなどの場合に，部分的な費用負担で治療を受けられるのが**医療保険**です。病院や歯科医院に行くときは，保険証をもっていきます。また，高齢をむかえたときや収入のある配偶者を失ったとき，あるいは障がいを負ったときなどに現金給付を受けるのが**年金保険**で，**20歳以上の国民**に加入義務があります。社会保険は5種類あり，医療保険と年金保険のほかには，失業した場合に一定期間現金給付を受ける**雇用保険**と，仕事上のトラブルに備え企業が保険料を全額負担する**労災保険**，40歳以上の国民に加入義務のある**介護保険**(➡p.197)があります。

社会福祉は，高齢者や障がい者，子ども，母子・父子家庭など，自立が困難で社会的な立場が弱くなりがちな人々を支援する仕組みで，税金で運営されます。最後に，**公衆衛生**は，生活環境の改善や感染症の予防などにより，人々の健康を増進し安全な生活を守る仕組みです。各地の保健所や保健センターが担い，これも税金で運営されます。

4つの柱を支える人々

医療従事者や保育士，介護福祉士・介護支援専門員(ケアマネジャー)・訪問介護員(ホームヘルパー)，社会福祉士(ソーシャルワーカー)などのほか，さまざまな分野に相談員(カウンセラー)が存在する。社会保障関係の職種は，賃金をふくむ厳しい労働条件の改善が課題となっている。

医療保険と年金保険

日本では，1960年代前半までに，すべての国民が医療保険と年金保険に加入する，**国民皆保険**と**国民皆年金**が実現した。企業などに勤める人々やその家族を対象とする健康保険・厚生年金と，農家や個人事業主とその家族を対象とする国民健康保険・国民年金に大別される。

TRY! 思考力

「ナショナル・ミニマム」(国民としての最低限度の生活水準)と「セーフティネット」(安全網)という2語を用いて，社会保障制度を説明しなさい。

ヒント　本文にないハイレベルな用語を使用するが，その内容は問題文の(　　)内にある。社会保障制度はどのような基準で実施され，どんな役割を果たすかを考えよう。

解答例　社会保障制度とは，個人に代わり国が生活を保障する制度で，税金と保険料により運営されている。ナショナル・ミニマムを基準に実施され，国民の人生設計における重要なセーフティネットとなっている。

UNIT 4

少子高齢化と財政

着目 少子高齢化は，財政にどんな影響をあたえるのだろう？　今後の日本の社会保障は？

要点

- **高齢化**　急速に進む日本の少子高齢化は，社会保障のあり方に大きな影響をあたえている。
- **社会保険**　制度として整ってはいても，日本の社会保険にはさまざまな課題がある。
- **議論**　社会福祉と財政のあり方をめぐり「高負担・高福祉か低負担・低福祉か」という議論がある。

1 少子高齢化と社会保障

日本では，医療技術の発達や食生活の改善などで平均寿命が延びる一方，子どもの**出生率**が下がっています。晩婚・未婚化に代表される価値観の多様化や，子育てにかかる経済的な負担感もあり，出生数は2019年に90万人を大きく割りこみました。これは，**第一次ベビーブーム**の３分の１にも満たない数です。

また，日本人の平均寿命は，2019年時点で女性87歳，男性81歳と過去最高を更新し，**高齢化**が加速しています。65歳以上の**老年人口**の割合(**高齢化率**)は28%を超え，世界一です。

このように，世界に例のない速度で進行する日本の**少子高齢化**は，社会保障のあり方に大きな影響をあたえています。少子化で15～64歳の**生産年齢人口**と14歳以下の**年少人口**が減り，「現役世代」からの税・保険料収入は減少しているにもかかわらず，高齢化で医療・年金保険などの社会保障給付が増え続けているからです。今後生まれてくる「将来世代」のためにも，**社会保障**の制度改革は，日本の重要課題となっています。

2 社会保険の課題

社会保障のうち，公的扶助・社会福祉・公衆衛生は，全額が税金でまかなわれています。しかし，保険料を中心に税金で補助をする社会保険では，どうしても，**制度間・世代間・地域間**などの負担・保障の**格差**が大きいことから，保険どうしを統合したり，新たな制度を始めたりするなどの試みがなされてきました。また，制度の複雑化を解消し，事務処理や個人情報の漏れなどのミスをなくしていくことなども課題となっています。

ベビーブーム

「団塊の世代」ともよばれる**第一次ベビーブーム世代**は1947～49年生まれで，年間約270万人の出生数だった。「団塊ジュニア」とよばれる**第二次ベビーブーム世代**は1971～74年生まれで，年間約210万人の出生数だった。

日本の社会保障の問題点

高齢化が進む日本では，医療保険や年金保険への給付が増える一方，**障がい者福祉**や**児童福祉**などへの給付が他国に比べて少ない。また，現役世代の貧困・失業対策も急務となっている。

社会保険格差

種類や地域により，保険料・給付額・支給開始年齢の格差が大きい。

3 福祉社会の実現に向けて

財政と社会保障，中でも特に社会福祉のあり方をめぐり，よく「**高負担・高福祉**か**低負担・低福祉**か」と議論されます。

高負担・高福祉とは，税金・保険料などの負担(**国民負担率**)を大きくする代わりに保障を充実させる「大きな政府」の考え方です。それに対し，アメリカのような低負担・低福祉の「小さな政府」の考え方もあります。

高負担・高福祉にすると，若者の働く意識が弱くなり，経済成長率が低くなるという意見もありますが，それがあてはまらない国もたくさんあります。高負担の代わりに，政府が教育や職業訓練を積極的に支援していたり，親や祖父母が高福祉の恩恵を受けている事例を，そういった国では実際に見てきているからでしょう。

日本は「低負担・中福祉」に近い状況が続いてきましたが，それでは財政が維持できず，近年，負担が増してきた現役世代の**不公平感**は高まるばかりです。確かに，従来の「胴上げ型(多数で一人の高齢者を支える)」から現在の「騎馬戦型(数名で一人の高齢者を支える)」，さらに将来は「肩車型(一人で一人の高齢者を支える)」へ移行することが予想されています。

少子高齢化が進む中，政府は増加し続ける社会保障費を全世代でまかなう目的で，2014年に**消費税率**を8%，2019年には**10%**に引き上げました。社会保障の充実と経済をどう両立させていくかは，性別や世代，所得差などを超えて全国民が共有している課題なのです。

保険制度の改革

2000年にスタートした**介護保険**は，40歳以上の加入が義務づけられている。2008年にスタートした医療保険の一種である**後期高齢者医療制度**は，75歳以上の「後期高齢者」が他世代とは別の保険に加入する。また，2015年には，公務員用の年金だった**共済年金**が**厚生年金**に統合された。

不公平感

福祉分野に限らず，現役世代から「前の世代が得をしている」と不満が出ている。現状の働き方や暮らしと，政府が想定してきた家族モデルや老後との差が激しいことも，不公平感が生じる大きな原因である。

TRY! 表現力

現代の日本では，出生率が下がる一方で平均寿命が延び続けている。このことをふまえ，日本の社会保障の課題について説明しなさい。

ヒント　1文目は，あるキーワードを使ってまとめるとよい。そのうえで本文をよく読み，社会保障制度の一番の問題点をしっかりとらえよう。

解答例　少子高齢化が進むと，医療や年金への給付が増えるが，労働力人口が少ないため，現役世代や将来世代の負担が増える。このような給付と負担のバランスや，社会保障全体の仕組みを深く考える必要がある。

特集

国の一般会計予算

● 一般会計予算

国の財政は，会計年度（4月1日～翌年3月31日）ごとの収入・支出の計画である**予算**に従い，運営されます。毎年1月から開かれる常会（通常国会）において，予算が審議されます。**本予算**（当初予算）の成立がおくれる場合は，暫定予算を組みます。

また，本予算成立後にも，必要があれば**補正予算**を組みます。2020年度は，新型コロナウイルス感染症（COVID－19）の流行に対応するため，3次にわたる補正予算が成立しました。

一般会計予算は，政府の通常活動にともなう予算で，2019年度には総額100兆円を突破しました。今後も増え続ける傾向にあります。一般会計のほかに，**特別会計**予算や政府関係機関予算もあります。

● 国の歳入

国の1年間の財政収入を**歳入**といいます。

①**租税・印紙収入**は，租税（税金）収入がほとんどで，歳入の約6割を占めます。
②**公債金**は，国債を発行して得た国の借入金で，歳入の3割を超えます。

歳入の総額や内訳は，さまざまな事情により毎年変化するので，この割合はあくまでも目安です。

● 国の歳出

国の1年間の財政支出を**歳出**といいます。

①**社会保障関係費**は，歳出の約35％を占めます。少子高齢化の進行により，今後も増えていくことが予想されています。
②**国債費**は，国の借入金である国債の元金を償還し利子を支払うための経費で，歳出の約25％を占めます。
③**地方交付税交付金**は，地方財政の不均衡を解消するために，税収の少ない地方公共団体に交付する費用で，歳出の約15％を占めます。

ほかに，災害対策・社会資本整備のための④**公共事業関係費**，⑤**文教および科学振興費**，⑥**防衛関係費**などがあります。

歳出の総額や内訳も，さまざまな事情により毎年変化するので，この割合はあくまでも目安です。

国の歳入
総額102兆6580億円

区分	項目	割合（％）
租税・印紙収入	所得税	18.6
租税・印紙収入	消費税	18.1
租税・印紙収入	法人税	12.0
租税・印紙収入	相続税	2.1
租税・印紙収入	その他の租税	10.1
租税・印紙収入	印紙収入	1.0
	公債金	31.7
	その他	6.4

国の歳出
総額102兆6580億円

項目	割合（％）
社会保障関係費	34.9
国債費	22.7
地方交付税交付金など	15.2
公共事業関係費	6.7
文教および科学振興費	5.4
防衛関係費	5.2
その他	9.9

［2020年度当初予算］

⬆ 国の一般会計予算

☑ 用語チェック

できたらチェック! | QUESTIONS | ANSWERS

	QUESTIONS	ANSWERS
□	税金のうち，納税者と担税者が同じ所得税・法人税・相続税などを(　①　)という。	①直接税
□	税金のうち，納税者と担税者が異なる消費税・酒税・関税などを(　②　)という。	②間接税
□	税金は納付先により，国の財源となる(　③　)と，地方公共団体の財源となる(　④　)に分けられる。	③国税 ④地方税
□	所得税や相続税では，課税対象の金額が大きいほど税率が上がる(　⑤　)制度が適用されている。	⑤累進課税
□	政府は，道路・港湾・空港・水道などの(　⑥　)を整備したり，国防・警察などの公共サービスを供給したりする。	⑥社会資本[インフラ]
□	経済全体が(　⑦　)のとき，国は公共事業への支出である(　⑧　)を拡大して，企業の仕事を増やそうとする。	⑦不景気[不況] ⑧公共投資
□	政府は，支出を税収だけではまかなえない財政赤字のとき，(　⑨　)を発行し，家計や企業から資金を借り入れる。	⑨公債[国債]
□	日本の社会保障制度の1つである(　⑩　)は，最低限度の生活を保障し自立を助ける仕組みである。	⑩公的扶助
□	(　⑪　)は，加入者が毎月保険料を支払い，収入が減ったときなどに保険料を受け取ることができる仕組みである。	⑪社会保険
□	(　⑫　)は，高齢者や障がい者など，自立が困難で社会的な立場が弱い人々を支援する仕組みである。	⑫社会福祉
□	世界に例のない速度で進行する日本の(　⑬　)は，社会保障のあり方に大きな影響をあたえている。	⑬少子高齢化
□	政府は，増大し続ける社会保障費を全世代でまかなう目的で，2019年には(　⑭　)率を10%にまで引き上げた。	⑭消費税

UNIT 1

公害の防止と環境の保全

着目 経済成長と環境保全を両立させるため，どのような取り組みがなされているのか？

要点

- **公害** 企業の生産活動や人々の快適さの追求にともなって発生し，環境や健康が損なわれる。
- **対策** 公害防止策として制定された公害対策基本法を発展させ，環境基本法が制定されている。
- **循環型社会** 循環型社会の実現をめざし，循環型社会形成推進基本法が定められている。

1 公害の発生と原因

工業生産の増大や市場経済の発展には，負(マイナス)の側面もあります。企業による生産活動や，自動車・エアコンなど快適な日常生活の追求にともなって生じる**騒音・振動・悪臭・大気汚染・水質汚濁・土壌汚染・地盤沈下**などにより，生活環境や健康が損なわれることを**公害**といい，上記7つが「典型7公害」とされています。例えば，**光化学スモッグ**は大気汚染の一種です。

1955～73年の高度経済成長期，企業は利益を優先する立場から，政府は産業発展を優先する立場から，公害対策を積極的に行いませんでした。その結果，多くの被害者を生む公害問題が各地で深刻化します。

特に，熊本県・鹿児島県の八代海沿岸で発生した**水俣病**，新潟県の阿賀野川流域で発生した**新潟水俣病(第二水俣病)**，富山県の神通川流域で発生した**イタイイタイ病**，三重県四日市市の石油化学コンビナートで発生した**四日市ぜんそく**は，**四大公害病**とよばれました。

2 公害対策

被害が広がると，対策を求める世論が広がり，**住民運動**が各地で展開されました。四大公害病の被害者たちも，企業の責任を追及し**公害訴訟**を起こしました。批判の高まりを受け，政府は公害対策に本格的に取り組むようになり，1967年の**公害対策基本法**をはじめ，各種の法律が制定されます。

また，1971年には，公害問題や環境保護を専門にあつかう**環境庁**(2001年から**環境省**)も設置され，公害の防止だけでなく，被害者の救済についても積極的な対策がとられるようになりました。その後，公害防止などの費用や被害の補償は発生者が負担するという，**汚染者**

参考

日本初の公害

日本初の公害問題は，19世紀末～20世紀初めの**足尾銅山鉱毒事件**。渡良瀬川流域の水質汚濁・土壌汚染で，栃木県の衆議院議員**田中正造**が，辞職して明治天皇に直訴を試みるなど，懸命に反対運動を展開した。

用語

四大公害病

水俣病・新潟水俣病は**有機水銀**(メチル水銀)，イタイイタイ病は**カドミウム**を原因とする水質汚濁。四日市ぜんそくは**亜硫酸ガス**を原因とする大気汚染。

発展

四大公害裁判

水俣病はチッソ，新潟水俣病は昭和電工，イタイイタイ病は三井金属鉱業，四日市ぜんそくは石油化学コンビナート関連6社を被告として訴え，すべて**患者側**が**全面勝訴**した。

負担の原則(PPP)も確立しました。

3 新しい公害と地球環境問題

今日，企業による公害は減っていますが，大量のごみや排気ガスなど日常生活から発生する**新しい公害**が目立っています。政府は，これらの問題に対処し，環境保全を総合的に進めるため，1993年に公害対策基本法を発展させた**環境基本法**を，1997年には**環境影響評価法**(**環境アセスメント法**)を制定しました。

公害問題に限らず，地球温暖化，オゾン層の破壊，酸性雨，熱帯雨林の減少，砂漠化などの**地球環境問題**も緊急の課題であり，政府は各国と協力しながら解決に取り組んでいます。企業も，電気自動車・ハイブリッドカーに代表される**省資源・省エネルギー**型の製品開発に力を注いでいます。

4 循環型社会に向けて

過剰な包装や容器，使い捨て商品の多用などが地球規模で問題となっています。ごみを減らし(**リデュース**)，使えるものは再び利用し(**リユース**)，ごみを資源と考え再生利用(**リサイクル**)する**3R**も必要です。このような循環型社会をめざし，2000年には**循環型社会形成推進基本法**が定められ，家電リサイクル法など，各種のリサイクル関連法も制定されています。

持続可能な**循環型社会**を実現するためには，家計のあり方から変えていかなければなりません。環境・社会・人に配慮した商品(リサイクル商品・被災地の商品・フェアトレード商品など)を選んで消費する「**エシカル消費**」は，1つの考え方です。

新しい公害

廃棄物処理施設が排出する毒性をもつ**ダイオキシン**(環境ホルモンの一種)による土壌汚染，建設資材の**石綿**(**アスベスト**)による肺への健康被害などが発生している。

企業の取り組み

環境コストや効果などを把握する環境会計を導入する企業も増えている。

3Rから4R・5Rへ

近年では，ごみを製造・流通地点で断つ(ごみになるものを拒否する)「**リフューズ**」を加えた**4R**や，壊れても修理して長く使う「**リペア**」を加えた**5R**が意識されるようになっている。

TRY! 思考力

日本で「循環型社会」形成を推進していくことは，人口や国土，さらに外交面を考えても意義が大きい。この意見に賛成の立場で説明しなさい。

ヒント　日本の人口は多いか少ないか，国土は広いのかせまいのか(資源が多いのか少ないのか)，国際社会での日本の立ち位置はどうかを考えよう。

解答例　人口が多いわりに国土がせまく資源が少ない日本にとっては，経済効果が高い。また，日本は先進工業国という立場なので，地球環境への負荷の削減につながることは，外交面のイメージを考えてもメリットがある。

UNIT 2

経済の持続可能性と真の豊かさ

着目 持続可能で豊かな社会を形成していくために，経済が果たすべき役割とは？

要点
- **豊かさ** 個人の所得や国内総生産(GDP)が増加することが，豊かさのすべてではない。
- **地域経済** 地域経済の持続可能な発展も，さまざまな視点から見て重要である。
- **まちづくり** トップダウン型ではない，ボトムアップ型のまちづくりが求められている。

1 経済成長と豊かさ

近年，世界各国で「真の豊かさや幸福とは何か」という問いに関心が集まっています。これは，経済成長により便利さや生活水準が一定程度に達すると，個人の所得・財産や**国内総生産(GDP)**がそれ以上増加しても満足度はそれほど上昇(じょうしょう)しない，という調査データが背景にあります。

特に欧米人(おうべいじん)は，所得・雇用(こよう)や財産・相続などの物質的な要素よりも，安心や安全，健康や医療(いりょう)，自然環境(かんきょう)や景観，教育や文化，人々のつながりといった，非物質的な要素に価値を感じる傾向(けいこう)があります。しかし，先進工業国や新興国でも，国内の格差や貧困が大きな問題となっています。グローバル化や情報化が急速に進み，雇用や収入が不安定になっているからです。

2 地域経済の持続可能な発展

少子高齢(こうれい)化が進む中で，国内の**地域経済**も大きな課題をかかえています。今後，人口減少により将来的に消滅(しょうめつ)してしまう可能性が高い市町村も多数あります。また，古くなった**社会資本(インフラ)**は再整備が必要ですが，財政難で難しくなっています。

日本は戦後，地域のために大規模な外発的開発を行いました。しかし，工業化や公共事業により公害や環境破壊(はかい)が起きたり，都市化により地域固有の伝統文化や景観，人間関係が損なわれたりすることもありました。

近年は，これらの反省から，新しいまちづくりが提唱されるようになりました。例えば**コンパクトシティ**は，中心市街地や駅前に，住宅や病院，学校や図書館などのインフラを集め，効率的に利用する考え

日本のGDP

2019年時点で日本のGDPはアメリカ，中国に次ぐ世界第3位だが，**1人あたりGDP**は25位にすぎない。

「より良い暮らし指標」

OECD(経済協力開発機構)が作成した「豊かさ」の指標で，11の項目(こうもく)を基に算出される。北欧(ほくおう)諸国などの順位が高く，調査国中，日本は20位台(2018年)。

大規模な外発的開発

新幹線や高速道路，空港や港湾(こうわん)を開き，工場を誘致(ゆうち)するなどしたが，三大都市圏(けん)や地方中核(ちゅうかく)都市との経済格差は縮小できず，むしろ拡大した。

方です。このように地域内の再生をめざす内発的開発は，地域の固有性を重視し，持続可能な社会を求めるものです。

ただし，それは一定程度の物質的な豊かさが確保されたうえでのことです。労働力人口の減少が進む中，まずは高齢者や女性が働きやすい環境を整えたり，1人あたりの労働生産性を上げたりすることが重要になります。

3 人から始まるまちづくり

人口減少の中で持続可能な地域をつくるには，首長を中心とする行政に住民が従う**トップダウン型**ではなく，一人一人が意見を出し合い決定する**ボトムアップ型のまちづくり**が求められます。また，住民自らが学習して知識を取り入れたり，住民間の信頼(しんらい)感を高めたりすることも重要です。地球全体・国・都道府県・市(区)町村のどの場合であろうと，持続可能な社会は，私たち一人一人の社会参画によってはじめて実現するのです。

ボトムアップ型のまちづくり

地方行政に疑問があれば**住民運動**を行ったり，災害時に限らず非営利組織(NPO)やボランティアの協力を得たり，住民自ら**地域イベント**や特産品を考えたりすることも重要である。

GRADE UP!

グレードアップ

GDPとGNI

国内総生産(GDP)は，国または地域(香港(ホンコン)や台湾(たいわん)は国家ではなく地域とみなす)内で1年間に新たに生み出された財・サービスの合計です。外国人が日本で働いた分は計上(けいじょう)され，日本人が外国で働いた分は計上されません。

それに対し，**国民総所得(GNI)**は，国民または住民が1年間で得た所得の合計です。外国人が日本で働いた分は計上されず，日本人が外国で働いた分は計上されます。

GDPとGNI

これらの指標には，家事労働やボランティアはふくまれない。

TRY! 思考力

「豊かさ」にはどのような考え方があるか，日本における過去と現在の考えを比較(ひかく)しつつまとめなさい。

ヒント　過去に考えられていた「豊かさ」と，現在，それに追加して考えられている「豊かさ」を順に書けばよい。自分なりの考えを入れてもかまわない。

解答例　かつて，特に高度経済成長期には，便利なモノやサービス，お金などの物質的な「豊かさ」が重視されていた。しかし今日，地域の多様性やつながり，自然環境などの非物質的な「豊かさ」も見直されてきている。

図表 私たちの暮らしと経済

景気と金融政策 → p.176

戦後日本の経済成長

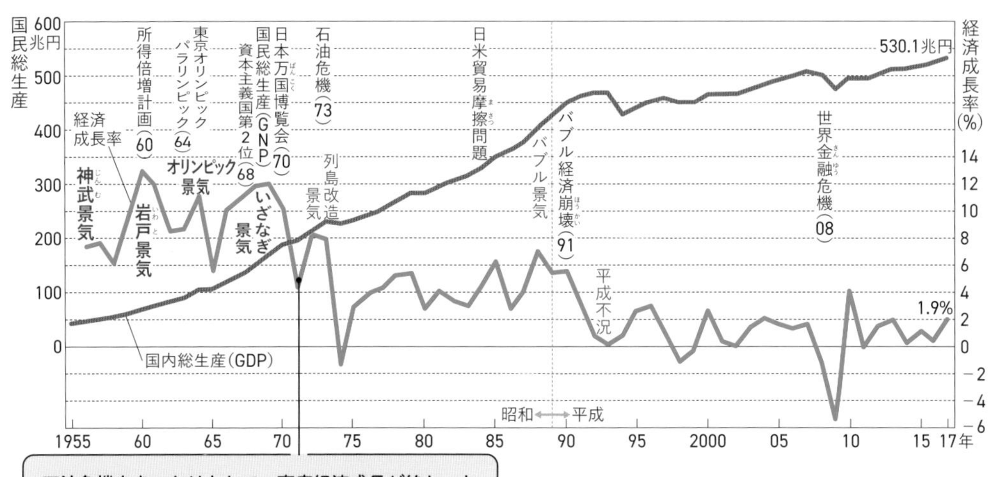

石油危機をきっかけとして，高度経済成長が終わった。

日本銀行の金融政策

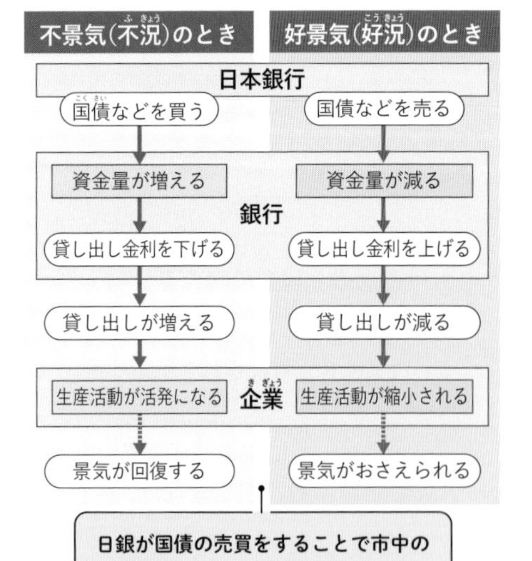

日銀が国債の売買をすることで市中の資金量が増減し，景気が調整される。

グローバル経済と金融 → p.178

円高と円安

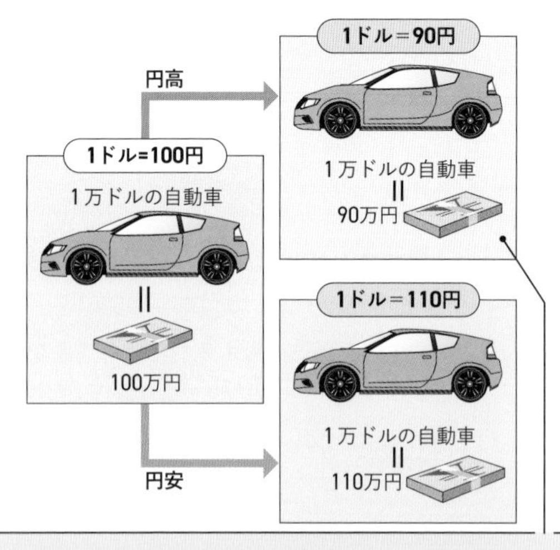

円高のときは外国の自動車が安く買えるので，輸入が増える。

図表を見るときのポイントをおさえておこう！

私たちの生活と財政 → p.182

経済の３主体

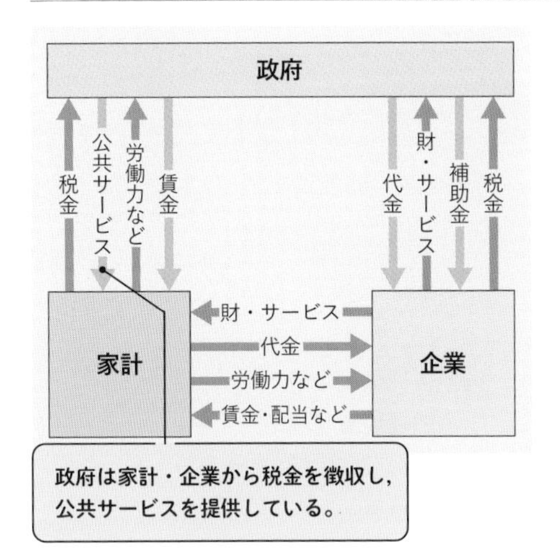

政府は家計・企業から税金を徴収し，公共サービスを提供している。

税金の種類

	国税	地方税	
		(都)道府県税	市(区)町村税
直接税	所得税，法人税，相続税，贈与税	(都)道府県民税，法人税，自動車税，不動産取得税	市(区)町村民税，固定資産税，軽自動車税
間接税	消費税，酒税，たばこ税，関税，揮発油税	地方消費税，ゴルフ場利用税，たばこ税	たばこ税，入湯税

消費税は納税者と担税者が異なるので，間接税に分類される。

社会保障の仕組み → p.186

日本の社会保障制度

種類	内容
社会保険	医療保険，介護保険，年金保険，雇用保険，労災保険
公的扶助	生活保護［・生活扶助　・住宅扶助　・教育扶助　・医療扶助など］
社会福祉	高齢者福祉，児童福祉，障がい者福祉，母子・父子・寡婦福祉
公衆衛生	感染症対策，上下水道整備，廃棄物処理，公害対策など

日本の社会保障制度は４つの柱で成り立っている。

介護保険制度の仕組み

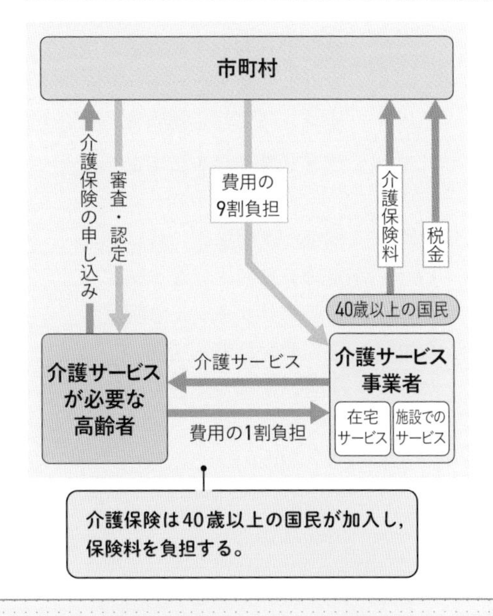

介護保険は40歳以上の国民が加入し，保険料を負担する。

公害・環境問題の歴史

世紀	日本でのできごと 年代	ことがら	世界でのできごと 年代	ことがら
19	1890〜	**足尾銅山鉱毒事件**の問題化		
20	1911	**イタイイタイ病**発生		
	1956	**水俣病**の存在が問題化		
	1961	**四日市ぜんそく**の被害者が増加		
	1965	**新潟水俣病**（第二水俣病）発生		
	1967	**公害対策基本法**制定		
	1970	「公害国会」で公害対策関連14法成立		
	1971	**環境庁**設置		
	1972	自然環境保全法制定	1972	国連人間環境会議
	1973	公害健康被害補償法制定		**→人間環境宣言**
	1993	**環境基本法**制定	1992	国連環境開発会議（地球サミット）
	1995	容器包装リサイクル法制定		**→リオ宣言**
	1997	**環境影響評価法（環境アセスメント法）**制定	1997	**地球温暖化防止京都会議（COP3）** **→京都議定書**
	1998	家電リサイクル法制定		
	2000	**循環型社会形成推進基本法**制定	2000	国連ミレニアムサミット
		グリーン購入法制定		→ミレニアム開発目標（MDGs）
		食品リサイクル法制定		
		建設リサイクル法制定		
21	2001	環境庁が**環境省**に移行		
		資源有効利用促進法制定		
	2002	自動車リサイクル法制定	2002	持続可能な開発に関する世界首脳会議（環境開発サミット）
	2003	環境教育推進法制定		→ヨハネスブルグ宣言
	2012	小型家電リサイクル法制定	2015	**地球温暖化防止パリ会議（COP21）** **→パリ協定**
				国連持続可能な開発サミット →持続可能な開発目標（SDGs）

用語チェック

できたらチェック！

QUESTIONS	ANSWERS
□ （　①　）・振動・悪臭・大気汚染・水質汚濁・土壌汚染・地盤沈下を，「典型７公害」という。	①騒音
□ 水俣病，新潟水俣病(第二水俣病)，（　②　），四日市ぜんそくは，四大公害病とよばれている。	②イタイイタイ病
□ 公害問題などを専門にあつかう(　③　)が1971年に設置され，2001年には(　④　)となった。	③環境庁 ④環境省
□ 新しい公害問題への対処として，1993年に，公害対策基本法を発展させた(　⑤　)が制定された。	⑤環境基本法
□ 現代の企業は，電気自動車・ハイブリッドカーに代表されるような(　⑥　)型の製品開発を積極的に行っている。	⑥省資源・省エネルギー
□ 3Rのうち，ごみを資源と考えて再生利用することを(　⑦　)という。	⑦リサイクル
□ 循環型社会をめざし，2000年に(　⑧　)が定められ，各種リサイクル関連法も制定された。	⑧循環型社会形成推進基本法
□ 生活水準が一定程度に達すると，(　⑨　)(GDP)がそれ以上増加しても，人間の満足度はそれほど上昇しない。	⑨国内総生産
□ １年間に国内で生産されたものの合計であるGDPに対して，国民が得た所得を合計したものを(　⑩　)(GNI)という。	⑩国民総所得
□ 地域経済において，古くなった(　⑪　)には再整備が必要だが，財政難により難しくなっている地方自治体が多い。	⑪社会資本［インフラ］
□ (　⑫　)は，中心市街地や駅前に，病院や学校などのインフラを集中させ，効率的に利用するという考え方である。	⑫コンパクトシティ
□ 持続可能な地域をつくるために，一人一人が意見を出し合い決定するボトムアップ型の(　⑬　)が求められている。	⑬まちづくり

定期テスト対策問題

解答 → p.261

問 1 経済主体の結びつき

家計・企業・政府の結びつきを示した右の図を見て，次の各問いに答えなさい。

(1) 図中のA・Bにあてはまる語句を，次からそれぞれ2つずつ選びなさい。

［商品　労働力　公共事業　公共サービス
　税金　賃金　商品代金］

企業　家計　A　B　政府

(2) 企業・政府と家計の間には雇用関係が見られる。

① 雇用された人々の労働条件の最低水準を定めた法律は何か，答えなさい。

② 雇用にあたって，男も女も差別してはならないということを定めた法律は何か，答えなさい。

(3) 家計の消費支出のうち，食料費の占める割合のことを何というか，答えなさい。

(4) 企業には公企業と私企業とがある。私企業の中で圧倒的に多いのは法人企業であるが，その中心となっているのは何会社か，答えなさい。

問 2 価格のはたらき

次の文中の(　　)内に数字を記入し，{　}内からあてはまるほうを選びなさい。

自由な市場では，商品の価格は需要と供給の関係によって決まるといわれる。右のグラフは，ある商品の価格と需要・供給の関係を示している。価格が4000円のときに，供給量は①(　　　)万個であるが，需要量は②(　　　)万個であるから，生産者は競争して売ろうとし，価格を下げる。そして，価格が③(　　　)円になると，供給量と需要量は④(　　　)万個となってつり合い，そこで価格が決まる。

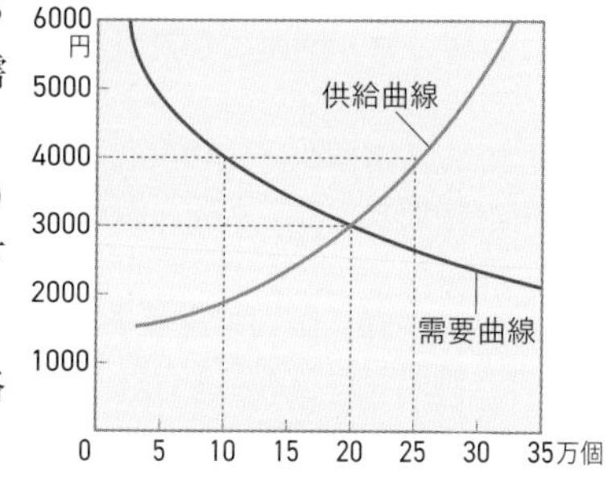

需要量は，通貨の量などによっても変化する。通貨の量が増え，家計の所得が増加すると，需要は全体として⑤{増加　減少}する。その結果として需要量が25万個となったときに，供給量とつり合ったとすると，この商品の価格は前よりも⑥(　　　)円上がってしまうことになる。しかし，生産技術の向上などにより生産費が下がるならば，前の価格のままでも供給は⑦{増える　減る}はずである。商品の価格は，所得や生産力によっても変化することをふまえて考える必要がある。

グローバル経済

次の各問いに答えなさい。

(1) 国際間の取引には通貨の交換がともなうが，その通貨の交換比率を何というか。

(2) 1ドル＝130円であった相場が1ドル＝100円になったとき，このような現象を一般的に何と表現するか，答えなさい。

(3) 上の(2)のようなときに，貿易・海外旅行・企業の海外移転において起こりやすいと考えられることを述べた文として誤っているものはどれか。次から2つ選びなさい。

ア 輸出が増える。
イ 私たちは海外旅行がしやすくなる。
ウ 輸入が増える。
エ 外国の人は日本への旅行がしにくくなる。
オ 日本企業の海外移転がしやすくなる。
カ 外国企業の日本進出がしやすくなる。

問4 財政の仕組み

2020年度の日本の国家予算を示した次のグラフを見て，あとの問いに答えなさい。

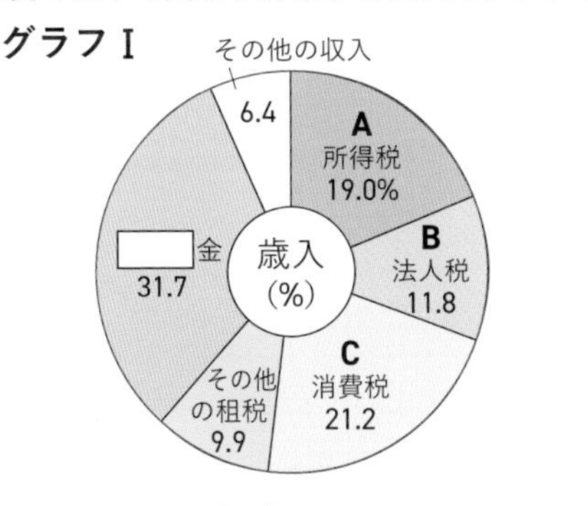

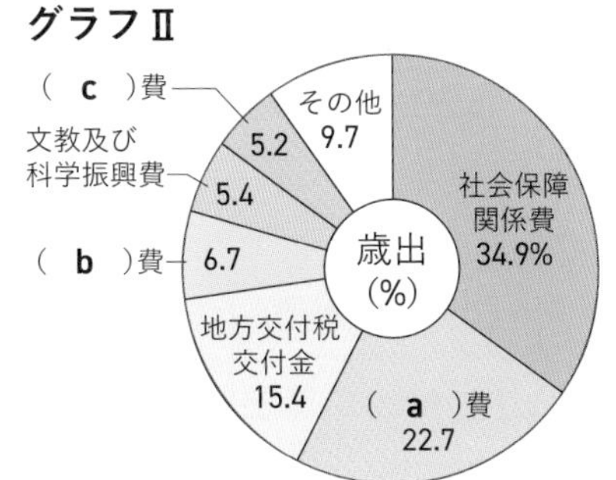

（「日本国勢図会」による）

(1) **グラフⅠ**は，国の歳入を割合で示したものである。主要な税のうち，納める人と負担する人が異なる税はどれか。図中の**A**～**C**から1つ選び，記号で答えなさい。

(2) **グラフⅠ**の□にあてはまる歳入項目を答えなさい。

(3) **グラフⅠ**の所得税は，所得の多い人ほど多くの割合で税金を納めなければならないようになっている。このような課税のしくみを何というか。漢字で書きなさい。

(4) **グラフⅡ**の(**a**)～(**c**)にあてはまる語句の組み合わせとして正しいものを次から選び，記号で答えなさい。

ア	(**a**) 国債	(**b**) 防衛関係	(**c**) 公共事業関係
イ	(**a**) 公共事業関係	(**b**) 国債	(**c**) 防衛関係
ウ	(**a**) 公共事業関係	(**b**) 防衛関係	(**c**) 国債
エ	(**a**) 国債	(**b**) 公共事業関係	(**c**) 防衛関係

問 5 財政と国民の福祉

次の文章を読んで，あとの問いに答えなさい。

国や地方公共団体は，税金などの収入をもとにして公共的な仕事を営んでいる。好景気で企業や労働者の所得が増え，商品の消費量が多くなると，税収が①{増加　減少}するため，国内の通貨が政府に吸い上げられ，景気は(a)。それとは対照的に，不景気のときは，②{増税　減税}したり，公共事業を③{増やし　減らし}たりすれば，国内の通貨が増加し，社会全体の④{需要　供給}が高まり，景気は(b)。

しかし，財政収入の不足や公共事業のために多額の国債を発行し続けると，その返済や⑤[　　]の支払(しはら)いが多くなり，結局は国民の税負担が大きくなる。もし高福祉(ふくし)高負担にするのであれば，税負担の公平と，高所得の人が納めた税金の一部を低所得の人にまわすという所得の⑥[　　]が十分に行われなければならない。

(1) ①～④の{　　}内からあてはまるほうを選びなさい。

(2) (a)(b)にあてはまる語句を，それぞれ次から選び，記号で答えなさい。

ア いきすぎがおさえられる

イ 落ちこみを防いで回復する

(3) ⑤，⑥の[　　]にあてはまる語句を答えなさい。

(4) 国の財政は予算にしたがって行われる。予算の作成を中心となって行うのは，何という省か，答えなさい。

問 6 社会保障の仕組み

次の文章を読んで，あとの問いに答えなさい。

わが国の社会保障は，憲法第25条に定める「健康で文化的な最低限度の生活を営む権利」，すなわち(a)権が保障され，次の４つの制度でそれが具体化されている。

①公費(租税(そぜい))で最低限度の生活を保障する制度で，生活保護制度がこれにあたる。

②老人や一人親家庭，心身障がい者など，社会的な弱者を支援(しえん)する制度。

③生活の安定を損なうおそれのある事故に備えて，あらかじめ個人や会社が掛(か)け金を積み立てておき，経済的不安を少なくしようとする制度。

④生活習慣病，伝染病などをなくし，国民の健康を保持増進することを目的としている制度。

(1) (a)にあてはまる語句を答えなさい。

(2) 上の①～④の文は，次のうちどの制度にあてはまるか，記号で答えなさい。

ア 社会保険　　**イ** 社会福祉　　**ウ** 公的扶助(ふじょ)　　**エ** 公衆衛生

(3) 社会保険のうち，高齢(こうれい)社会に備えて40歳(さい)以上の人を対象に2000年から始められた保険を何というか，答えなさい。

5章

地球社会と私たち

UNIT 1

国際社会における国家

着目 国家とはどのようなものか？　国際社会で国家が協調し合うためには何が大切か？

要点

- **国家**　国家は国民，領域(領土・領海・領空)，主権の三要素によって成り立っている。
- **主権国家**　国家は象徴としての国旗と国歌をもっており，日本では日章旗と君が代である。
- **国際法**　国際社会には，条約や国際慣習法などの守るべきルールがある。

1 国家とは？

世界には190あまりの国家があり，約78億人いる地球上のほとんどの人々は，どこかの国の国民として暮らしています。国家は，**国民・領域・主権**という「**国家の三要素**」により成り立っています。

国家が**主権**をもつことは，自国を統治する内政の責任を負うと同時に，ほかの**主権国家**に干渉・支配されない権利(**内政不干渉の原則**)と，国の大小や人口の多少にかかわらず互いに対等である権利(**主権平等の原則**)をもつことを意味します。また，他国から領土を侵略されない権利(**領土不可侵の原則**)や**自衛権**ももっています。そして，主権国家間の関係は，**外交**によって成り立っています。

国の主権がおよぶ範囲である**領域**は，**領土・領海・領空**からなります。南極大陸や宇宙空間は，人類共通の資産として，どの国の領域にも属しません。

領海の外には，海底の大陸棚をふくむ**排他的経済水域**があり，周囲がすべて海である島国の日本は，領海と排他的経済水域を合わせた海洋面積が，世界6位の広さです。

主権がおよばない排他的経済水域でも，海底の鉱産資源(燃料・鉱物)や水産資源(魚介・海藻)を開発し保全する優先的な権利が，沿岸国に認められています。排他的経済水域の外は**公海**とよばれ，どの国の船でも自由に航行や操業ができます(**公海自由の原則**)。

2 国旗と国歌

主権国家は，国の象徴(シンボル)や国民の誇りとして，歴史・文化・思想を反映させた**国旗**と**国歌**をもっています。日本では，1999年に**国旗・国歌法**が制定され，「**日章旗**(日の丸)」が国旗，「**君が代**」

主権

他国に干渉されたり支配されたりせずに，内政や外交をどのように行うかを決める権利。「国民主権」の「主権」とは意味が異なる。

領海・領空

領海は，干潮時の海岸線から**12海里**(1海里＝1852m)までの海域。領空は，領土と領海の**大気圏内の上空**で，宇宙空間はふくまない。

大陸棚

陸地の周辺に広がる，深さ200mまでの傾斜のなだらかな海底とその地下で，鉱産資源や水産資源が豊富。

⬆ 領域と排他的経済水域

が国歌と正式に定められました。主権国家が尊重し合うためには，互いに国旗・国歌に十分な敬意を表さなければなりません。

3 国際社会のルール

地球上で最も大きな社会である**国際社会**には，守らなければならない決まり（ルール）が２種類あります。

１つは，長い間の慣行が法となった**国際慣習法**です。国際慣習法には，すでに述べた内政不干渉の原則，主権平等の原則，領土不可侵の原則，公海自由の原則のほかに，**民族自決の原則**（民族の進むべき道や問題解決はその民族が自主的に決定できる権利），**外交特権**（外交官や外交使節団が滞在（たいざい）国の裁判権や警察権などを免（まぬか）れる権利）などがあります。

もう１つは，二国間や多国間で文書により合意する**成文国際法**，すなわち**条約**です。条約には，協定・協約・議定書・宣言・憲章などもふくまれます。

この２種類を合わせ，**国際法**といいます。国際法は，互いの主権を尊重し合うためだけでなく，国際社会全体で利益を共有するためにも重要です。しかし，国際法は，国内法と違（ちが）い，統一的な立法機関をもたず，強制力・拘束力（こうそくりょく）が弱い状態です。各国には，国際法を尊重して**国際協調**を維持（いじ）し，向上させていくことが求められています。

国家間の争いを国際法に基づいて解決するために，国際連合には**国際司法裁判所（ICJ）**が置かれています。ただし，ここで裁判を行うには，紛争（ふんそう）当事国の同意が必要なため，すべての争いが裁判によって解決されているわけではありません。このことは，国際社会の大きな課題となっています。

排他的経済水域における権利

排他的経済水域は，領海の外側で，かつ海岸線から**200海里**（約370㎞）までの水域。資源をめぐり，国どうしが争うことも多い。

国際司法裁判所（ICJ）

国際連合の主要機関の１つ。裁判官は15か国から１人ずつ選ばれた15人で，本部はオランダの**ハーグ**。判決には**拘束力**があるが，裁判の開始には**紛争当事国**の同意が必要。

TRY! 表現力

国際法の種類と特徴（とくちょう）をそれぞれまとめ，さらに共通する問題点を指摘（してき）しなさい。

ヒント　２種類ある国際法の順序はどちらが先でもよい。先に箇条書（かじょうが）きにしておき，種類と特徴を１文で，さらに問題点を１文で書くとまとめやすい。

解答例　公海自由の原則のように，長い間の慣行が法となった国際慣習法と，協定・憲章のように国家間で文書により合意された成文国際法（条約）がある。ともに，国内法と違い強制力が弱いことが問題となっている。

UNIT 2

領土をめぐる問題の現状

着目 日本は，固有の領土をめぐり周辺諸国とどのような問題をかかえているのか？

要点
- **日露関係**　日露双方が北方領土問題を領土問題だと認識し，交渉が続けられている。
- **日韓関係**　韓国は竹島の実効支配を続け，領土問題だと認識していない。
- **日中関係**　日本は尖閣諸島問題を領土問題だと認識していない。

1 周辺国との問題地域

日本は，敗戦後に**連合国**の統治の下で民主化を進めました。戦前の軍国主義を民主主義に変えていく動きは，実質的にはアメリカ軍の単独占領によるものでした。連合国軍最高司令官総司令部(GHQ)の最高司令官マッカーサーは，大日本帝国憲法を改正する形で日本国憲法を制定させました。そこでは，国民主権・平和主義・基本的人権の尊重が三大原則となっています。1951年の**サンフランシスコ平和条約**と日米安全保障条約を経て，1956年の**日ソ共同宣言**と同年，日本も国際連合に加盟し，国際社会に復帰しました。

1965年には**日韓基本条約**により大韓民国(韓国)と，1972年には**日中共同声明**により中華人民共和国(中国)と国交を結んでいます。この間，1953年に**奄美群島**，1968年に**小笠原諸島**，1972年に**沖縄**(琉球諸島・大東諸島)がアメリカから返還されました。しかし，日本固有の領土をめぐり，現在でも周辺諸国との間で3つの問題地域をかかえています。

発展

連合国

アメリカ・イギリスなどの**自由主義国**とソ連などの**社会主義国**の連合で，第二次世界大戦において日本・ドイツ・イタリアの**枢軸国**を破った。国際連合の母体。

分析

朝鮮と中国との関係

日本は朝鮮半島では大韓民国(韓国)，中国では中華人民共和国を唯一の合法的な政府と認めており，**朝鮮民主主義人民共和国**(**北朝鮮**)や**台湾**とは，正式な国交がない。

2 ロシアとの北方領土問題

サンフランシスコ平和条約で，日本は南樺太と得撫島以北の**千島列島**を放棄しました。しかし，**択捉島・国後島・歯舞群島・色丹島**という**北海道**の**北方領土**は，千島列島にはふくまれない日本固有の領土です。1855年の日露和親条約でも，国境は得撫島と択捉島の間でした。

1945年8月8日，日ソ中立条約を破棄して突然参戦したソ連は，日本が降伏したあとに北方四島も不法に占拠し，住民を追い出しました。以後，日本は返還を求めており，日ソ共同宣言では，「平和条約締結後の歯舞群島・色丹島返還」を約束されました。しかし，東西冷

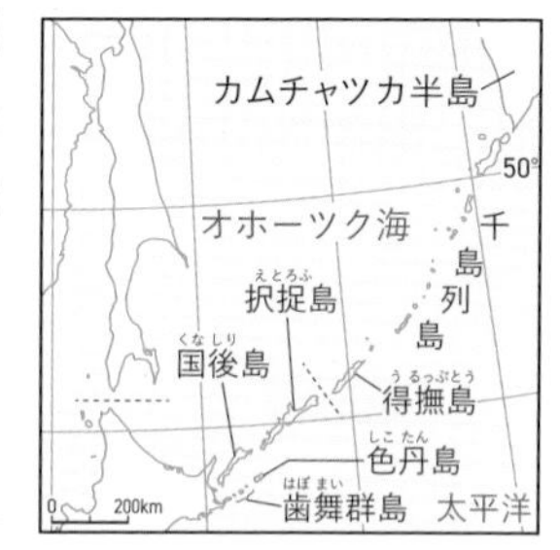

北方領土

戦の下で平和条約は締結されないまま，冷戦終結後の1991年にソ連は解体されました。

3 韓国との竹島問題

戦後，GHQは，日本の領域について政治上の権限を停止する地域と，漁業を行ってはいけない地域を指定し，そこに**竹島**(**島根県**)もふくまれていました。

1952年，**大韓民国**の李承晩大統領は，国際法に反し一方的に公海上に漁業管轄権の範囲を示す線を設定し，日本漁船の立ち入りを禁止しました(**李承晩ライン**)。隠岐諸島の北西に位置する竹島は，この線の韓国側に取りこまれ，以後，韓国が**不法占拠**して警備隊を常駐させています。

日本政府は韓国に抗議を続ける一方で，３回にわたり「**竹島問題**」を国際司法裁判所(ICJ)の判断にゆだねて平和的に解決しようという提案を行っていますが，韓国は拒否し続けています。

4 尖閣諸島への対応

戦後，**尖閣諸島**(**沖縄県**)は南西諸島の一部としてアメリカの統治下に置かれ，1972年に返還されました。

一方，1960年代末期にこの地域の大陸棚に石油が埋蔵されている可能性が報告されて以来，中国が領有権を主張し始めました。近年では，中国船が日本の領海に不法に侵入する事件が相次いでいます。しかし，日本固有の領土であることは国際社会にも広く認められており，日本政府は尖閣諸島問題を日本がかかえる「領土問題」とはみなしていません。

北方領土の日

日本政府は1981年，日露和親条約が結ばれた２月７日を「**北方領土の日**」と定めた。ソ連解体後は独立国家共同体(CIS)の**ロシア**と領土問題について交渉を続けている。

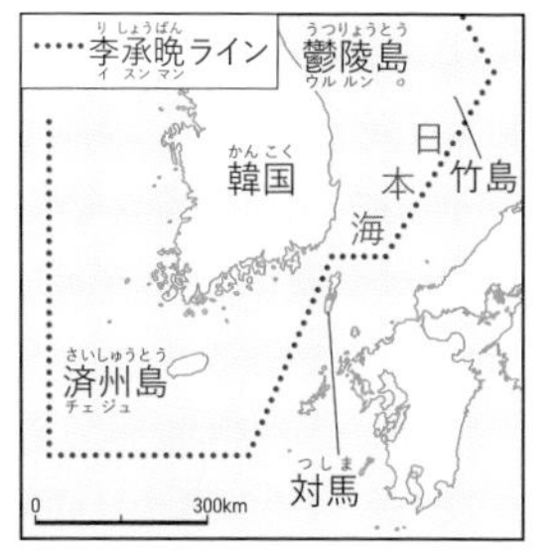

李承晩ライン

竹島の日

竹島の**島根県**編入が告示されたのは，日露戦争中の1905年２月22日。2005年，その100周年を記念し，島根県は２月22日を条例で「**竹島の日**」と定め，返還を求める運動を続けている。

TRY! 表現力

日本が周辺諸国とかかえる「固有の領土」についての問題を，ロシア→韓国→中国の順に述べ，特に日本から見た認識の違いを書きなさい。

ヒント　それぞれ具体的な地名と認識状況を必ず書き，採点者が３つを対比できるようにする。読む人間(採点者)のことを常に考えよう。

解答例　北海道の北方領土問題は，日露双方が領土問題と認識している。島根県の竹島問題は，日本は領土問題だと考えているが，韓国は考えていない。沖縄県の尖閣諸島問題は，日本は領土問題が存在しないとしている。

特集

国内政治と国際政治

● 国内政治

国内で利害の対立が起きると，中央政府が間に入って対立を解消し，社会秩序が維持されます。国内社会で展開される政治を**国内政治**といいます。これは，明確なルールの下で実施される，**制度化の進んだ政治**で，言い換えれば「正しい暴力(強制力)の行使者は中央政府のみ」ということです。

国民が選挙で代表者を選び，法で正当化された権力の行使に対し，監視したり批判したりすることはできても，だれも暴力による「挑戦」はできません。国内社会は原則として，公共の福祉に反する利己的な「やったもの勝ち」を許さない世界なのです。

閣議に臨む菅内閣の閣僚

● 国際政治

多数の主権国家から成立する国際社会で展開される政治を，**国際政治**といいます。各国は平等ですから，国家に対して外部から命令できる主体は存在しません。

国際連合の総会・安全保障理事会・事務局も国際司法裁判所・国際刑事裁判所も，国際社会の中央政府ではありません。国際政治は，**制度化が困難**で，言い換えれば「正しい暴力の行使者が国家の数だけ存在」します。

したがって，強大な国力(領土・人口・資源・軍事力・経済力・政治力・国民性)をもつ大国に対して，たとえどんな小国であったとしても，国際法上は「挑戦」が可能です。国際社会は「やったもの勝ち」の世界のように見えます。

国際社会において，ゆるく存在する利害調整の仕組みとしては，ヨーロッパ連合(EU)や東南アジア諸国連合(ASEAN)のような地域機構，日米安全保障条約や北大西洋条約機構(NATO)のような同盟関係，国際連合のような集団安全保障体制，核兵器をもつ強大な国どうしによるにらみ合いなどがあります。しかし，どれも対立の決定的な解決にはならないので，世界中で戦争や地域紛争などが起きてしまうのです。

このような中で，国際連合の平和維持活動(PKO)や，国際的な非政府組織(NGO)に対する期待が高まっています。国際世論を活性化させ，国際協調に努めることで，世界の平和を未来に向けて達成することが，現代の国際社会の課題です。

国連総会

特集

日本の領域と排他的経済水域

● 日本の領域

日本列島は，**北海道・本州・四国・九州**の４島を中心に，約7000もの付属諸島からなります。**総面積は約38万㎢**で，世界で61番目の大きさです。世界の約200か国中61位ですから，日本は決して「小さな島国」とはいえません。

国の**領域**のうち，**領土**は陸地，**領海**は沿岸から12海里(約22㎞；１海里は約1.8㎞)，**領空**は領土・領海の大気圏内の上空をさします。南極大陸や宇宙空間は，どの国の領域にも属しません。

⬆ 日本の排他的経済水域

日本の「領土」の東端は**南鳥島**(東京都)，西端は**与那国島**(沖縄県)，南端は**沖ノ鳥島**(東京都)，北端は**択捉島**(北海道)です。しかし，日本はロシアとの間に**北方領土問題**をかかえているので，北端を択捉島とするのは，あくまでも日本側の主張です。

北方領土は，北海道からカムチャツカ半島に向かう千島列島の**択捉島・国後島・歯舞群島・色丹島**で，４島や周辺海域には，資源が豊富にあります。1945年８月の太平洋戦争終了前後に旧ソ連が北方領土を不法占拠しました。1991年のソ連解体後も，ロシアが引き続き占拠しており，日露両国間で領土をめぐる交渉が続いています。

● 排他的経済水域

沿岸から**200海里**(約370㎞)以内の領海を除いた部分を，**排他的経済水域**といいます。国家の主権がおよぶわけではありませんが，海底の鉱産資源(石油・天然ガスなど)や漁業資源(魚・海藻など)は，沿岸国のものとなります。

日本は，周囲のオホーツク海・太平洋・東シナ海・日本海に多数の島が点在しているので，排他的経済水域は，領土に比べて10倍以上と広くなっています。

⬆ 護岸工事された沖ノ鳥島

UNIT 3

国際連合の仕組みと役割

着目 国際連合は，どんな仕組みで運営され，どんな役割を果たしているのだろう？

- **発足** 国連は，国際連盟が第二次世界大戦の発生を防げなかった反省をふまえて発足した。
- **仕組み** 国連には193か国が加盟し，総会・安全保障理事会・事務局などの機関が置かれている。
- **役割** 国連の最大の役割は，戦争や紛争を防ぎ，世界の平和と安全を維持することである。

1 国際連合の発足

第一次世界大戦(1914～18年)の反省から，アメリカ大統領**ウィルソン**の「平和原則14か条」に基づく提唱で，1920年にスイスの**ジュネーブ**に本部を置く**国際連盟**が発足しました。しかし，問題点が多く，1929年の世界恐慌をきっかけに，自由主義陣営(米・英・仏など)・社会主義陣営(ソ連など)・枢軸陣営(日・独・伊)に世界は三分割されます。そして，枢軸陣営が常任理事国でありながら三国とも国際連盟を脱退し，**第二次世界大戦**(1939～45年)の発生を防げませんでした。

この反省から，1945年のサンフランシスコ会議で**国際連合憲章**が採択され，10月24日(のちの国連デー)に，アメリカの**ニューヨーク**に本部を置く**国際連合**が，51か国で発足しました。

国際連盟の問題点

大国**アメリカの不参加**(ソ連もおくれて参加後に除名)，**全会一致制**，**武力制裁規定の欠如**など。

事務総長

2021年現在の国連の事務総長は9代目で，ポルトガルの**アントニオ・グテーレス**が務める。8代目にあたる韓国の潘基文は，初のアジア人だった。

2 国際連合の仕組み

2020年現在，国連には**193か国**が加盟しており，**総会**，**安全保障理事会**(**安保理**)，**経済社会理事会**，信託統治理事会(1994年のパラオ独立後は活動停止)，**国際司法裁判所**(**ICJ**)，**事務局**(**事務総長**が最高責任者)という6つの主要機関が置かれています。また，国際労働機関(ILO)，世界保健機関(WHO)，国連教育科学文化機関(UNESCO)などの**専門機関**や，その他の国際機関が，国連と連携して活動しています(➡p.238)。

全加盟国による**総会**は年1回9月に開かれ，多数決で決議します。ほかに，特別総会や緊急特別総会が開かれることもあります。総会では，「主権平等の原則」に従い全加盟国が1票をもっていますが，決議に従う義務はあ

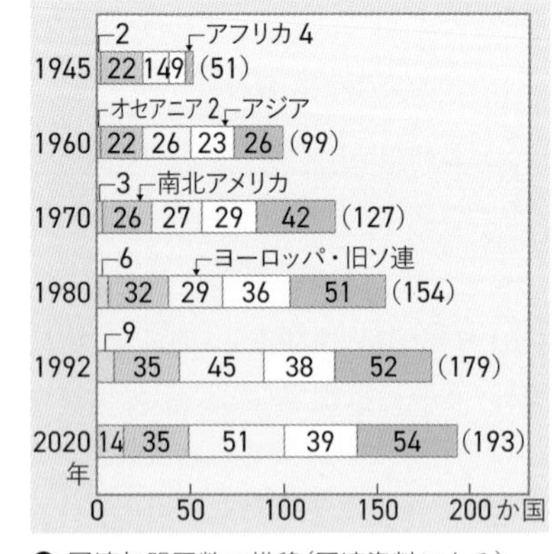

⬆ 国連加盟国数の推移(国連資料による)

りません(拘束力をもたない)。

安全保障理事会は，国連の中で最も強い権限をもち，加盟国は決議に従う義務があります(拘束力をもつ)。安保理は，**アメリカ**，**イギリス**，**フランス**，**ロシア**，**中国**の核保有**五大国**の**常任理事国**と，総会で選出された**任期2年・10か国**の非常任理事国で構成されています。**拒否権**をもつ5常任理事国のうち，1国でも反対すると重要問題について決議できず，これを「**大国一致の原則**」といいます。

3 国際連合の役割

国連の最大の役割は，**世界の平和と安全を維持**することです。国連は，違う考えをもった国どうしでも加盟しています。侵略などの行動をとった国に対し，安保理の決定に基づき**経済的・軍事的措置**をふくむ制裁を加えることが可能です(**集団安全保障体制**)。

また，地域紛争後の平和実現のために，平和維持軍(PKF)・停戦監視団・選挙監視団などを派遣する**平和維持活動(PKO)**を，1948年以来各地で行っており，日本も1992年に国際平和協力法(PKO協力法)を制定し，何度も参加しています。

ほかの役割は，経済・社会・文化・環境・人権などの**国際協力**を促進することです。国連は，国際通貨基金(IMF)などの専門機関や，国連児童基金(UNICEF)などの国際機関と連携し，世界の人々の人権を保障し，暮らしを向上させるための活動に取り組んでいます。

その1つとして，1948年には世界人権宣言を採択し，1966年には国際人権規約として条約化しています。また，2015年には，2030年までに達成すべき17の目標である**持続可能な開発目標(SDGs)**を定めました。

ロシア・中国

1991年まではソ連が，1971年までは台湾の中華民国が国連代表権をもっていたが，現在はそれぞれロシアと中華人民共和国に代わった。

「平和のための結集」決議

安全保障理事会が大国の拒否権で活動できない場合，総会は**緊急特別総会**を開き，必要な措置をとることができる。1950年の**朝鮮戦争**勃発をきっかけに成立した制度。

国連分担率

国連の収入にあたる分担金は，支払い能力に応じて，各国の負担比率が総会で決定される。2021年現在，日本はアメリカ・中国に次ぐ3位となっている(➡p.238)。

国際連合が，安全保障理事会の常任理事国である五大国に拒否権を認めている理由を考えて書きなさい。

ヒント そもそも国際連合が設立された経緯を思い出してみよう。本文に明確には書いていないことを，自ら考えられるかを問う問題。

解答例 第二次世界大戦の発生を防げなかった国際連盟のように，拒否権なしで各国の権限を平等にすると，大国の不満や反感を招き，日本・ドイツ・イタリアのように脱退するなどして運営に支障をきたしかねないから。

UNIT

地域主義の動き

着目 グローバル化が進むとともに，地域主義の動きが起きているのはなぜか？

- **地域主義**　共通の問題意識をもつ国々がまとまり，協調や協力を強める動きが進んでいる。
- **具体例**　ヨーロッパ連合(EU)や東南アジア諸国連合(ASEAN)は，特に有名な事例。
- **協定**　自由貿易協定(FTA)や経済連携協定(EPA)の締結も，各地で増えてきている。

1 グローバル化と地域主義

現代の国際社会は**グローバル化**(世界の一体化)が進み，人やモノだけでなく，お金や情報が国境を越えて結びつき，国どうしが**相互依存**の関係にあります。そこで，一国だけは難しい経済・環境・安全保障などの課題を解決するため，共通の問題意識をもつ国々が一定地域でまとまり，協調や協力を強める動きが，世界各地で見られるようになりました。このような動きを**地域主義**(**リージョナリズム**)といいます。

欧州共同体(EC)

経済分野の枠組みである，欧州石炭鉄鋼共同体(ECSC)，欧州経済共同体(EEC)，欧州原子力共同体(EURATOM)の3つが統合して成立した。

2 ヨーロッパ連合(EU)

ドイツを発端に二度の世界大戦が発生したヨーロッパでは，その反省から，経済を中心に統合をめざす動きが起きました。その後，政治にも拡大し，1967年にはベルギーの**ブリュッセル**に本部を置く**欧州共同体**(**EC**)が発足します。1993年には，マーストリヒト条約の発効により**ヨーロッパ連合**(**EU**)に発展し，国境移動を自由に認め，関税を廃止して**市場統合**を実現しました。

ドイツのフランクフルトに**欧州中央銀行**(**ECB**)があり，加盟国**27か国**のうち19か国が，自国通貨を廃止して共通通貨**ユーロ**を導入しています。また，外交・安全保障においても，共通の政策を強化する努力を続けてきました。

EU加盟国とユーロ導入国

発足以降，東西冷戦時代には社会主義国だった東欧諸国を中心に加盟国が増えていきましたが，その結果，加盟国間で**経済格差**が激しくなりました。また，各種の決定が複雑になったことや，移民・難民政策などを中心に人々の意見がうまく反映されないことなどの課題(民主主義の赤字)もかかえています。こうした中，国民投票が行われ，

ギリシャ危機

2009年，ギリシャが巨額の**財政赤字**をかくしていたことが明らかになり，翌年，ユーロの信用がゆらぎ，為替相場が下落した。

2020年にはイギリスが離脱してしまいました(**ブレグジット**)。

3 その他の地域主義の動き

アジアは，歴史・文化・言語・宗教などが多様なため，まとまることは難しいとされてきました。その中で，東南アジアでは，1967年に安定と発展を求めて**東南アジア諸国連合**(ASEAN)が設立され，経済・安全保障を中心に，現在**10か国**で協力を進めています(➡p.238)。ASEANに日本，中国，韓国の東アジア諸国を加えたASEAN＋3や，さらにインド・オーストラリア・ニュージーランドを加えたASEAN＋6なども活発な活動をしています。

また，太平洋沿岸地域の経済協力を進めるため，1989年にオーストラリアの提唱で**アジア太平洋経済協力会議**(APEC)が発足し，現在日本をふくむ**21か国・地域**が参加しています(➡p.238)。2016年には，このうち日本をふくむ12か国が参加して，さらなる経済関係の強化をはかる**環太平洋経済連携協定**(TPP)が調印されました。

また，二国間や地域間で関税・規制を撤廃して貿易を促進する**自由貿易協定**(FTA)や，それを発展させた**経済連携協定**(EPA)を締結する動きも活発です。

4 地域主義の課題

ヨーロッパ連合(EU)では，加盟国が増えた反面，課題も生まれています。また，アフリカ連合(AU)などは，加盟国・地域が多すぎて結びつきが弱く，必要性の面からも疑問が出ています。

そして，トランプ政権時代のアメリカに代表されるように，自由貿易や地域主義による協力体制そのものに疑問を投げかけ「**自国ファースト**」を主張する国も出てきています。

環太平洋経済連携協定

2017年，トランプ政権のアメリカが離脱を表明したため，2020年現在の加盟国は11か国となっている。

地域機構

南米南部共同市場(MERCOSUR)，**アフリカ連合**(AU)，**米国・メキシコ・カナダ協定**(USMCA〔もとNAFTA〕)，欧州自由貿易連合(EFTA)，**石油輸出国機構**(OPEC)，アラブ石油輸出国機構(OAPEC)などがある(➡p.238)。

EU憲法条約の否決

2005年，**フランス**と**オランダ**が**EU憲法**受け入れを国民投票で拒否した。ほかの加盟国から安い労働力が流入し，自国の雇用が悪化するなど，経済力がある国では，進みすぎるEUの一体化に反発する動きもある。

思考力

自由貿易協定(FTA)や経済連携協定(EPA)の長所と短所について，それぞれ説明しなさい。

ヒント　本文に答えは書いていないが，長所があるからこそ推進される動きがあるはず。また，反対する人々がいるということは，短所もあるはず。

解答例　関税や規制を撤廃することで，輸出の推進や輸入品の低価格化などが期待できる。しかし，安価なモノ・サービスが輸入されることで国際競争にさらされ，自国の弱小産業には多大な影響をおよぼしてしまう。

UNIT 5

新興国の台頭と経済格差

着目 世界の国々の間に，経済格差が生まれてしまうのはなぜだろう？

- **南北問題** 先進工業国(先進国)と発展途上国(途上国)間の経済格差の問題のこと。
- **南南問題** 新興国が台頭する一方で，途上国間で経済格差が広がっている。
- **国際協力** 国際社会は，途上国の自立した経済発展をうながすように考える必要がある。

1 南北問題

かつて欧米の植民地だったアジア，中南米，アフリカなどに広がる**発展途上国**(**開発途上国・途上国**)は，政治的独立を果たしたあとも，特定の農産物・地下資源などに極端に依存する**モノカルチャー経済**からぬけ出せない例が多くなっています。こうした状況下では，自然環境や農作物の国際価格に経済が左右されます。その結果，多額の累積債務をかかえて**先進工業国**(**先進国**)との間に大きな経済格差ができ，そこから諸問題も発生します。

これらの問題を，先進国の多くが地球の北寄りにあり，途上国の多くがその南側に位置していることから，**南北問題**とよび，1960年代から表面化しました。先進国の人口は減り，途上国の人口は増える状況ですが，先進国が経済的支配を続けています。

発展途上国がかかえる問題

政治や財政状態が不安定であること，識字率の低さなどの教育問題，**人口が急増**し，生活環境が悪化していること。農村部で干ばつが起き，都市部にはスラムが広がり，人々は内戦で住む場所を失い，**難民**になる。住居のない子どもである**ストリートチルドレン**や，兵士化した**子ども兵士**(**チャイルドソルジャー**)も見られる。

2 新興国の台頭と南南問題

途上国の中でも経済成長を果たす**新興国**もあります。特に，1980年代までに工業化が進んだ韓国・台湾・香港・シンガポールなどは**新興工業経済地域**(**NIES**)とよばれています。また，石油などの地下資源を豊富にもつ国も，西アジアや中南米で工業化を進め，存在感を増しました。

2000年代に入ると，広い国土と多くの人口や資源をもち，経済成長する**ブラジル**，**ロシア**，**インド**，**中国**，**南アフリカ共和国**が注目され，国名の頭文字をとって**BRICS**とよばれています。また，東南アジアのベトナム，タイ，マレーシアなども急速に発展しています。

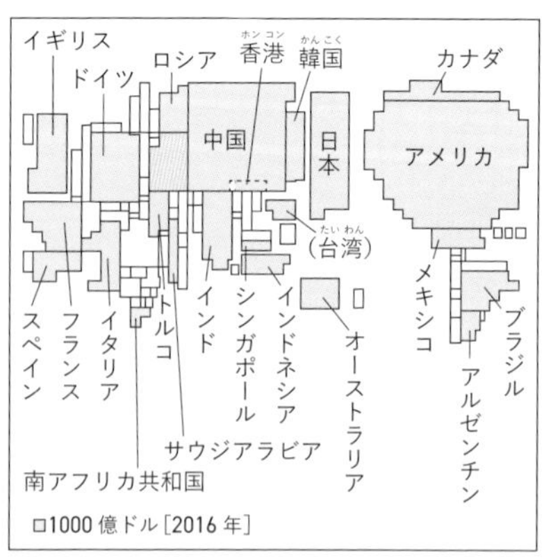

GDPの大きさで表した世界地図（世界銀行資料ほかによる）

新興国は，国際社会での発言力を増しました。例えば，1973年の石油危機後の世界経済・政治の問題を話し合うため，1975年以来開かれてきた**主要国首脳会議**（**サミット**）は，先進７か国とEC（のちEU）による**G7サミット**が中心でした。しかし，アメリカ発の世界金融危機が起きた2008年からは，新興国を加えた**G20サミット**も，G7とは別に毎年開催されています。

一方で，サハラ以南のアフリカの国々や一部の中米諸国のように，政治的に不安定な国や地域では，産業の発達や資源の開発がおくれ，先進国からの工場誘致なども進まず，貧困や飢餓は深刻な問題となっています（**後発開発途上国**〔LDC〕）。

このように，南北間だけでなく，途上国の間でも経済格差が見られることを，**南南問題**とよびます。

3 自立した経済発展をめざして

南北問題や新興国の台頭，南南問題に加え，先進国間の経済的な競争や，世界的な環境問題での論争も激しくなり，今日の国際関係はより複雑化しています。

1970年前後から，途上国は，産出する資源を（先進国ではなく）自国の経済や国民生活の発展のために使う権利があると強く主張するようになりました（**資源ナショナリズム**）。また，1990年代以降の地球温暖化防止対策をめぐる交渉でも，温室効果ガスを削減したい先進国と，これから工業を発展させようとする途上国との間に対立が生じています。

国際社会は，途上国が自立した経済発展を実現できるように，どのような援助や国際協力が望ましいかを考えていく必要があります。

G7サミット

アメリカ，**イギリス**，**フランス**，**ドイツ**，**イタリア**，**日本**，**カナダ**の先進７か国グループを**G7**という。1990年代から2010年代前半にかけては**ロシア**を加え，**G8**サミットの時期もあった。

G20サミット

G８＋EUに，中国，韓国，インド，インドネシア，オーストラリア，ブラジル，アルゼンチン，メキシコ，サウジアラビア，トルコ，南アフリカ共和国の11か国を加えた20か国で開催される。

政治的に不安定な地域

途上国では，不安定な経済状態への不満をおさえるために独裁体制をとる国が多く，民族・宗教問題などとも重なり，政治的にも不安定となっている。

TRY! 思考力

国の規模を表す主な指標として，経済力と人口の２つがある。この２つを面積で置きかえて世界地図化すると，どのようになるか説明しなさい。

ヒント　経済力は国内総生産（GDP），人口はその数を基準に，それぞれ実際の位置に四角や丸で書き出してみよう。北と南を意識すれば理解しやすい。

解答例　経済力を置きかえた地図は，アメリカ，中国，日本やヨーロッパの面積が大きく，北にかたよっている。人口を置きかえた地図は，中国，インドのほか，アフリカや東南アジアも存在感があり，南北のバランスがよい。

特集

地域的経済統合

● ヨーロッパ連合（EU）の変化

ECは1967年に，ECSC・EEC・EURATOMという３つの共同体を統合して成立しました。ベネルクス三国（ベルギー・オランダ・ルクセンブルク）にフランス，西ドイツ，イタリアを加えた６か国で発足しています。

1993年に12か国で発足したEUは，内政・外交・安全保障などの政治統合をふくむヨーロッパの結束をめざして，スタートしました。対立をくり返してきたヨーロッパの歴史を乗り越えた功績を評価され，2012年にノーベル平和賞を受賞しています。

年代	できごと
1952年	欧州石炭鉄鋼共同体（ECSC）設立
1958年	ローマ条約調印 欧州経済共同体（EEC）設立 欧州原子力共同体（EURATOM）設立
1967年	**欧州共同体（EC）**発足（６か国）
1973年	欧州共同体にイギリスなどが加盟
1992年	マーストリヒト条約調印
1993年	**ヨーロッパ連合（EU）**発足（12か国）
1997年	アムステルダム条約調印
1998年	**欧州中央銀行（ECB）**設立
1999年	共通通貨**ユーロ**による決済はじまる
2001年	ニース条約調印
2004年	東欧諸国の加盟はじまる
2007年	リスボン条約調印
2020年	**イギリスがEU離脱** （2021年現在，27か国）

● その他の地域機構

年代	できごと
1960年	欧州自由貿易連合（EFTA）結成 **石油輸出国機構（OPEC）**結成
1967年	**東南アジア諸国連合（ASEAN）**結成
1968年	アラブ石油輸出国機構（OAPEC）結成
1989年	**アジア太平洋経済協力会議（APEC）**結成
1994年	北米自由貿易協定（NAFTA）結成
1995年	**南米南部共同市場（MERUCOSUR）**結成
2002年	**アフリカ連合（AU）**発足
2018年	**米国・メキシコ・カナダ協定（USMCA）** ＊NAFTAに代わる新協定で，2020年発効

● FTAとEPA

２か国以上の国・地域との間で関税その他の貿易障壁を撤廃し，自由貿易を促進するために結ばれるのが**自由貿易協定（FTA）**です。

FTAをさらに発展させ，モノだけでなく人の移動やサービス分野の自由化，知的財産権の保護などもふくむ幅広い連携をめざして結ばれるのが，**経済連携協定（EPA）**です。

EPAの１つである**環太平洋経済連携協定（TPP）**には日本も参加しています。アメリカはTPPから離脱しましたが，その後，イギリスが参加を表明しています。

用語チェック

できたらチェック！

QUESTIONS	ANSWERS
□ 国家は，国民・（　①　）・主権という「国家の三要素」により成り立っている。	①領域
□ 1999年に国旗・国歌法が制定され，「（　②　）（日の丸）」が国旗，「（　③　）」が国歌と正式に定められた。	②日章旗（にっしょうき） ③君が代（きみがよ）
□ 国際慣習法と，成文国際法，すなわち（　④　）の２種類を合わせて，（　⑤　）という。	④条約 ⑤国際法
□ 択捉島（えとろふ）・国後島（くなしり）・歯舞群島（はぼまい）・色丹島（しこたん）という北海道の（　⑥　）は，日本固有の領土である。	⑥北方領土（ほっぽう）
□ 韓国（かんこく）は（　⑦　）（島根県），中国は（　⑧　）（沖縄県）に対して，それぞれ領有権を主張している。	⑦竹島 ⑧尖閣諸島（せんかく）
□ 1945年に，サンフランシスコ会議で（　⑨　）が採択（さいたく）され，（　⑩　）が51か国で発足（ほっそく）した。	⑨国際連合憲章 ⑩国際連合
□ 安全保障理事会の（　⑪　）は，核（かく）保有五大国で構成され，議決においては（　⑫　）をもつ。	⑪常任理事国 ⑫拒否権（きょひ）
□ 国際連合は国際協力を促進（そくしん）し，人々の人権の保障や暮らしを向上させるため，2015年に（　⑬　）を採択した。	⑬持続可能な開発目標［SDGs］
□ 経済中心の統合をめざし，1967年に発足した欧州（おうしゅう）共同体（EC）は，1993年に（　⑭　）へと発展した。	⑭ヨーロッパ連合［EU］
□ 東南アジアでは1967年に（　⑮　）が設立され，経済・安全保障を中心に，現在10か国で協力を進めている。	⑮東南アジア諸国連合［ASEAN］
□ 地球の北寄りに多い先進工業国と，南側にある発展途上国（とじょうこく）の間にある経済格差やそれにまつわる問題を，（　⑯　）とよぶ。	⑯南北問題
□ 1980年代までに工業化が進んだ韓国・台湾（たいわん）・香港（ホンコン）・シンガポールなどは（　⑰　）とよばれている。	⑰新興工業経済地域［NIES］

UNIT 1

地球環境問題

着目 世界はどんな地球環境問題をかかえていて，どんな取り組みがなされているのか？

要点
- **地球環境問題** 地球温暖化や生物多様性の喪失など，多くの環境問題に直面している。
- **地球温暖化** 地球サミット，京都議定書，パリ協定などで国際的な取り決めを行った。
- **持続可能な社会** 経済発展と環境保全の両立，現在世代と将来世代の幸福を実現する。

1 地球環境問題

工業化・都市化が進んだ現在，さまざまな**地球環境問題**が起きています。途上国では，焼畑農業や森林伐採などによる**熱帯林の減少**，過放牧などによる**砂漠化**の進行が見られます。また，主に先進国が排出してきたフロンガスは**オゾン層の破壊**に，化石燃料の大量消費は**酸性雨**の発生と**地球温暖化**の進行につながります。

ほかにも，大気汚染・海洋汚染・**放射能汚染**や特定生物種の**絶滅危機**など，地球はまるで病気や傷だらけの状態です。これらの危機は，人間が便利で快適な生活を追い求めた結果として起こっています。

平均気温が上昇する**地球温暖化**は，化石燃料の燃焼を中心とする**二酸化炭素**(CO_2)などの**温室効果ガス**が増えることで，進行してきました。温暖化は気候変動を引き起こし，干ばつや洪水などの自然災害，農作物への悪影響や生態系の変化につながります。また，極地の氷がとけ出して海面が上昇し，海抜の低い島国や沿岸部の低地が水没することも心配されています。

オゾン層の破壊

オゾン層は地球表面をおおい，**皮膚がん**や**白内障**を引き起こす有害な**紫外線**を吸収する役割を果たす。現在は使用禁止(スプレーや電化製品，半導体の洗浄など)とされている**フロンガス**によって，オゾン層が破壊されてきた。

酸性雨

工場や自動車の排出ガスにより，**窒素酸化物**や**硫黄酸化物**などが大気中に増え，酸性度の強い雨となる。森林が枯れ，河川・湖沼で魚が死滅し，歴史的建造物が傷んだりする。

2 国際社会の取り組み

地球環境問題の解決には，国際社会の協力が必要不可欠です。1972年には，スウェーデンの**ストックホルム**で「**かけがえのない地球**」をスローガンとする**国連人間環境会議**が開かれました。**人間環境宣言**が採択され，これを受けて**国連環境計画**(**UNEP**)も発足しています。1992年には，ブラジルの**リオデジャネイロ**で**国連環境開発会議**(**地球サミット**)が開かれ，行動計画の**アジェンダ21**や，**気候変動枠**

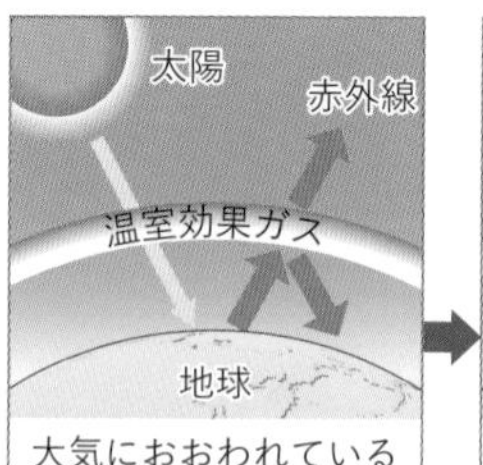

大気におおわれている状態では，太陽光の熱が吸収され，地球の気温は適度に保たれる。

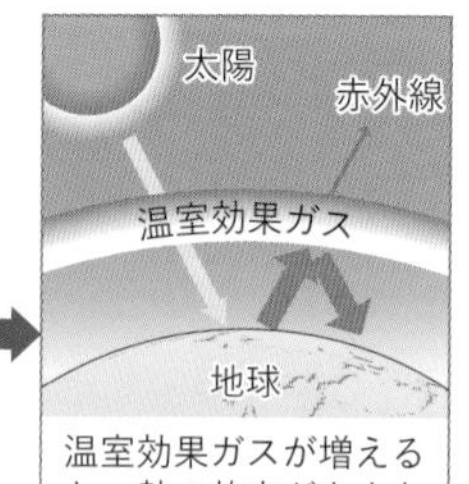

温室効果ガスが増えると，熱の放出がさまたげられ，地球の気温は上昇する。

↑ 地球温暖化の仕組み

組条約・生物多様性条約を採択しました。また，環境と開発に関する**リオ宣言**で,「**持続可能な開発**」の達成をめざす指針を打ち出しました。

1997年には，**気候変動枠組条約第3回締約国会議（COP 3）**として開催された**京都会議**で，2012年まで先進国のみに温室効果ガスの排出量削減を義務づける**京都議定書**が採択されました。しかし，アメリカの離脱や，先進国と途上国の間の利害対立などがあり，目標達成後も期限を8年間延長する(しかし，日本・ロシアなどは削減義務の延長を拒否)など，議論が続いてきました。

そこで，2015年の**COP 21**で**パリ協定**が採択され，「産業革命前からの気温上昇を2℃未満におさえる」という目標を設定し，2020年以降，途上国をふくむ国・地域が各自で温室効果ガス削減目標を立てて取り組むことになりました。しかし，2019年には，義務づけのない内容に不満があるアメリカが離脱し，先行きは不透明です。

3 地球環境問題の解決に向けて

地球環境問題の解決には，経済や社会の発展と環境の保全を両立させ，現在世代と将来世代の幸福をともに満たそうとする「**持続可能な社会**」の考えが重要です。2002年に南アフリカのヨハネスブルグで開かれ，**ヨハネスブルグ宣言**が採択された**環境開発サミット（リオ+10）**の正式名称は「持続可能な開発に関する世界首脳会議」でした。

地球環境問題を共通の課題として認識し，各国・地域や国際機関・非政府組織(NGO)などが協力して取り組んでいくことが必要です。そして，一人一人の意識はさらに重要です。「Think Globally, Act Locally(地球規模で考え，足元から行動を)」という言葉は，私たちの取るべき姿勢と決意を表しています。

京都議定書

2012年までに，1990年と比べて**EU**は8%，**アメリカ**は7%，**日本**は6%の温室効果ガスを削減するという目標が設定された。

先進国と途上国の利害対立

「これまで環境破壊を引き起こしながら経済成長を果たした」先進国が中心となり，環境に関するさまざまな取り組みが主導されているが,「これから経済成長したい」途上国との間で利害が対立し，当然足並みはそろわない。

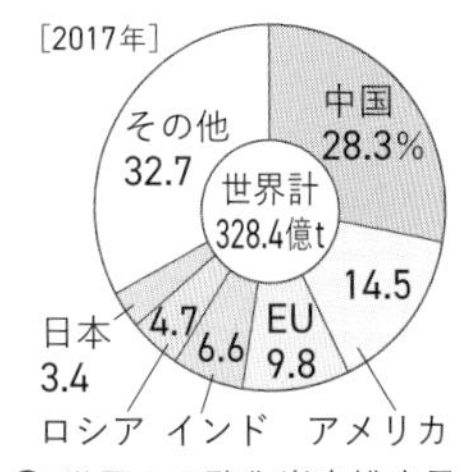

↑ 世界の二酸化炭素排出量（「世界国勢図会」による）

TRY! 思考力

地球環境問題における各国の利害対立について説明し，さらに根底にある意識の問題を考え，自分の意見を書きなさい。

ヒント　利害対立は，先進国と途上国を対比して書けばよい。根底にある意識の問題は，さまざまな解答例がある。

解答例　環境破壊をしてきた先進国が中心となり，さまざまな取り組みが主導されているが，いま経済成長したい途上国との間で足並みはそろわない。また，各国が他国に対して加害者意識がないことも大きな問題だと考える。

UNIT 2

資源・エネルギー問題

着目 増大するエネルギー消費に対し，日本ではどのような取り組みがなされているのか？

- **資源** 世界のエネルギー消費量が増え続ける一方で，化石燃料などの資源には限りがある。
- **電力** 日本の電力は主に，水力発電・火力発電・原子力発電でまかなわれてきた。
- **エネルギー政策** 太陽光・風力・地熱などの再生可能エネルギーの活用が大きな課題となる。

1 限りある資源

地球上の森林・海洋・生物・地下**資源**は限りあるものです。電気・ガスなどの生活に欠かせない**エネルギー**を起こす資源のうち，最も多く使われているのは**石炭**，**石油**，**天然ガス**などの**化石燃料**で，世界のエネルギー消費量の8割以上を占(し)めます。特に石油は，1960年代前半に石炭から主役の座をうばい「**エネルギー革命**」とよばれました。これらの地下資源は，埋蔵量(まいぞうりょう)に地域的なかたよりがあり，採掘(さいくつ)できる年数(可採年数(かさいねんすう))も限られます。また，燃焼時に二酸化炭素(CO_2)などの温室効果ガスも排出(はいしゅつ)してしまいます。

エネルギー消費量は，途上国(とじょうこく)を中心に増え続けています(➡p.239)。そこで，燃料電池やハイブリッドカーなど，**省資源・省エネルギー**技術の開発が進められています。また，頁岩(けつがん)という，うすくはがれやすい岩から採掘される**シェールガス・シェールオイル**や，メタンを主成分とする“燃える氷”**メタンハイドレート**など，石油・天然ガスの**代替(だいたい)エネルギー**となる新たな資源の開発も注目されています。

埋蔵量のかたより

例えば，石油(原油)産出国は(アメリカやロシアでも産出するが)，**中東**・中南米に集中している(➡p.239)。

新エネルギーの開発

シェールガスはアメリカ近海，**メタンハイドレート**は日本近海の海底が埋蔵地として有名。そのほか，とうもろこし・さとうきびからエタノールを作る**バイオ燃料**も開発が進む。

2 日本のエネルギー事情

日本では，産業部門のエネルギー消費量が1970年代からあまり変わらない一方，家庭における消費量が約3倍と大きく増えています。その要因として，エアコン，電子レンジなど新しい電化製品の普及(ふきゅう)があげられます。

日本の電力は主に，**水力発電**，**火力発電**，**原子力発電**でまかなわれてきました。しかし，発電に使う資源の9割以上を輸入に依存(いぞん)しているという問題があります。

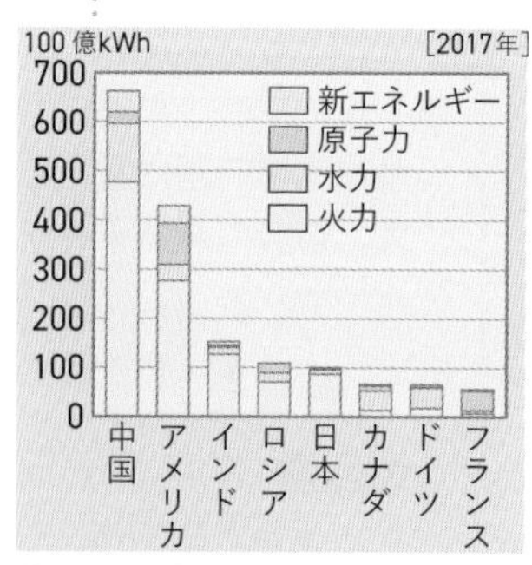

⬆ エネルギー別発電量
(「日本国勢図会」による)

3 今後の日本のエネルギー

資源の確保が難しく，温室効果ガスの排出削減が求められる中，日本では電力の確保が重要な課題になっています。特に1970年代の二度にわたる**石油危機**以降，火力発電にたより過ぎない意識を強くもつようになりました。

核分裂反応を利用した**原子力発電**は，海外から安定的に**ウラン**を供給でき，少ない燃料で多くのエネルギーを取り出せます。また，発電時に二酸化炭素(CO_2)を排出しません。しかし，2011年の東日本大震災では，東京電力**福島第一原子力発電所**で津波による事故が起こり，大量の放射性物質が放出されました。その結果，周辺住民が長期の避難生活を強いられたり，地元産業が風評被害に悩んだりするなど，大きな被害が出ています。

この事故を受け，日本のエネルギーのあり方について改めて議論が起こり，全国の海岸沿いに60基近くある原子力発電所は，停止や検査，廃炉や廃止が相次ぎ，2020年現在，数基しか稼働していません。

一方，資源確保の必要も枯渇の心配も少なく，大気汚染や廃棄物処理の問題もない**クリーンなエネルギー**として，従来からの水力に加え，**太陽光**，**風力**，**地熱**，**波力**，**バイオマス**(**生物資源**)などの**再生可能エネルギー**を利用した発電の普及が進められています。

2011年には**再生可能エネルギー特別措置法**が制定され，各家庭で発電した再生可能エネルギーを電力会社が買い取ることを義務づけました。しかし，現在の技術では発電にかかる費用が高いことが問題です。また，太陽光発電や風力発電は，自然条件に左右され安定供給が難しいことなどの課題があります。

原子力発電の問題点

スリーマイル島(1979年，アメリカ)，**チェルノブイリ**(1986年，旧ソ連のウクライナ共和国)でも起きた事故の危険性のほか，発電後に残る**放射性廃棄物**の最終処分場をどこに設けるか，という課題もある。

クリーンなエネルギー

太陽光，風力，地熱，波力発電などの**自然エネルギー**は，地球温暖化の原因となる二酸化炭素(CO_2)を排出しないという利点がある。

バイオマス発電

木くずや生ごみなど生物資源を燃やしたときの熱や，家畜のふん尿などを発酵させた**メタンガス**を利用して発電する。

TRY! 思考力

日本でエネルギーを確保できなくなると，私たちの生活にどのような影響があるか考え，2点以上書きなさい。

ヒント 「私たちの生活」とあるので，身近な話題で考えよう。朝起きてから寝るまでの生活を思いうかべてみれば，難しくはないはず。

解答例 電気やガスが自由に使用できないと，日々の暮らしそのものが成り立たない。また，燃料不足で鉄道や自動車が動かずに移動が不便になったり，遠方から運ばれてくる食料や製品を買えなくなったりもする。

特集

地球温暖化の防止

● 地球環境問題に関する条約

水鳥の生息地として重要な湿地を保全する**ラムサール条約**(1971年)，絶滅のおそれがある野生動植物の取引を規制する**ワシントン条約**(1973年)は，生物の多様性を維持するための条約です。また，フロンガスの排出規制のための**モントリオール議定書**(1987年)，有害廃棄物の輸出入を規制するバーゼル条約(1989年)も，**地球環境問題**に関係する条約として有名です。

さらに，1992年の国連環境開発会議(地球サミット)では，重要な2つの条約が調印されました。それが，**気候変動枠組条約**と**生物多様性条約**です。

● 気候変動枠組条約締約国会議(COP)

1995年以降，**地球温暖化防止**のために，気候変動枠組条約に基づき，**締約国会議(COP)**が毎年開かれています。特に画期的だったのが，第3回の**京都会議(COP3)〔1997年〕**と，第21回の**パリ会議(COP21)〔2015年〕**でした。

京都会議では，先進国の38か国・地域にのみ温室効果ガスの削減を義務づける**京都議定書**を採択しました。①削減目標値は政府間交渉で決定，②目標が達成できなければ罰則あり，③**発展途上国**の排出削減の義務なし，という内容でした。しかし，不満のあったアメリカが離脱するなど，足並みはそろいませんでした。

これに対し，パリ会議では，広く196か国・地域が対象となる**パリ協定**を採択しました。①削減目標値は各国が自ら決定，②すべての国に目標の策定・報告・見直しを義務づけ，③**すべての国**に排出削減目標達成の義務なし，という内容でした。アメリカは民主党のオバマ政権では賛成でしたが，共和党のトランプ政権に代わるとパリ協定から離脱しました。しかし，2021年に発足したバイデン政権は復帰を表明しています。

⬆ パリ会議(2015年)

● 妥協点は？

先進国には，「苦しい中ですでに温室効果ガスの排出量削減の取り組みを進めているのに，急速に工業化した新興国や発展途上国も協力すべきだ」という主張があります。それに対し，新興国や途上国は，「そもそも地球温暖化の原因をつくったのは先進国なのだから，自分たちがこれから工業化する邪魔をしないでほしい」という主張です。

国際社会の大人たちは，各国の利害を考え，妥協点を見つけることに苦労しています。2018年，スウェーデンの少女**グレタ**さんは，ロンドン会議(COP24)において，若者として「大人は一体何をしているのか」という主旨で激しく厳しい演説をしました。これに対しては批判もありましたが，環境問題における**世代間倫理**の問題を，世界に注目させたのです。

特集

日本のエネルギー政策の転換

● 日本のエネルギー消費

日本のエネルギー消費はその約半分を**産業部門が**占めていますが，産業部門の消費は近年，あまり増加していません。その一方で，新しい電化製品の普及などによる**家庭部門**の消費量が増えています。

国内の資源が乏しい日本は，長い間，石炭以外の化石燃料のほとんどを輸入にたよっていました。しかし，1970年代に二度発生した**石油危機(オイル・ショック)**以降，化石燃料にたより過ぎない安定的なエネルギー資源の確保をはかってきました。

特に2000年代以降，持続可能な循環型社会の実現のため，**省資源・省エネルギー**社会をめざす意識が高まりました。例えば自動車では，ハイブリッドカーや燃料電池車(EV)，電気自動車(FCV)の開発が進んでいます。

● 日本の発電

日本で行われている発電方法を，電力量が多い順に見ていきましょう。

①火力発電

石炭・石油・天然ガスなどの化石燃料を燃やして発電します。二酸化炭素(CO_2)などの温室効果ガスを多く排出するため，地球温暖化や大気汚染の原因となるうえ，燃料調達が特定の海外に依存しがちになるという問題があります。しかし，発電所を消費地の近くに建設しやすいという長所があります。

②水力発電

ダムなどに溜めた水の力で発電します。立地が河川の上流に限定され，施設建設が自然環境や生活環境の破壊につながるという問題があります。しかし，国内で資源を調達でき，温室効果ガスを排出しないという長所があります。

③原子力発電

ウランを輸入し，それを核分裂させたときの熱を利用して発電します。立地が臨海部に限定され，**安全性**や**放射性廃棄物の処理**に問題がありますが，効率よく多くのエネルギーを獲得でき，温室効果ガスを排出しないという長所があります。

しかし，2011年3月の**東日本大震災**によって発生した東京電力**福島第一原子力発電所の事故**で危険性が再認識され，「**脱原発**」の動きが高まりました。そのため，2021年現在，多くの原子力発電所が運転を停止しており，発電量も減っています。

④再生可能エネルギー

水力以外の**太陽光・風力・地熱・バイオマス(生物資源)**などは，発電量が少なく，自然環境に左右されるため不安定で費用もかかるという問題があります。しかし，設備が小規模で設置がしやすく温室効果ガスも排出しない「地球にやさしい」発電方法として，年々注目が高まっています。

⬆ 地熱発電

UNIT 3

貧困問題

着目 貧困はなぜ起こるのか？　貧困問題に対する国際社会の取り組みとは？

要点

- **人口増加**　世界の人口は2020年時点で約78億人であり，途上国を中心に増加し続けている。
- **貧困・飢餓**　世界では多くの人々が貧困状態にあり，途上国では飢餓状態も生じている。
- **取り組み**　先進国による援助だけでなく，途上国の貧困層の自立をうながす政策も重要。

1 人口増加と貧困問題

日本をふくむ先進国は，少子化が進み人口減少に悩んでいますが，途上国を中心に，**地球の人口増加**が問題となっています。第二次世界大戦(1939～45年)後，1950年に約25億人だった世界人口は1998年に60億人を超え，2020年現在は約78億人と，「**人口爆発**」とよべるほどのスピードで増え続けてきました。この先，ややペースは落ちますが，2050年には95億人を超えると予測されています。

総人口の約8割を占める途上国では，人口の急増により需要が増える反面，経済発展が追いつかず，多くの人が**貧困**に直面しています。**国連開発計画**(**UNDP**)では，貧困を「教育，仕事，食料，保健医療，飲料水，住居，エネルギーなどの最も基本的なモノやサービスを手に入れられない状態」と定義しています。

途上国での貧困は，産業の未発達や雇用の不足，水道・電気などの社会資本の未整備，医療サービスや社会保障制度の不備などと深い関係にあります。さらに異常気象や内戦などもあり，こうした問題が複雑にからみ合っているため，人々が貧困からぬけ出すことが難しくなっているのです。

また，貧困の影響を特に強く受けるのは子どもと女性ですが，各国・地域にさまざまな風習や文化がある中で，適正な教育の機会を確保し，識字率などを上げることも重要になっています。

2 食料供給のかたよりと飢餓問題

世界には，貧困問題と連動して食料問題があります。実際には，世界全体では十分な食料が生産されています。先進国で大量の食料が食べ残され捨てられている中，途上国では，栄養不足の状態

人口抑制策

途上国の中には，**人口急増**の現象に対して人口抑制策をとる国も多くなってきている。

貧困

国際復興開発銀行(世界銀行・IBRD)では，1日の生活に使える金額が1.9ドル未満しかない状態と定義している。近年では，先進国の国内でも**経済格差**が拡大して，貧困が社会問題となっている。

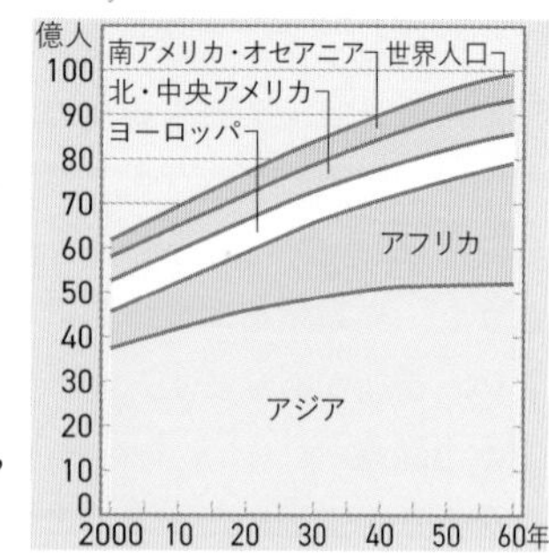

地域別の人口予測
(「国連世界人口予測」による)

が長く続く**飢餓**の状態の人々が7人に1人も存在する「**食料配分のかたより**」が問題となっています。また，アフリカや中東を中心に飲料水や農業用水の不足も深刻で，**水資源**の確保は大きな課題です。

このような貧困・飢餓問題は，戦争・紛争の直接的原因となるので，単に戦いがない「消極的平和」ではなく，原因そのものをなくす「**積極的平和**」をめざすためにも，早急に対策を打たねばなりません。**ハンガーマップ**は，国連食糧農業機関（FAO）の統計を基に**国連世界食糧計画**（**WFP**）が作成している地図で，各国・地域の栄養不足の状況を色分けして示しています（➡p.239）。特にサハラ砂漠以南のアフリカは，深刻な状態におちいっています。

3 貧困・飢餓をなくすための取り組み

国連は，2000年に**国連ミレニアム開発目標**をまとめ，貧困・飢餓人口の半減や，すべての子どもの初等教育修了など，2015年までに達成すべき8つの目標を定めました。部分的に大きな成果が見られましたが，十分に改善されない分野もありました。2015年には，ミレニアム開発目標を引き継ぐ「**持続可能な開発目標**（**SDGs**）」を採択し，2030年までに達成すべき17の目標を定めています。

貧困・飢餓問題の解決には，援助だけでなく，**自立**をうながし，支える取り組みも必要です。近年では，途上国の人々が生産した農産物や伝統技術製品を，先進国が直接，公正・適正な価格で取引し，継続的に国内市場で販売する**フェアトレード**（**公正貿易**）が注目されています。また，貧しい人々に起業の資金を無担保で貸し出し，相談に乗り指導する**マイクロクレジット**（**少額融資**）の取り組みは，女性たちのグループが現金収入を得る機会を生み出し，大きな成果を上げています。

食料配分のかたより

途上国の人口増加や先進国の需要増加だけではなく，異常気象・自然災害や内戦・紛争なども，食料が公平に行きわたらない大きな要因となっている。

途上国の貧困・飢餓

途上国では，必要な設備や技術が不足し，十分な農業生産ができないことも多い。近年では，先進国で家畜の**飼料**や**バイオ燃料**に利用される穀物が増えた結果，**食料価格**が上昇し，飢餓問題をより深刻にしている。

マイクロクレジット

バングラデシュで経済学者ムハマド=ユヌスが始めた**グラミン銀行**は，2006年にユヌスとともにノーベル平和賞を受賞している。

途上国を中心に世界に広がる貧困・飢餓問題に対して，中学生の立場でも協力できることを考え，説明しなさい。

ヒント　現在，自分が置かれている状態をふまえ，できることを考えてみよう。先進国である日本に暮らしている，という意識がヒント。

解答例　小遣いや時間が許す範囲でフェアトレード商品を買ったり，募金活動に協力したりすることができる。また，学校の主題学習でこのテーマを取り上げることを提案し，友人たちの意識を高めることもできる。

UNIT 4

新しい戦争

着目 世界各地で起きている紛争・テロにはどのような特徴が見られるのか？

- **地域紛争** 国内や周辺国を巻きこんで起こる，冷戦後の「新しい戦争」の1つの形である。
- **テロリズム** 自分たちの要求を通すために暴力に訴える行為を，テロリズム(テロ)という。
- **軍縮** 核兵器，化学兵器，生物兵器などの大量破壊兵器の廃絶が，特に重要である。

1 地域紛争

戦争は，国家間の外交手段の１つとしての戦いを意味します。しかし，近年，従来の戦争とは異なる「**新しい戦争**」が目立つようになりました。

地域紛争は，国内や周辺国を巻きこんで起こる紛争で，武力による民主化運動・革命もふくまれます。近年の増加の原因として，1989年に**東西冷戦**が終結し，ソ連とアメリカという超大国の力による秩序がくずれたことがあげられます。1990年代に起きた**ユーゴスラビア紛争**では，連邦国内の民族どうしが対立した結果，７つの国に分離独立しました(➡p.239)。

また，グローバル化が進む中で経済格差が広がり，貧困状態や独裁政治に対し不満をもち武力に訴える人々が，アフリカなど途上国を中心に増えたことも大きな原因です。

2 テロリズム

武装集団が，敵対勢力を攻撃したり，建造物を破壊したり，自爆により一般の人々を無差別に死傷させたりする**非合法行為**も増えています。暴力で恐怖や動揺をあたえ，自分たちの要求をアピールするこのような行為を**テロリズム(テロ)**といいます。これも「新しい戦争」の一種で，思想・宗教の違いや貧困問題を背景に起きていると考えられます。

2001年９月11日のイスラム勢力による**アメリカ同時多発テロ**や，2014年に国家樹立を一方的に宣言し，シリアやイラクを中心に活動する「**イスラム国(IS)**」は，特に有名です。テロに対しては，アメリカや国連が対応策を練り実行していますが，軍事行動だけでなく，

参考

近代以降の対外戦争

日本は**日清戦争**(1894～95年)，**日露戦争**(1904～05年)，**第一次世界大戦**(1914～18年)，**日中戦争**(1937～45年)，**太平洋戦争**(1941～45年)と，５度の対外戦争を経験してきた。

分析

地域紛争

地域紛争の多くは，異なる宗教や民族を弾圧したり排除したりする，**宗教紛争**・**民族紛争**の形をとっている。

発展

東西冷戦の終結

1989年は**ベルリンの壁崩壊**と米ソによる**マルタ会談**があり，**社会主義国**(共産主義国)と**資本主義国**(自由主義国)との対立状態が終結した。その後，1990年には東西ドイツが統一され，1991年にはソ連が解体し，ロシアを中心に**独立国家共同体(CIS)**が結成された。

途上国に対する援助による貧富の差の改善，多様な価値観を認め合う対話の姿勢など，根本的な対策も求められています。

核保有国(事実上の保有国をふくむ)
核開発疑惑国
―― 核拡散防止条約で保有国として定められている国
‐‐‐‐ 核拡散防止条約に未署名・脱退した国

⬆ 世界の核保有国

3 平和をめざす取り組み

戦争や地域紛争を防ぐために，世界では**軍縮**が進められています。特に，一瞬で多くの人間の命をうばう，原子爆弾・水素爆弾などの**核兵器**，毒ガスなどの**化学兵器**，細菌・ウイルスを利用した**生物兵器**などの**大量破壊兵器**の廃絶は重要です。

核兵器は，核保有 5 か国以外の国が保有することを禁じる**核拡散防止条約(NPT)**が，1968年に締結されています。しかし，ほかの保有国(インド・パキスタン・イスラエル・北朝鮮)や，保有をめざす国があることが問題です。2017年には，国連で**核兵器禁止条約**が採択されました。核保有国や「核の傘」に守られる日本・ドイツなどをふくむ多くの国が参加していませんが，条約の発効に必要な50か国の批准がようやく達成され，2021年に発効しました。

また，地対空ミサイルや**クラスター爆弾**などの**通常兵器**も威力が強化されています。特に，戦争が終わったあとも一般人に被害をあたえ続ける**地雷**について，その廃絶を願うNGOの連合体「**地雷禁止国際キャンペーン**」のはたらきかけもあり，1997年に**対人地雷全面禁止条約**が締結されました。

平和は，従来は「戦争のない状態」をさしていました。しかし，戦争で殺されるのも，飢餓で死ぬのも，死を強制される点は同じですから，貧困や飢餓で苦しむ人々は「平和のない状態」にあると考えらえるようになりました。世界全体で平和をめざしていく必要があります。

用語

クラスター爆弾

多くの小型爆弾を内部に収めた爆弾。

用語

地雷

地中や地表に設置され，人や車両がその上を通ると爆発する兵器。

分析

対人地雷全面禁止条約

アメリカ・ロシア・中国など，地雷を設置・輸出している主要な国々が条約に不参加であることが問題となっている。

TRY! 表現力

地域紛争・テロリズムなどの「新しい戦争」がなくならない要因を考え，自分の言葉で3つ以上書きなさい。

ヒント　正解が決まっているわけではないが，「明らかに的外れなこと」や「間違った知識や用語」を書かないように注意しよう。

解答例　宗教・民族・言葉など文化の違いを互いに認められないこと。国家の不公正な統治や社会の貧困問題が解決されないこと。周辺国・地域の領土や資源を欲しがってしまうこと。

特集

持続可能な開発目標(SDGs)

● 人間の安全保障へ

“国境のない”グローバル社会においては，従来の「**国家の安全保障**」に加え，一人一人の生命や健康，安全を守る「**人間の安全保障**」が重要となります。

2000年，国連本部のあるニューヨークで「国連ミレニアムサミット」が開かれ，そこで採択された「**国連ミレニアム宣言**」に基づき，2000～2015年の「**ミレニアム開発目標(MDGs)**」が8種類設定されました。

期限になった2015年には，再度ニューヨークで「国連持続可能な開発サミット」が開かれ，そこで採択された「**持続可能な開発のための2030アジェンダ**」に基づき，2016～2030年の「**持続可能な開発目標(SDGs)**」が17種類設定されました。

● 17の持続可能な開発目標(SDGs)

①**貧困**をなくす
②**飢餓**をゼロにする
③**保険と福祉**を確保する
④**質の高い教育**を提供する
⑤**ジェンダー平等**を達成する
⑥**水とトイレ衛生**を確保する
⑦**近代的なクリーンエネルギーへのアクセス**を確保する
⑧**働きがいと経済成長**を両立する
⑨**産業と技術革新の社会基盤**をつくる
⑩**各国内・各国間の不平等**をなくす
⑪**持続可能な都市・居住環境**を実現
⑫**つくる責任とつかう責任**を自覚する
⑬**気候変動**とその影響の軽減
⑭**海洋とその資源**の保全
⑮**陸地とその資源**の保全
⑯**平和と公正**をすべての人に
⑰**地球規模のパートナーシップ**の活性化

SUSTAINABLE DEVELOPMENT GOALS

特集

日本の「世界遺産」

● ユネスコの「世界遺産」

1972年，**国連教育科学文化機関**（**UNESCO**）で**世界遺産条約**が採択されて以来，1100件以上登録されている「**世界遺産**」。2021年現在，日本には**文化遺産**が19，**自然遺産**4の合計23件が登録されており，**複合遺産**はありません。

● 日本の世界文化遺産

	名称
①	**法隆寺**地域の仏教建造物（奈良県）
②	**姫路城**（兵庫県）
⑤	古都**京都**の文化財（京都府・滋賀県）
⑥	白川郷・五箇山の**合掌造り集落**（岐阜県・富山県）
⑦	**原爆ドーム**（広島県）
⑧	**厳島神社**（広島県）
⑨	古都**奈良**の文化財（奈良県）
⑩	**日光**の社寺（栃木県）
⑪	**琉球王国**のグスク及び関連遺産群（沖縄県）
⑫	**紀伊山地**の霊場と参詣道（三重県・奈良県・和歌山県）
⑭	**石見銀山**遺跡とその文化的景観（島根県）
⑯	**平泉**―仏国土（浄土）を表す建築・庭園及び考古学的遺跡群―（岩手県）
⑰	**富士山**―信仰の対象と芸術の源泉―（静岡県・山梨県）
⑱	**富岡製糸場**と絹産業遺跡群（群馬県）
⑲	**明治日本の産業革命遺産**　製鉄・製鋼，造船，石炭産業（岩手県・静岡県・山口県・福岡県・熊本県・佐賀県・長崎県・鹿児島県）
⑳	ル・コルビュジエの建築作品―近代建築運動への顕著な貢献―の一部としての**国立西洋美術館本館**（東京都）
㉑	「神宿る島」宗像・**沖ノ島**と関連遺産群（福岡県）
㉒	長崎と天草地方の**潜伏キリシタン関連遺産**（長崎県・熊本県）
㉓	**百舌鳥・古市古墳群**―古代日本の墳墓群―（大阪府）
㉕	**北海道・北東北の縄文遺跡群**

（＊丸番号は世界遺産登録順を表す。）

● 日本の世界自然遺産

	名称
③	**屋久島**（鹿児島県）
④	**白神山地**（青森県・秋田県）
⑬	**知床**（北海道）
⑮	**小笠原諸島**（東京都）
㉔	**奄美大島，徳之島，沖縄島北部及び西表島**

③屋久島は，環境にやさしいグリーンツーリズムやエコツーリズムの地です。⑬知床は，寄付を募って土地を買い取り，無秩序な開発を防ぐナショナル・トラスト運動が行われたことで有名です。

UNIT 5

難民問題

着目 悪化する難民問題の解決に向けて，どんな取り組みが必要なのだろうか？

要点

- **はじまり** 戦後，国連難民高等弁務官事務所(UNHCR)が設立され，難民条約が採択された。
- **難民の増大** 地域紛争や内戦が多発する中で，難民条約の規定外の「難民」も増えてきた。
- **課題** 難民を「援助する」側の諸国は，「受け入れ」の負荷という課題にも直面している。

1 難民保護のはじまり

世界が主義の違いで三分割され，侵略・占領し合った第二次世界大戦(1939～45年)では，周辺国などへ逃げこまざるを得ない，多くの**難民**を生み出しました。こうした状況を受け，1950年に**国連難民高等弁務官事務所**(UNHCR)が設立され，難民保護の活動がはじまりました。翌1951年には，国連で**難民の地位に関する条約**(**難民条約**)も採択されています。

この条約における「難民」の規定は，あくまでも「迫害のため母国にいたくてもいることができず国外に逃れた」人々のことです。他国に出稼ぎに行ったり，より良い新生活を求めて移民したりする人々とは違います。

2 増え続ける難民

しかし，難民条約の規定のほかにも，**地域紛争**・**内戦**などで安全をおびやかされたり，政情不安・自然災害やそれにともなう**貧困**・**飢餓**により，「(国内外を問わず)故郷ではとにかく生きていけないので出て行かざるを得なかった」人々が多数存在します。こうした人々は，規定上「難民」ではありませんが，国際的な保護や支援が必要だという点では，難民といえるでしょう。

特に，1989年の冷戦終結後は，地域紛争・内戦が増えたことで，一度に多くの人が**国内避難民**となったり，国境を越えて周辺国に移動したりする例が増えています。

3 難民問題の解決に向けて

周辺国も大量の難民を受け入れることができず，国境付近の**難民**

世界の三分割

アメリカ・イギリスなどの**自由主義**，ソ連などの**共産主義**，日本・ドイツ・イタリアの**国家主義・民族主義**。主義の違いにより，侵略地・占領地において政治的な弾圧や全体的な迫害が行われた。

国連難民高等弁務官事務所(UNHCR)

1990～2000年には，日本人の緒方貞子が国連難民高等弁務官を務めていた。

難民

難民条約では，難民を「人種，宗教，国籍もしくは特定の社会集団の構成員であることまたは政治的意見を理由に迫害を受けるおそれがあるという十分に理由のある恐怖を有するために，国籍国の外にいる者であって，その国籍国の保護を受けることができない者または…受けることを望まない者」と定義している。

キャンプで暮らす人も多くいます。キャンプの多くは，食料や水，生活用品や医療・衛生管理などを，国際機関や**非政府組織(NGO)・非営利組織(NPO)**からの援助にたよっています。また，周辺国に移動できた難民の多くも，十分な仕事や教育環境がないことなどから，現地で貧しい生活を強いられています。

近年では，避難生活が長引く傾向にあり，難民キャンプにおける生活水準の改善や学校の設置といった，一歩ふみこんだ援助も行われています。一時的な仮の手当てとしての保護・救援ではなく，難民が根本から生活を立て直したり，住み慣れた元の場所にもどったりするための「**自立支援**」が必要なのです。

難民を受け入れる周辺国には，大きな負担がかかります。ただでさえ経済力の弱い途上国であれば，なおさら厳しい状況となります。そのような国は当然，「難民」認定をせず，移住を断る権利もあります。

そのため，難民の中には，受け入れてくれる国を求めて，遠くはなれた国まで苦労して移動する人々も増えています。これまで，**西アジア**や**北アフリカ**を中心に大量の難民を受け入れてきたヨーロッパ諸国も，さすがにすべての人々を受け入れられない状況になっており，EU内や加盟国内で，難民・移民への対応をめぐる意見の対立も起こっています。

難民への援助は，当然必要ですが，難民を生み出す根本的な要因である「紛争を起こす火種」や「自然災害を起こす地球環境問題」を解決し，すべての人々が，平和な暮らしを突然うばわれることがない世界を築くことが，国際社会全体としてとても大切です。

非政府組織(NGO)・非営利組織(NPO)

ともに利益の追求を目的としていない民間組織。後者は主に国内で活動する。国際NGOとして，**国境なき医師団**，**赤十字国際委員会**，**アムネスティ・インターナショナル**などが有名。

西アジアや北アフリカ

特にイスラム教圏での紛争が多いことから，難民が大量に発生している。また，貧困に苦しむアジア・アフリカや中南米，オセアニアの途上国にも多い。

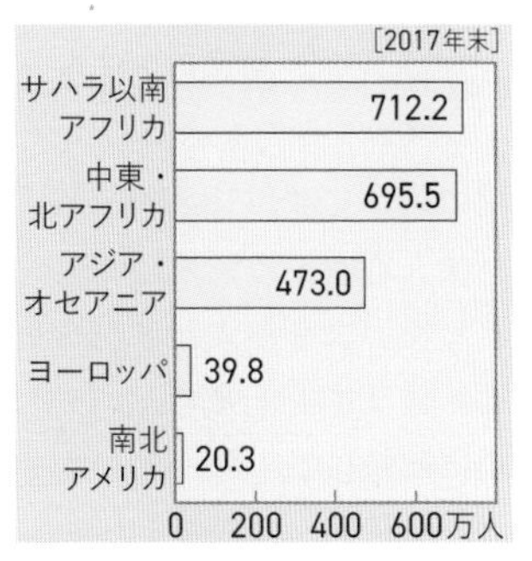

地域別難民発生数(国連難民高等弁務官事務所資料ほかによる)

TRY! 表現力

難民や移民が増えると何が問題なのか。財政・経済面から考えられることを２つあげ，説明しなさい。

ヒント　「財政・経済面から」「２つ」という指定を守ること。文化面(自国の文化がおびやかされる)や，国民の分断(賛成派と反対派の対立)などにはふれない。

解答例　難民を受け入れることにより，医療費・教育費などの支出が増え，受け入れ国は財政的に苦しくなる。また，移民が増えることによって，国内に住んでいる人の仕事がうばわれ，失業率が上昇する。

特集

世界各地の地域紛争

● なくならない地域紛争

1989年の東西冷戦終了後も，数々の**地域紛争**や**テロ活動**は続いています。戦後，日本を舞台とする戦争や紛争が起きていないので，自覚しにくいかもしれません。しかし，中東やアフリカを中心に，今も民族・宗教・領土などを理由とする争いが起き，子ども・高齢者・女性などの社会的な立場が弱い人が犠牲になっています。そして，紛争地域では，大量の**難民**や**子ども兵士（チャイルドソルジャー）**が生み出されています。

● パレスチナ問題

パレスチナ問題（1947年〜）は，西アジアのパレスチナ地方をめぐる**ユダヤ人とアラブ人の間の紛争**です。1947年，国際連合によってユダヤ人地域とアラブ人地域の分割案が提示されました。ユダヤ人がこれを受け入れ，1948年に**イスラエル**を建国しましたが，アラブ人がこれに反対して，第一次中東戦争となりました。

この結果，国際連合の調停によりイスラエルは独立を確保したのですが，追い出された100万人以上のアラブ人は**パレスチナ難民**となりました。その後，第四次まで中東戦争が起き，イスラエルと**パレスチナ解放機構（PLO）**の対立を軸とする中東問題は，いまだに世界中の注目を集め続けています。

● エルサレム

イスラエルは**エルサレム**を首都と宣言していますが，これを認めているのはアメリカなど一部の国々だけです。ほとんどの国連加盟国は，テルアビブを首都として，大使館などを置いています。

また，エルサレムは，ユダヤ教の「嘆きの壁」，キリスト教の「聖墳墓協会」，イスラム教の「岩のドーム」がある共通の聖地となっています。このため，エルサレムには多くの人が訪れ，巡礼地・観光地として世界でも有数の都市です。

⬆ エルサレム

● そのほかの地域紛争

アジアでは，インドとパキスタンの**カシミール紛争**，中国の民族問題（チベット族・ウイグル族など），中東のクルド人問題，ミャンマーの少数民族ロヒンギャ迫害などが有名です。ヨーロッパでは，北アイルランド紛争，旧ユーゴスラビア紛争，キプロス紛争，チェチェン紛争など。アフリカでは，**ソマリア内戦**やスーダン・ダルフール紛争などがあります。

● 国際的な取り組み

各地の地域紛争解決のため，国連の**平和維持活動（PKO）**が貢献してきました。また，**国連難民高等弁務官事務所（UNHCR）**が難民保護の活動をしています。国境なき医師団や赤十字国際委員会，アムネスティ・インターナショナルや地雷禁止国際キャンペーンなど，数々の**非政府組織（NGO）**の活動も注目されています。

用語チェック

できたら
チェック！

QUESTIONS	ANSWERS
□ 平均気温が上昇する（ ① ）は，（ ② ）などの温室効果ガスの増加により進行してきたものである。	①地球温暖化 ②二酸化炭素［CO_2］
□ 地球環境問題の解決のため，1992年にはブラジルのリオデジャネイロで（ ③ ）が開かれた。	③国連環境開発会議［地球サミット］
□ 1997年に開催された京都会議では，先進国のみに温室効果ガスの排出量削減を義務づける（ ④ ）が採択された。	④京都議定書
□ 日本は主に，水力発電，火力発電，（ ⑤ ）で電力をまかなっているが，発電に使う資源の多くを輸入している。	⑤原子力発電
□ 日本では，太陽光，風力，地熱，波力，バイオマス（生物資源）などの（ ⑥ ）を利用した発電の普及が進んでいる。	⑥再生可能エネルギー
□ 途上国では人口が急増する中で多くの人が（ ⑦ ）に直面し，栄養不足が続く（ ⑧ ）の状態の人が7人に1人存在する。	⑦貧困 ⑧飢餓
□ 途上国の生産物を，先進国が直接公正・適正な価格で取引し，継続的に国内市場で販売することを（ ⑨ ）という。	⑨フェアトレード［公正貿易］
□ 貧しい人々に起業の資金を無担保で貸し出し，相談に乗り指導する取り組みを（ ⑩ ）という。	⑩マイクロクレジット［少額融資］
□ （ ⑪ ）は，国内や周辺国を巻きこんで起こる紛争のことで，これには民主化運動・革命もふくまれる。	⑪地域紛争
□ 暴力で恐怖や動揺をあたえ，自分たちの要求をアピールする行為を（ ⑫ ）という。	⑫テロリズム［テロ］
□ 1968年に，核保有5か国以外の国が核兵器を保有することを禁じる（ ⑬ ）が締結された。	⑬核拡散防止条約［NPT］
□ 1950年，国連に設立された（ ⑭ ）は，難民保護の活動を行っている。	⑭国連難民高等弁務官事務所［UNHCR］

UNIT 1

世界と協力する日本

着目 グローバル化が進展する中で，日本は世界にどのように貢献しているのか？

要点

- **外交政策** 第二次世界大戦後の日本の外交は，平和主義と国際貢献を重視してきた。
- **国際貢献** 現在は持続可能な開発目標(SDGs)達成に向けて，積極的な取り組みを進めている。
- **課題** 同盟関係にあるアメリカや近隣諸国との関係は，今後も続く大きな日本の課題である。

1 日本の外交

第二次世界大戦後，1951年のサンフランシスコ平和条約締結，1956年の国際連合加盟で国際社会に復帰した日本の外交は，**平和主義**と**国際貢献**を重要な方針としてきました。

日本は，日本国憲法の前文と第９条で「戦争の放棄・戦力の不保持・交戦権の否認」という平和主義の立場を明確にしています。また，国際連合とのかかわりを外交の軸とする**国連中心主義**を採っています。そして，広島・長崎の原爆と太平洋の第五福竜丸事件の水爆を経験した**唯一の被爆国**として，核兵器を「持たず，作らず，持ちこませず」という**非核三原則**を掲げてきました。

また，グローバル化が進展して各国の相互依存が進む中，外交で重要度を増してきたのが，**経済関係**です。従来のような近隣諸国や先進国との関係はもちろん，近年では新興国やほかの途上国との関係も重要になってきています。日本は，各国との経済関係強化のために，日本企業や日本人が国際的な活動に参加できる仕組みづくりや，外国からの資源・原材料・食料などの輸入の確保に取り組んでいます。

最終的に国どうしの関係を決定づけるのは，人どうしの関係です。そのため，**文化交流**を通じて相互理解を促進していくことも，重要な外交の１つです。さまざまな方法で日本文化や日本人の考え方を世界に発信していくと同時に，そこで興味をもってくれた外国の人たちが，留学や観光などによって来日する機会を増やすことも重要です。

2 日本の国際貢献

国際貢献としては，資金援助・技術協力・人材育成などを行う**政府開発援助(ODA)**や，**経済協力開発機構(OECD)**内の開発援助委員会

新興国

アジアNIESとよばれる韓国・シンガポール・台湾・香港や，**BRICS**とよばれるブラジル・ロシア・インド・中国・南アフリカ共和国など，いちじるしい経済発展をとげた国々。

来日する外国人

訪日外国人観光客から得られる**インバウンド**収入は，日本の貴重な収入源となっている。「インバウンド」の対義語は「**アウトバウンド**」。

国際交流

2020年以降，世界中で新型コロナウイルス感染症が流行し，人の移動をともなう交流は難しくなってきている。**情報通信技術(ICT)**を積極的に利用し，新たな方法を考える必要がある。

(DAC)を通じて，途上国の開発を支援しています。ODAの一環として，日本の**国際協力機構(JICA)**が実施している**青年海外協力隊**の活動は，特に有名です。また，1992年以降は国連の**平和維持活動(PKO)**に自衛隊を派遣するなど，地域紛争の解決に対する人的な協力も行っています。

ほかにも，地球環境問題解決のための合意，経済面での連携などで，国際協力の枠組みづくりに貢献してきました。近年の日本は，国際社会の一員として，**持続可能な開発目標(SDGs)**の達成に向け，政府・地方公共団体・教育機関・企業などが協力し，積極的な取り組みを進めています。

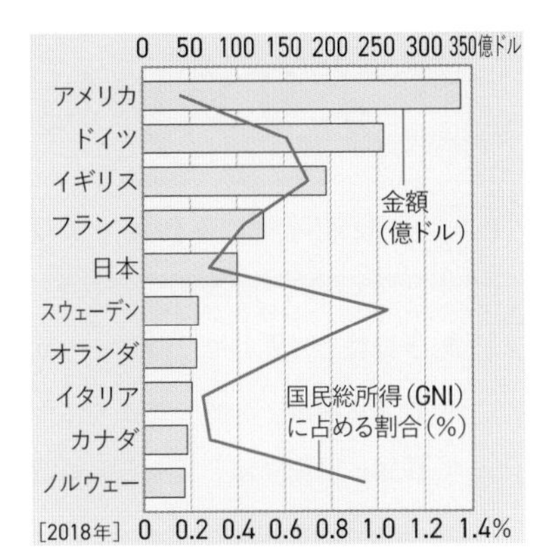

⬆ 先進国の政府開発援助(ODA)
(「開発協力白書」ほかによる)

発展

自衛隊の海外派遣

1992年に**国際平和協力法(PKO協力法)**が制定され，カンボジアに派遣されたのが最初。

3 アメリカや近隣諸国との関係

戦後，日本の外交で最も重視されてきたのは，**アメリカとの同盟関係**です。現在の国際社会において，日米安全保障条約や，これに基づく**日米防衛協力のための指針(ガイドライン)**は，アジア・太平洋地域だけでなく，世界の安定にも影響します。

もちろん，近隣の東アジアや東南アジアの国々との関係も重要です。これらの国々と関係を深めていく際には，日本が過去の戦争で大きな被害と苦しみをあたえた事実を忘れてはいけません。

一方で，解決すべき国際的な課題も多くあります。アメリカとの沖縄を中心とする**在日米軍基地問題**，ロシア(北方領土)・韓国(竹島)との**領土問題**，中国・韓国・東南アジア諸国との**歴史認識問題**，北朝鮮との**日本人拉致被害者問題**などは，現在のところ解決していません。

用語

東アジア

中華人民共和国(中国)，**大韓民国(韓国)**，**朝鮮民主主義人民共和国(北朝鮮)**，**モンゴル**の4か国と，事実上の独立国家としての**台湾**，中国の「一国二制度」の下にある**香港**と**マカオ**をさす。

TRY! 表現力

東アジアの東端，太平洋の西端に位置する日本は，アメリカから見て現在，どのような存在か。正(プラス)の部分を見つけて書きなさい。

ヒント　地理的な話題がふられているので，そこを意識しよう。この問いは，自分の意見とは関係なく，ある立場から議論するディベートの練習でもある。

解答例　日本は，東西冷戦後も力をもつロシアや，急成長を見せている中国，国際社会を動揺させる北朝鮮の至近距離に位置し，アメリカが基地を置くことができる先進国どうしの同盟国。また，輸出入ともに重要な貿易相手国でもある。

UNIT 2

より良い地球社会をめざして

着目 持続可能で平和な，より良い地球社会をめざすために，最も必要なことは何か？

要点

- **多様性** 世界各地には，その地域の気候や歴史などに応じて，多様な文化が存在している。
- **異文化理解** 宗教や民族文化を理解し合う異文化理解が，国際問題の解決には不可欠である。
- **課題** 国際問題を解決し，持続可能な社会を築くためには，私たち自身の意識と行動が重要。

1 多様性とグローバル化

世界各地に暮らす**民族**は，土地ごとの気候や地形，歴史や宗教などの地理的・精神的な風土に応じ，長い時間をかけてさまざまな文化をつくり上げてきました。各文化に優劣(ゆうれつ)はなく対等で，多数の文化が存在することが，社会の豊かさにつながっています。これを文化の**多様性**とよびます。

特に宗教は，衣食住だけでなく政治制度にも影響(えいきょう)をあたえ，固有の文化が形成されるうえで，大きな役割を果たしてきました。**キリスト教**(カトリック・プロテスタント・正教会など)，**イスラム教**(スンナ派・シーア派など)，**仏教**(大乗(だいじょう)仏教・上座部(じょうざぶ)仏教など)は，世界中に信者がいる「**三大宗教**」とされています。ほかにも，**ユダヤ教**，**ヒンドゥー教**，**儒教**(じゅきょう)，**神道**(しんとう)など，多くの**民族宗教**があります。

近年では，グローバル化や情報化の進展により，異文化間の交流が盛んになっています。しかし，このことで，人々の価値観や生活が，欧米(おうべい)の先進国を中心に似通ったものとなり，多様性が失われてしまう**文化の画一化**も起きています。

2 文化の多様性の尊重

言語や価値観，生活習慣や社会の仕組みをふくむ文化の多様性を守るために，さまざまな取り組みが行われてきました。1972年，**国連教育科学文化機関**(**UNESCO**(ユネスコ))の提案で採択(さいたく)された**世界遺産条約**は，貴重な自然や文化財を，人類が共有すべき**世界遺産**として登録し，保護をはかるというものです。

これまで，相互(そうご)理解の不足から，異なる民族や宗教の間で対立が起き，地域紛争(ふんそう)やテロの原因となってきました。例えば2001年，ア

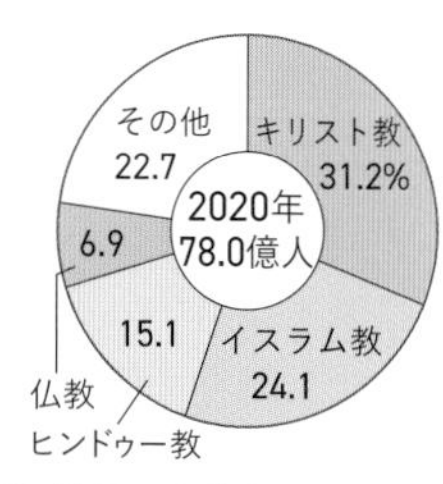

世界の宗教人口
(「世界国勢図会」による)

三大宗教の経典

キリスト教は**聖書**，イスラム教は**クルアーン**(**コーラン**)，仏教は法華経(ほけきょう)など数々の**経**。

民族宗教

ほかの民族にも信者はいるが，基本的には**ユダヤ教**はユダヤ人(イスラエル人・ヘブライ人)，**ヒンドゥー教**はインド人，**儒教**は中国人・韓国(かんこく)人，**神道**は日本人の民族宗教といえる。

フガニスタンのイスラム教政権によって世界遺産の仏教遺跡であるバーミヤンの石仏が破壊されたことは，象徴的な出来事でした。これをきっかけに，同年，UNESCOで採択された「**文化の多様性に関する世界宣言**」は，文化の多様性を「人類共通の遺産」と位置づけています。

私たちは，多様な文化があると知っていても，自文化を標準化し，正しく優れていると思いこみやすく，異文化の受け入れには消極的なことがあります。自文化に誇りをもつことは素晴らしいことですが，異文化を認め，理解しようと努める**異文化理解**は，さまざまな国際問題を解決していくために，欠かせない姿勢なのです。

異文化理解

自国・自民族の文化を絶対的なものとみなさず，異文化を理解し，優劣をつけず受け入れる態度を，**多文化主義**や**文化相対主義**という。

3 より良い地球社会をめざして

グローバル化が進む近年の国際社会では，国家が自国の国土と国民を守る「**国家の安全保障**」だけでは安心できず，地球上の人間一人一人に着目し，その生命や人権を大切にするという「**人間の安全保障**」という考えが提唱されています。

また，戦争など直接的暴力のない状態である「消極的平和」だけでなく，格差や貧困，人権侵害などが改善・解消された「**積極的平和**」を実現し，**持続可能な社会**を築くためには，私たち一人一人の意識と行動が重要です。身近な地域社会，都道府県や地方，日本という国，アジア州，そして地球に暮らす一人の人間として，境界を越えて連帯し，協力していくことが求められています。

各個人・各国・各民族の個別性と，同じ人間としての普遍性をともに尊重しつつ，ほかの動植物や自然とも共生していく姿勢が，今後，老若男女を問わずすべての人にとってますます大切になります。

参考

日本の国際人道支援システム

自然災害や難民発生時の緊急援助をより迅速に，効果的に行うため，政府・企業・市民が一丸となり，2000年に組織した**ジャパン=プラットフォーム**（**JPF**）という非営利組織（NPO）もある。

地球に暮らす一人の人間

このような考え方を，**地球市民**とよぶことがある。

TRY! 思考力

「積極的平和」を実現し，持続可能な社会を築いていくために必要な視点を２つ考え，説明しなさい。

ヒント　等身大の視点（人の目）だけでなく，大きな視点（鳥の目）にも注目すると書きやすい。

解答例　現代社会の課題は，さまざまな要素が対立した複雑なものが多いので，個人や個々の国家・民族の視点以外にも，「世界は１つ」というグローバルな視点をもち，互いを尊重する寛容さが必要である。

図表 地球社会と私たち

国際連合の仕組みと役割 → p.210

国際連合の主な仕組み

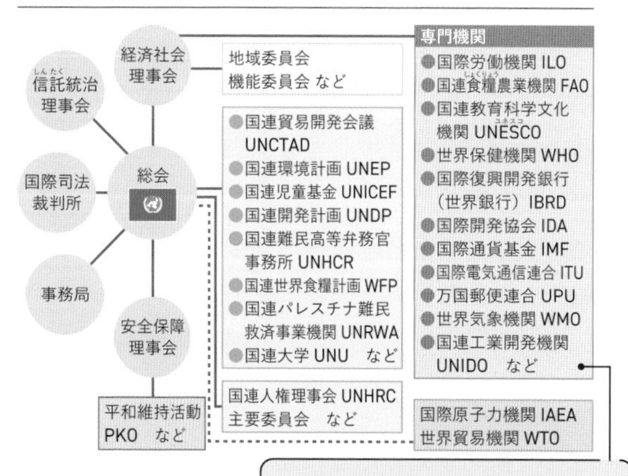

経済社会理事会の下に各専門機関が置かれている。

国連分担金の比率

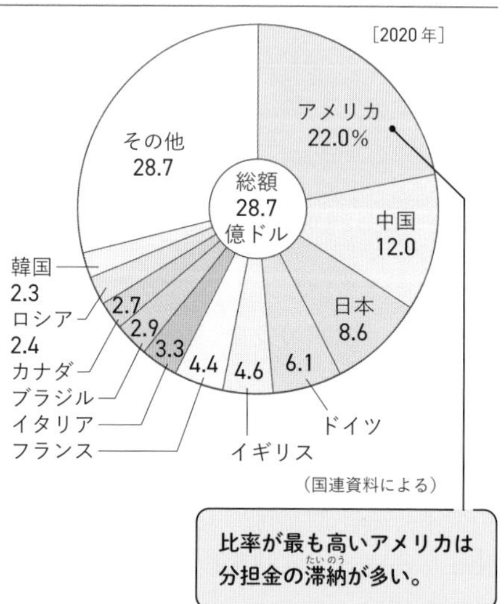

（国連資料による）

比率が最も高いアメリカは分担金の滞納が多い。

地域主義の動き → p.212

世界の主な地域主義

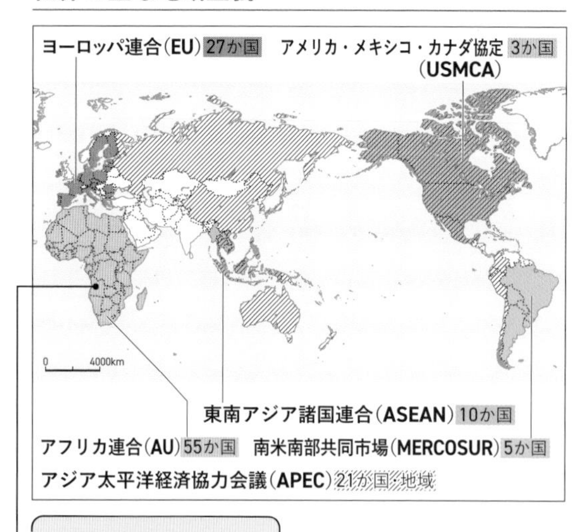

アフリカ大陸のすべての国々がAUに属している。

EU・ASEAN・USMCA・日本の比較

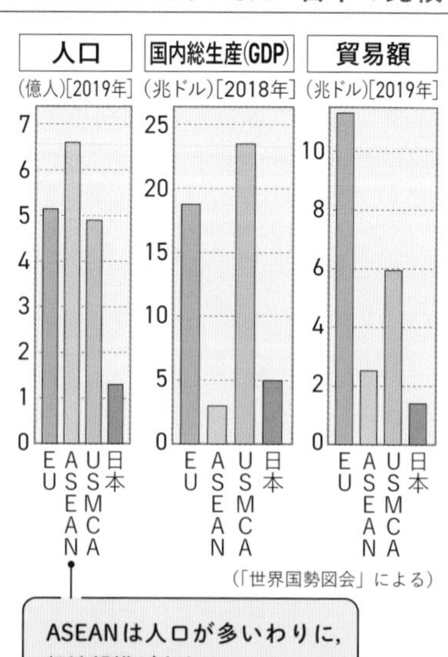

（「世界国勢図会」による）

ASEANは人口が多いわりに，経済規模が小さい。

図表を見るときのポイントをおさえておこう！

資源・エネルギー問題 → p.220

国・地域別エネルギー消費量の予測

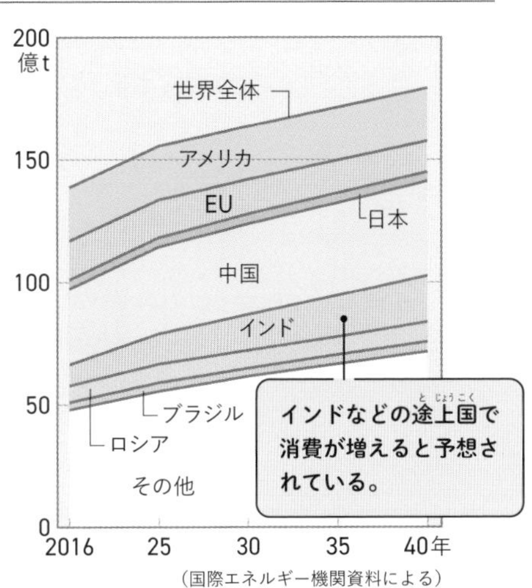

（国際エネルギー機関資料による）

原油の地域別埋蔵量

原油の埋蔵量は中東地域に偏っている。

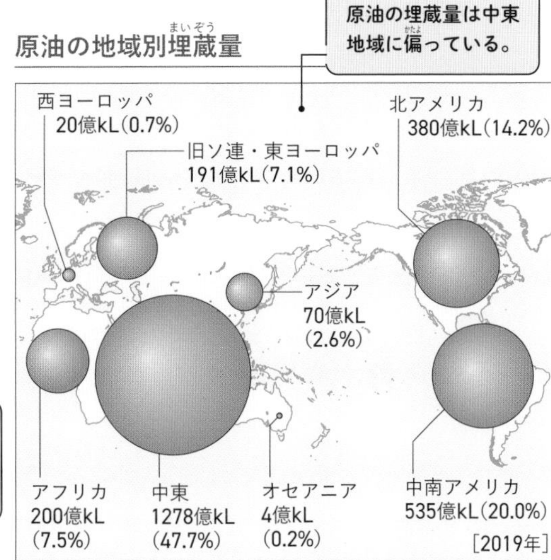

（「世界国勢図会」による）

貧困問題 → p.224

ハンガーマップ

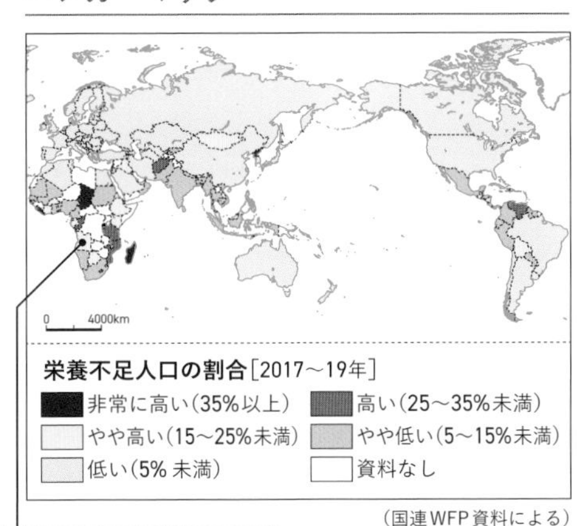

（国連WFP資料による）

特にアフリカ南部は飢餓状態の人口の割合が高い。

新しい戦争 → p.226

世界の主な地域紛争

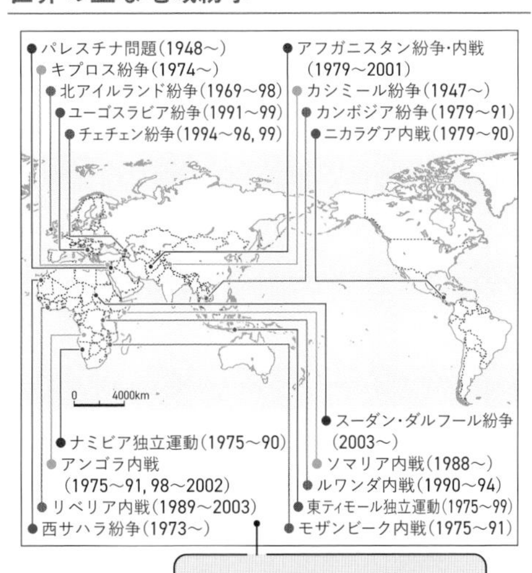

米ソ冷戦が終結（1989年）してから，地域紛争が増えた。

用語チェック

できたらチェック！	QUESTIONS	ANSWERS
□	第二次世界大戦後，国際社会に復帰した日本の外交は，平和主義と（　①　）を重要な方針としてきた。	①国際貢献
□	日本は，国際連合とのかかわりを外交の軸とする（　②　）の立場を採る。	②国連中心主義
□	日本は，唯一の（　③　）として，核兵器を「持たず，作らず，持ちこませず」という（　④　）を掲げている。	③被爆国 ④非核三原則
□	（　⑤　）の進展により，各国の相互依存が進む中，外交において（　⑥　）が重要度を増してきている。	⑤グローバル化 ⑥経済関係
□	日本は，資金援助・技術協力・人材育成などを行う（　⑦　）を通じて，途上国の開発を支援している。	⑦政府開発援助［ODA］
□	日本は，1992年以降，国連の（　⑧　）に自衛隊を派遣し，地域紛争の解決に人的な協力を行っている。	⑧平和維持活動［PKO］
□	日本は，国際連合が2015年に採択した（　⑨　）の達成に向け，積極的な取り組みを進めている。	⑨持続可能な開発目標［SDGs］
□	各民族の文化が対等に，多数存在することが，社会の豊かさにつながることを，文化の（　⑩　）という。	⑩多様性
□	（　⑪　），イスラム教，仏教は，世界中に信者がいる「三大宗教」とされている。	⑪キリスト教
□	1972年に採択された（　⑫　）は，貴重な自然や文化財の保護を目的としている。	⑫世界遺産条約
□	異文化を認め，理解しようと努める（　⑬　）は，さまざまな国際問題を解決するために欠かせない。	⑬異文化理解
□	国際社会では，格差や貧困，人権侵害などを改善・解消する「（　⑭　）」の実現が求められている。	⑭積極的平和

定期テスト対策問題

解答 ➡ p.262

問1 国際法

次の文章を読んで，あとの問いに答えなさい。

> 現在，世界には約(　a　)の①国家があり，国際社会を形成している。国際間の問題を平和的に解決しようとする「話し合いによる外交」も行われている。そうした話し合いのうちで，文書に書かれた国家間の約束を(　b　)といい，長い間互(たが)いに認め合ってきた国際間の決まりを(　c　)という。一般(いっぱん)に(　d　)といわれるものは，この両者からなっている。

⑴　(　a　)～(　d　)にあてはまる語句や数字を次から選び，記号で答えなさい。

ア　国際連盟　　**イ**　国際法　　**ウ**　主権　　**エ**　国際慣習法
オ　国際連合　　**カ**　条例　　**キ**　条約　　**ク**　100
ケ　150　　**コ**　200

⑵　下線部①について，国家を成り立たせる３つの要素を，すべて答えなさい。

⑶　17世紀前半に『戦争と平和の法』を著して，国家の主権も正義の規律に従わなければならないことを説き，国際法の基礎(きそ)を築いた人はだれか。その人物名を答えなさい。

⑷　他国から内政干渉(かんしょう)をされず，独立を保っている国を何というか。次から選び，記号で答えなさい。

ア　植民国家　　**イ**　保護国　　**ウ**　主権国家　　**エ**　都市国家

⑸　日本と周辺諸国との間の問題について，次の(　a　)～(　e　)にあてはまる語句や数字を答えなさい。

> 日本の国境に関わって３か所で問題が続いてきた。それは韓国(かんこく)が実効支配している(　a　)，ロシアが実効支配している(　b　)，中国との間の(　c　)をめぐる紛争(ふんそう)である。これらの島の帰属が問題になるのは，経済的な国益に関わる面も大きい。すなわち，島の周囲(　d　)海里は(　e　)とよばれ，沿岸国が漁業資源や海底資源に対する権利をもつことになることから，問題が生じるのである。

問2 国際連合

次の各問いに答えなさい。

⑴　次の①～⑥は国際連合について書かれたものである。正しい文章にするために，[　　]の中からあてはまる語句を１つ(⑤は５つ)選び，記号で答えなさい。

①　国際連合の本部は[A　ジュネーブ　　B　ロンドン　　C　ニューヨーク　　D　モスクワ]にある。

② 国際連合の目的は[A　ヨーロッパ諸国を戦争の惨禍から守る　B　国際間の経済の安定をはかる　C　日本とアメリカとの間の安全をはかる　D　世界の平和と安全を守る]ことである。

③ 国際連合の組織の中で平和と安全を守るための中心となる機関は[A　経済社会理事会　B　安全保障理事会　C　信託統治理事会　D　国際司法裁判所]である。

④ 安全保障理事会の理事国の数は[A　5か国　B　9か国　C　10か国　D　15か国　E　54か国]である。

⑤ 安全保障理事会の常任理事国は[A　アメリカ合衆国　B　ドイツ　C　イギリス　D　フランス　E　日本　F　中国　G　ロシア　H　カナダ]の5か国である。

⑥ 日本が国際連合に加盟したのは[A　1926年　B　1946年　C　1956年　D　1966年　E　1976年]である。

⑵ 次の文の内容が正しければ○，誤っていれば×をつけなさい。

① 国連総会の決定には全加盟国が加わり，各国1票をもっている。

② 国連加盟国は国連総会の決定に従う義務がある。

③ 安全保障理事会では，どの理事国にも拒否権がある。

④ 国連加盟国は安全保障理事会の決定に従う義務がある。

問3 国際政治

A群の略称と最も関係の深いものをB群・C群よりそれぞれ1つずつ選び，記号で答えなさい。

［A群］　① WHO　② UNESCO　③ NATO　④ PKO

［B群］　ア　国連教育科学文化機関　イ　世界保健機関　ウ　国連平和維持活動
エ　独立国家共同体　オ　北大西洋条約機構

［C群］　a　自由主義陣営の地域的安全保障(軍事同盟)。
b　地域紛争の沈静化や再発防止のために国連が行ってきた一連の活動。
c　教育・科学・文化を通じて，世界の平和に貢献している。
d　世界の人々の健康の向上をはかる。
e　ソ連の解体によってできた新しい国家群。ロシアが中心。

問4 国際問題

次の各問いに答えなさい。

⑴ 地域主義(リージョナリズム)の動きの中で，①ヨーロッパ連合，②東南アジア諸国連合，③北米自由貿易協定などの地域統合組織が生まれた。①～③の略称を次から選びなさい。

[NAFTA　OPEC　EU　EFTA　ASEAN　UNCTAD]

⑵ 発展途上国の間にも経済格差が広がっているが，南北問題に対して，この問題を何とよんでいるか，答えなさい。

⑶ 気候変動枠組条約は，地球上のどんな問題を防止しようとしているのか，答えなさい。

(4) フェアトレードはどんな問題の解決に役立つか。次から選び，記号で答えなさい。

ア 難民問題　**イ** 南北問題　**ウ** 地球環境問題　**エ** パレスチナ問題

(5) 次の①～③の略称を下から選び，記号で答えなさい。

① 持続可能な開発目標　② 環太平洋経済連携協定　③ 国連難民高等弁務官事務所

ア G20　**イ** NIES　**ウ** NGO　**エ** SDGs　**オ** TPP

カ UNHCR　**キ** APEC

(6) 次の文の内容が正しければ○，誤っていれば×をつけなさい。

① 世界の人口は増え続けており，2020年現在で70億人を超えている。

② 地球上の水資源は豊富なので途上国の人々は飲み水には困らないものの，食料難は未解決で，飢餓の状態の人々が8億人ほどいるといわれる。

③ 生活に困窮する人々が事業を始めて自立できるようになるため，少額の資金を貸し出して支援するのが，マイクロクレジットである。

④ エネルギー資源として石油・石炭など化石燃料の使用をやめて，太陽光・風力や天然ガスなどの再生可能エネルギーへ転換する必要がある。

⑤ 気候変動に関するパリ条約では，京都議定書と異なり途上国も先進国と別あつかいにせず，責任を負うことになっている。

⑥ 地域紛争や食料難，自然災害などからのがれ，国境を越えて避難した人々は，すべて難民条約により保護される。

問 5 核軍縮

次の文章を読んで，あとの問いに答えなさい。

> 第二次世界大戦後，米ソを中心とする核兵器の拡張競争が激化した。一方，核戦争への脅威も高まり，1963年には①部分的核実験禁止条約が結ばれ，さらに1968年には②核拡散防止条約が結ばれた。ソ連が緊張緩和を進めたことをきっかけとして，1987年には中距離核戦力全廃条約が結ばれている。1991年には，米ソが戦略核の部分廃棄をめざす③戦略兵器削減条約が合意され，2001年までに戦略核弾頭数をそれぞれ6000発にまで削減した。
>
> 2017年には④核兵器に関する画期的な条約が国連で採択された。批准国が50か国に達し，2021年に発効した。

(1) 下線部①に関して，実験が禁止されていないのはどんなところか，漢字2字で書きなさい。

(2) 下線部②に参加せず，1998年には核実験を強行した南アジアの2か国はどこか，答えなさい。

(3) 下線部③に関して，この略称を次から選び，記号で答えなさい。

ア INF　**イ** SALT　**ウ** START　**エ** NPT

(4) 下線部④に関して，この条約名を漢字で答えなさい。

入試問題にチャレンジ 1

制限時間： 50分 　　点

解答 ➡ p.263

問 1 日本国憲法

(1)5 点，(2)7 点

日本国憲法について，次の問いに答えなさい。 ［新潟県］

(1) 日本国憲法が保障する社会権にあたるものを次から選び，記号で答えなさい。

ア 生存権　**イ** 財産権　**ウ** 居住，移転及び職業選択の自由　**エ** 学問の自由

(2) 次の日本国憲法の条文について，文中の［ A ］にあてはまる語句を書きなさい。

> すべて国民は，個人として尊重される。生命，自由及び幸福追求に対する国民の権利については，［ A ］に反しない限り，立法その他の国政の上で，最大の尊重を必要とする。

問 2 人権保障

5 点 × 2

世界の人権保障に向けた取り組みについて，次の問いに答えなさい。 ［新潟県］

(1) 人権保障に向けて，各国が達成すべき共通の基準を示すため，1948年に採択されたものとして正しいものを次から選び，記号で答えなさい。

ア 国際人権規約　**イ** 世界人権宣言

ウ 子ども(児童)の権利条約　**エ** 女子差別撤廃条約

(2) 人権保障をはじめ，軍縮，環境などの問題に取り組むために活動する非政府組織の略称として正しいものを次から選び，記号で答えなさい。

ア NGO　**イ** PKO　**ウ** WTO　**エ** WHO　**オ** ILO

問 3 選挙

7 点 × 2

次の表は，わが国における現在の選挙の原則とその内容をまとめたものである。この表を見て，あとの問いに答えなさい。 ［新潟県］

選挙の原則	内容
［ X ］選挙	一人一票の選挙権をもつ。
秘密選挙	無記名で投票する。
普通選挙	一定の年齢以上のすべての国民が選挙権をもつ。
直接選挙	候補者に直接投票する。

(1) ［ X ］にあてはまる語句を書きなさい。

(2) 表中の下線部分について述べた次の文中の［ Y ］にあてはまる数字を書きなさい。

> 公職選挙法が改正されて，平成28(2016)年から，選挙権を行使できる年齢が満［ Y ］歳以上に引き下げられた。

 政治 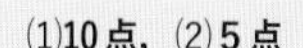

⑴10点，⑵5点

日本の政治の仕組みについて，次の問いに答えなさい。 ［新潟県］

⑴　わが国の議院内閣制はどのような仕組みか。「信任」，「責任」という２つの語句を用いて書きなさい。

⑵　わが国では，平成21(2009)年から裁判員制度が導入された。この裁判員制度の説明として正しいものを次から選び，記号で答えなさい。

ア　裁判官の人数を減らすために導入され，裁判員は民事裁判に参加する。
イ　裁判官の人数を減らすために導入され，裁判員は刑事裁判に参加する。
ウ　国民の裁判への参加を進めるために導入され，裁判員は民事裁判に参加する。
エ　国民の裁判への参加を進めるために導入され，裁判員は刑事裁判に参加する。

問5 市場経済

8点

市場経済においては，需要と供給のバランスによって価格が変化する。資料Ⅰは，自由な競争が行われている市場において，ある商品の価格と需要・供給の関係を模式的に表したものである。また，資料Ⅱは資料Ⅰについて書かれたものである。文中の［A］・［B］に入るものの組み合わせとして正しいものを，あとのア～エから選び，記号で答えなさい。 ［京都府］

（資料Ⅰ）

（価格）
高い
低い
P
0
需要曲線
供給曲線
Q1
Q2
（数量）
少ない
多い

（資料Ⅱ）

価格がPのとき，供給量が需要量を［A］おり，［B］の式に表される量の売れ残りが生じるので，この商品の価格は下落していくと考えられる。

ア　**A**　上まわって　**B**　**Q1＋Q2**
イ　**A**　上まわって　**B**　**Q2－Q1**
ウ　**A**　下まわって　**B**　**Q1＋Q2**
エ　**A**　下まわって　**B**　**Q2－Q1**

株式会社　5点×2

資料Ⅰは，株主と株式会社との関係についてまとめたものである。資料Ⅰ中の矢印は，お金やモノの動きを示している。また，資料Ⅱは資料Ⅰについてまとめたものである。資料Ⅰ・Ⅱにおいて，［　A　］・［　B　］のそれぞれに共通して入る語句として正しいものを，あとのア～オからそれぞれ1つずつ選び，記号で答えなさい。

［京都府］

（資料Ⅰ）

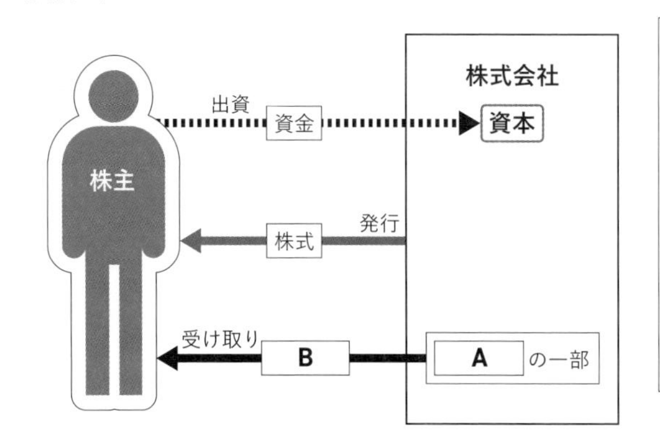

（資料Ⅱ）

株式会社は公企業と違い，［　A　］を得ることを目的とする私企業の1つで，株式を発行することで得られた資金を資本として，生産や販売を行う。株主は，持ち株数に応じて，会社の［　A　］の一部を受け取ることができる。これを［　B　］という。

ア　債権　　**イ**　賃金　　**ウ**　配当　　**エ**　利子　　**オ**　利潤(利益)

問7　財政　(1)7点，(2)完答6点

財政の仕組みについて，次の問いに答えなさい。

［京都府］

(1)　空港や道路といった，私企業だけで提供することが困難な財を供給することが政府の役割の1つである。このような財のことを何というか。「社会」という語句に続けて，漢字2字で書きなさい。

(2)　(1)のような財を供給するために，政府は国民から税金を徴収するが，政府が国民に課す税金の中で間接税にあたるものとして正しいものを次から2つ選び，記号で答えなさい。

ア　関税　　**イ**　消費税　　**ウ**　所得税　　**エ**　相続税　　**オ**　法人税

問8　グローバル経済　(1)8点，(2)10点

資料Ⅰは，アジア州における2016年の自動車保有台数上位5か国に関するデータを，世界の合計とともに示したものである。また，資料Ⅱは，資料Ⅰについて太郎さんと先生が交わした会話の一部である。これを見て，あとの問いに答えなさい。

［京都府］

（資料Ⅰ）

	2010年	2016年	
	自動車保有台数（万台）	自動車保有台数（万台）	人口（千人）
中国	7,802	19,400	1,382,323
日本	7,536	7,775	125,892
インド	2,078	4,604	1,326,802
インドネシア	1,890	2,251	260,581
韓国（かんこく）	1,794	2,180	50,504
世界の合計	101,676	132,421	7,432,663

（「データブック　オブ・ザ・ワールド」2013年版/2017年版/2019年版より作成）

（資料Ⅱ）

太郎：2010年と2016年を比べると，**資料Ⅰ**中のそれぞれの国，世界の合計，いずれにおいても自動車保有台数が増加していますね。その中でも，中国と［ A ］は自動車保有台数が２倍以上に増加しています。

先生：そうですね。では，**資料Ⅰ**から読み取ることができる日本の特徴（とくちょう）は何かありましたか。

太郎：はい。自動車保有台数の世界の合計と日本に注目すると，世界の合計に占（し）める日本の割合は，2010年と比べ，2016年では［ B ］していることがわかります。

先生：そうですね。ほかにもありませんか。例えば，**資料Ⅰ**中の日本とほかの４か国を比較（ひかく）するとどうですか。

太郎：あっ，わかりました。**資料Ⅰ**中の５か国の中で，日本は最も2016年の人口千人あたりの［ C ］ことが読み取れますね。

(1)　**資料Ⅱ**中の［ A ］・［ B ］に入る語句の組み合わせとして正しいものを次から選び，記号で答えなさい。

ア　**A**　インド　　　**B**　増加
イ　**A**　インド　　　**B**　減少
ウ　**A**　インドネシア　　　**B**　増加
エ　**A**　インドネシア　　　**B**　減少

(2)　［ C ］に入る適当な表現を，「自動車保有台数」という語句を用いて10字で書きなさい。

入試問題にチャレンジ 2

制限時間：	50分	点

解答 ➡ p.264

問1 効率と公正

完答8点

対立を解消し，合意をめざす過程について述べた次の文中の X ～ Z に入る語句として正しいものを，あとのア～ウからそれぞれ1つずつ選び，記号で答えなさい。 ［兵庫県］

> 人間は地域社会をはじめとする社会集団と関係をもちながら生きており， X といわれる。意見が対立する場合，手続き，機会，結果の Y の考え方や，労力や時間，お金やモノが無駄(むだ)なく使われているかという Z の考え方から合意を形成することが求められる。

X **ア** 全体の奉仕者(ほうししゃ)　**イ** オンブズパーソン　**ウ** 社会的存在

Y **ア** 公正　**イ** 責任　**ウ** 平等

Z **ア** 契約(けいやく)　**イ** 共生　**ウ** 効率

問2 人権保障

8点×2

人権保障について，次の問いに答えなさい。

(1) 人権が保障されるまでには，人々の長年にわたる努力があった。それについて，次の**ア～ウ**の出来事を年代の古い順に並べ，記号で答えなさい。 ［岐阜県］

ア 人権を，人類普遍(ふへん)の価値として認める世界人権宣言が採択(さいたく)された。

イ 人間らしい生活を保障しようとする社会権を認めるワイマール憲法が制定された。

ウ 人は生まれながらに自由で平等な権利をもつとするフランス人権宣言が発表された。

(2) 労働者の権利について，次のまとめの中の Ⅰ ～ Ⅲ にあてはまる語の組み合わせとして正しいものを，あとの**ア～カ**から選び，記号で答えなさい。 ［埼玉県］

> 働く人たちの権利は，さまざまな法律によって守られています。 Ⅰ では，労働時間は週 Ⅱ 以内，1日8時間以内とし，1週間で最低1日は休日としなければならないことなどが定められています。近年では，日本の労働者の年間労働時間はしだいに短くなり，週休二日制を採用する企業(きぎょう)が一般的(いっぱんてき)になりました。しかし，先進工業国の中でも依然(いぜん)として長いのが現状です。労働時間を減らし，育児休業や介護(かいご)休業などを充実(じゅうじつ)させることで，仕事と家庭生活や地域生活とを両立できる Ⅲ を実現することが課題になっています。

ア	Ⅰ	労働基準法	Ⅱ	48時間	Ⅲ	ワーク・ライフ・バランス
イ	Ⅰ	労働基準法	Ⅱ	40時間	Ⅲ	インフォームド・コンセント
ウ	Ⅰ	労働基準法	Ⅱ	40時間	Ⅲ	ワーク・ライフ・バランス
エ	Ⅰ	労働関係調整法	Ⅱ	48時間	Ⅲ	インフォームド・コンセント
オ	Ⅰ	労働関係調整法	Ⅱ	48時間	Ⅲ	ワーク・ライフ・バランス
カ	Ⅰ	労働関係調整法	Ⅱ	40時間	Ⅲ	インフォームド・コンセント

問3 企業 8点

企業の業績に関して，次の文中の［A］，［B］にあてはまる言葉の組み合わせとして正しいものを，あとのア～エから選び，記号で答えなさい。 ［岐阜県］

企業の業績は景気と関係する。例えば，企業の業績が悪化すると景気は後退する。そこで，日本銀行は一般の銀行が保有する国債(こくさい)などを買う。すると，一般の銀行は手持ちの資金が［A］ため，企業に資金を積極的に貸し出そうと，貸出金利を［B］。そのため，企業は資金を借りやすくなり，生産活動が活発になって，景気は回復に向かう。

ア　**A**－増える　**B**－上げる　**イ**　**A**－増える　**B**－下げる
ウ　**A**－減る　**B**－上げる　**エ**　**A**－減る　**B**－下げる

問4 社会保障制度 8点

日本の社会保障制度について，次の文X，Yの正誤の組み合わせとして正しいものを，あとのア～エから選び，記号で答えなさい。 ［埼玉県］

X　社会保障制度における社会福祉(ふくし)とは，高齢者(こうれいしゃ)や障がいのある人，子どもなど，社会生活を営むうえで不利だったり立場が弱かったりする人々を支援(しえん)する仕組みのことである。
Y　介護保険制度とは，20歳(さい)以上の希望する人が加入し，介護が必要になったときに介護サービスを受けられる制度である。

ア　**X**－正　**Y**－正　**イ**　**X**－正　**Y**－誤
ウ　**X**－誤　**Y**－正　**エ**　**X**－誤　**Y**－誤

問5 地方自治 8点×2

地方自治について，次の問いに答えなさい。 ［兵庫県］

⑴　地方自治に関して，次の文中の［　］に共通して入る語句を，漢字4字で書きなさい。

1999年に成立し，翌年に施行(しこう)された［　］一括(いっかつ)法により，仕事や財源を国から地方公共団体に移す［　］が進められている。

⑵　住民参加に関して述べた次の文**X**，**Y**について，その正誤の組み合わせとして正しいものを，あとの**ア～エ**から選び，記号で答えなさい。

X　市町村合併(がっぺい)など，地域で意見が分かれる課題をめぐって，住民投票が行われている。
Y　教育や防災などの分野で，社会貢献(こうけん)活動を行うNPOが重要な役割を果たしている。

ア　**X**－正　**Y**－正　**イ**　**X**－正　**Y**－誤
ウ　**X**－誤　**Y**－正　**エ**　**X**－誤　**Y**－誤

問 6 地方公共団体

⑴8点，⑵8点×2

兵庫県のニュータウン再生について，次の資料を見て，あとの問いに答えなさい。 ［兵庫県］

（資料Ⅰ） 全国の居住世帯の有無別住宅数（千戸）

年	住宅総数	空き家数
1968年	25,591	1,034
1978年	35,451	2,679
1988年	42,007	3,940
1998年	50,246	5,764
2008年	57,586	7,568
2018年	62,420	8,460

（総務省統計局ホームページより作成）

（資料Ⅱ） 全国の世帯構造別に見た世帯数の構成割合の年次推移

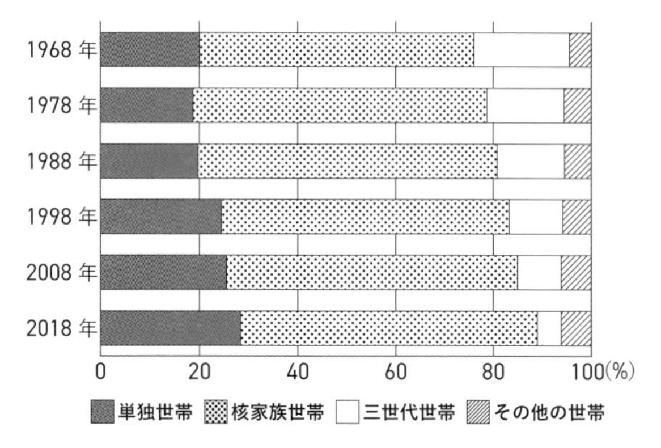

（厚生労働省『平成30年国民生活基礎調査』より作成）

（資料Ⅲ） 兵庫県の人口と世帯数の推移

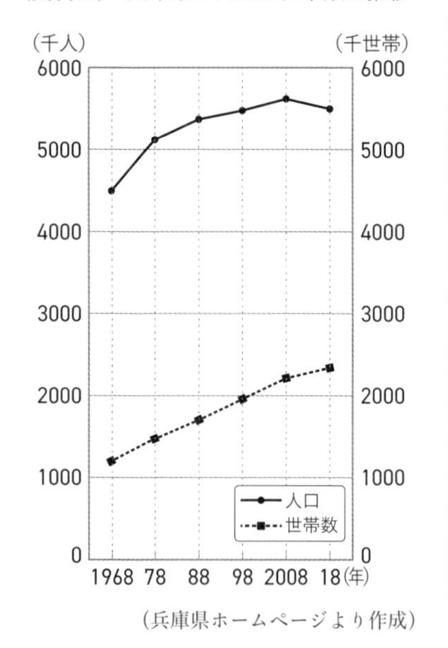

（兵庫県ホームページより作成）

（資料Ⅳ） ニュータウン再生の取り組み

明舞団地 （神戸市） （明石市）	○「明舞団地再生計画」の下で多様な取り組みを展開 ・民間事業者による商業施設，特別養護老人ホーム等の整備 ・地域団体による配食サービス，交流の場づくり ・学生シェアハウスの導入
緑が丘 （三木市）	○住宅メーカーや市が中心となって団地再生の取り組みを推進。2017年には空き店舗を活用した交流施設が開設
多田グリーンハイツ （川西市）	○自治会を中心に委員会を立ち上げ，「お出かけ支援」としてワンボックスカーを運行

（『兵庫2030年の展望』より作成）

⑴ **資料Ⅰ～資料Ⅲ**から読み取れることを述べた文として適切なものを次から選び，記号で答えなさい。

ア 1968年からの50年間で，住宅総数の増加率は空き家数の増加率よりも高い。

イ 単独世帯と核家族世帯を合わせた割合は，2018年には全世帯の９割にせまっている。

ウ 住宅総数に占める空き家数の割合は，1998年には２割を超えている。

エ 兵庫県は，1978年には人口が500万人を超え，世帯数も200万世帯を超えている。

⑵ **資料Ⅰ～資料Ⅳ**をもとに考察したことを述べた次の文中の [X]・[Y] に入る語句として適切でないものを，あとの**ア～エ**からそれぞれ１つずつ選び，記号で答えなさい。

> 兵庫県では近年，世帯数は増加しているが，人口が減少しているという新たな局面に突入している。このような状況の中で，人口減少が急激に進むニュータウンでは，[X] などの問題が深刻化すると考えられる。未来へつなぐまちづくりや，だれもが安心して暮らせる社会の実現に向け，衰退するニュータウンではほかのニュータウンの再生の取り組みを参考にしながら，[Y] などの視点から対策が進められていくと考えられる。

[X]

ア 小・中学校の児童・生徒数の減少　**イ** 高齢者の単独世帯の増加

ウ １世帯あたりの人口の減少　**エ** 生産年齢人口の増加

[Y]

ア 移動手段の確保　**イ** 家事支援サービスの充実

ウ 若者の転入の抑制　**エ** 民間企業との提携

問 7 地球環境問題

⑴８点，⑵６点×２

環境問題について，次の問いに答えなさい。

⑴ 高度経済成長期の都市部への人口流入にともなって，都市部で発生した現象を述べた文として適切なものを次から選び，記号で答えなさい。　［兵庫県］

ア 独自の技術や高度な専門性を活用した，ICTのベンチャー企業が増えた。

イ 大気汚染や騒音などによる環境の悪化が進み，公害問題が深刻となった。

ウ 電子マネーが普及し，買い物で現金のやりとりが少なくなった。

エ 国民の所得が上昇し，税率が一定である消費税が導入された。

⑵ 地球環境問題の解決に向けた国際社会の取り組みについて，次の文中の [Q] と [R] にあてはまる語を，それぞれ答えなさい。　［埼玉県］

> 1997年に [Q] 市で開かれた，気候変動枠組条約の締約国会議で，先進国に温室効果ガスの排出削減を義務づける [Q] 議定書が採択されました。しかし，先進国と途上国との間の利害対立などの課題があり，[Q] 議定書後の枠組について議論が続いていました。そこで，2015年に [R] 協定が採択されました。[R] 協定では，途上国をふくむすべての参加国が自主的に削減目標を決め，平均気温の上昇をおさえる対策をすすめることで合意しました。

入試問題にチャレンジ ③

制限時間： 50分　　点

解答 ➜ p.265

問1 市民革命

(1)・(2)C 5点×3，(2)D 10点

市民革命について，次の問いに答えなさい。 ［山梨県］

(1) 次の文章中の A ， B にあてはまる語句をそれぞれ漢字2字で書きなさい。

【アメリカ独立宣言】（抜粋）

我々は以下のことを自明な真理であると信じる。すべての人間は A につくられ，ゆずりわたすことのできない権利を神によってあたえられ，その中には生命， B 及び幸福の追求がふくまれる。

【フランス人権宣言】（抜粋）

第1条　人は生まれながらにして， B で A な権利をもつ。社会的な区別は，ただ公共の利益に関係のある場合にしか設けられてはならない。

(2) 次の文章は，市民革命に影響をあたえた人物とその人物が唱えた思想を説明したものである。文章中の C にあてはまる人物の名前を書きなさい。また， D にあてはまる内容を「権力」，「国民」，「権利」という語句をすべて使って簡潔に書きなさい。

18世紀，フランスの思想家 C は，その著書『法の精神』で三権分立を唱えた。日本国憲法も三権分立の考え方を採用しており，国の権力を立法権，行政権，司法権に分け，それぞれ別の機関にあたえることで， D ことができるようにしている。

問2 憲法改正

6点

次の資料は，憲法改正の手続きについて模式的に示したものである。資料中の A ～ C にあてはまる言葉の組み合わせはどれか。あとのア～エから選び，記号で答えなさい。 ［三重県］

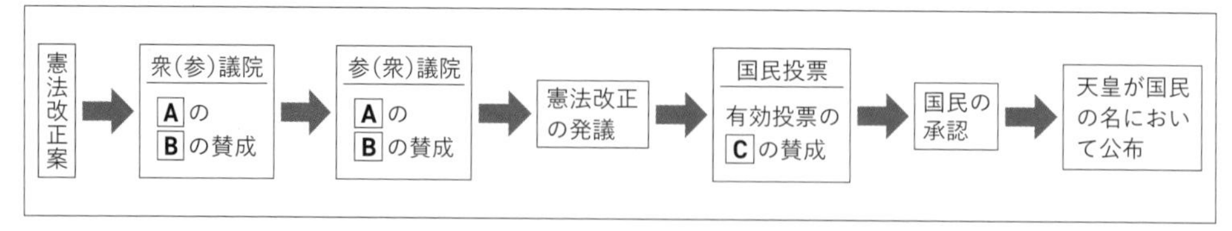

ア　A －出席議員　B －過半数　C －3分の2以上
イ　A －出席議員　B －3分の2以上　C －過半数
ウ　A －総議員　B －過半数　C －3分の2以上
エ　A －総議員　B －3分の2以上　C －過半数

問 3 社会権　6点×2

社会権について，次の問いに答えなさい。　［三重県］

(1) **資料Ⅰ**の①に示されている，社会権の中で基本となる権利を何というか。その名称を漢字で書きなさい。

（資料Ⅰ）　日本国憲法　第25条

> ①すべて国民は，健康で文化的な最低限度の生活を営む権利を有する。
> ②国は，すべての生活部面について，社会福祉，社会保障及び公衆衛生の向上及び増進に努めなければならない。

(2) **資料Ⅱ**は労働者の権利を保障するための法律の内容の一部である。この内容を定めている法律の名称を漢字で書きなさい。

（資料Ⅱ）

> ・労働者が使用者との交渉において対等な立場に立つことを促進することにより，労働者の地位を向上させる。
> ・労働者がその労働条件について交渉するために自ら代表者を選出する。

問 4 国会・内閣・裁判所　5点×3

わが国の政治について，次の問いに答えなさい。　［三重県］

(1) **資料Ⅰ**は，2017年の国会の動きをまとめたものの一部である。X ～ Z は国会の種類を示している。Z にあてはまるものをあとの**ア～エ**から選び，記号で答えなさい。

（資料Ⅰ）

1月	2月	3月	4月	5月	6月	7月	8月	9月	10月	11月	12月
20日・開会		27日・予算可決		26日・改正民法成立	18日・閉会			28日・閉会・衆議院解散・開会	22日・衆議院総選挙	1日・内閣総理大臣の指名・開会	9日・閉会
←──	──	──	X	──	──→			←Y→		←──	Z ──→

（衆議院ホームページほかより作成）

ア　通常国会　　**イ**　臨時国会　　**ウ**　特別国会　　**エ**　参議院の緊急集会

(2) **資料Ⅱ**は，政府の方針を決定する会議についてまとめたものの一部である。**資料Ⅱ**にまとめられた会議を何というか。その名称を漢字で書きなさい。

（資料Ⅱ）

> ・首相が主催
> ・国務大臣が全員出席
> ・全会一致を原則

(3) 裁判官としての職務を果たさなかったり，裁判官としてふさわしくない行為をしたりした裁判官を辞めさせるかどうかを，国会が判断する裁判を何というか。その名称を答えなさい。

問5 税金 6点

次の表は，主な税金の種類をまとめたものの一部である。表中のA～Dには，あとのア～エのいずれかがあてはまる。Dにあてはまる税金はどれか。正しいものを選び，記号で答えなさい。

［三重県・改］

	国税	道府県税	市町村税
直接税	A	B	D
間接税	揮発油税など	C	入湯税など

ア 固定資産税　**イ** 地方消費税　**ウ** 事業税　**エ** 所得税

問6 社会保障制度 10点

資料Ⅰに示した国民年金の仕組みの下で，資料Ⅱに示したように，日本の一人あたりの国民年金保険料が増加しているのはなぜか。その理由の１つとして考えられることを資料Ⅲから読み取り，「負担者」と「受給者」という２つの言葉を用いて，書きなさい。

［三重県］

（資料Ⅰ） 国民年金(基礎年金)のしくみ

- 日本に住んでいる20歳以上60歳未満のすべての人が加入する。
- 国民年金(基礎年金)の支給開始年齢は65歳で，保険料を納付した期間に応じて給付額が決定される。
- 20歳から60歳の40年間保険料を納付していれば，満額の支給を受けることができる。
- 納めた保険料は，その年に年金を必要とする人たちに給付される。(世代間扶養方式)

（厚生労働省ホームページほかより作成）

（資料Ⅱ） 一人あたりの国民年金保険料の推移

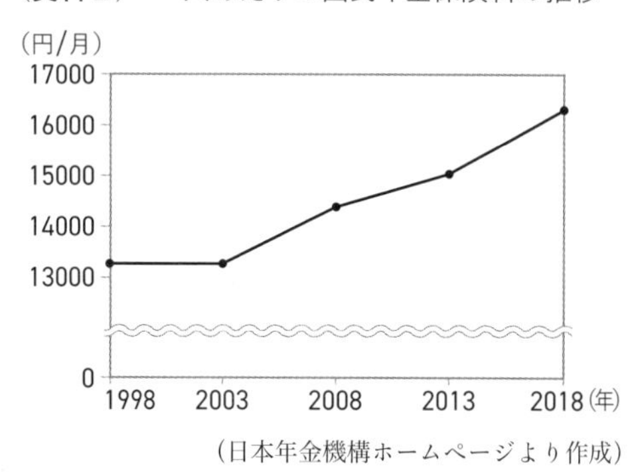

（日本年金機構ホームページより作成）

（資料Ⅲ） 日本の世代別人口の推移

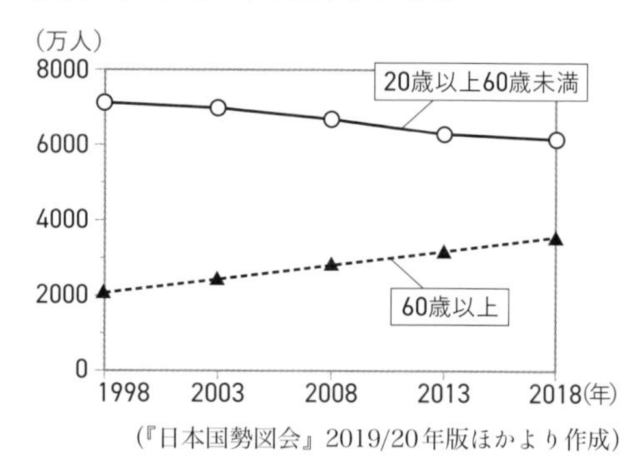

（『日本国勢図会』2019/20年版ほかより作成）

問7 国際連合 5点×2

国際連合について，次の問いに答えなさい。

［滋賀県］

(1) 国際連合は紛争後の平和の実現のために，停戦や選挙の監視を行っている。この活動の略称を次から選び，記号で答えなさい。

ア NGO　**イ** WHO　**ウ** IMF　**エ** PKO

(2) ユニセフは，世界の人々の暮らしを向上させるための活動を行っている。ユニセフについて述べた文として最も適切なものはどれか。次から選び，記号で答えなさい。

ア 世界遺産などの文化財の保護などを行っている。

イ 国と国との間の争いを法に基づいて解決する活動を行っている。

ウ 子どもたちのすこやかな成長を守るため教育支援などを行っている。

エ 難民の受け入れを求めたり，支援したりする活動を行っている。

問 8 国際協力

(1)6点，(2)10点

次の資料を見て，あとの問いに答えなさい。 ［滋賀県］

(資料Ⅰ) 日本の二国間援助とタイ・ベトナム・カンボジアの一人あたりGDP(2017年)

国名	二国間援助(百万ドル)			一人あたりGDP(ドル)
	無償資金協力*	技術協力**	合計	
タイ	9.9	28.4	38.3	6,595
ベトナム	19.6	76.2	95.8	2,342
カンボジア	83.2	41.6	124.7	1,382
二国間援助の合計***	2,620.6	2,884.8	5,505.4	

*返済義務を課さない資金協力。
**技術，知識をもつ専門家の派遣など。
***上記3か国以外をふくむ日本の二国間援助の合計。
(『世界国勢図会2019/20年版』『日本国勢図会2019/20年版』より作成)

(資料Ⅱ) タイ・ベトナム・カンボジアの国内総生産(GDP)の推移

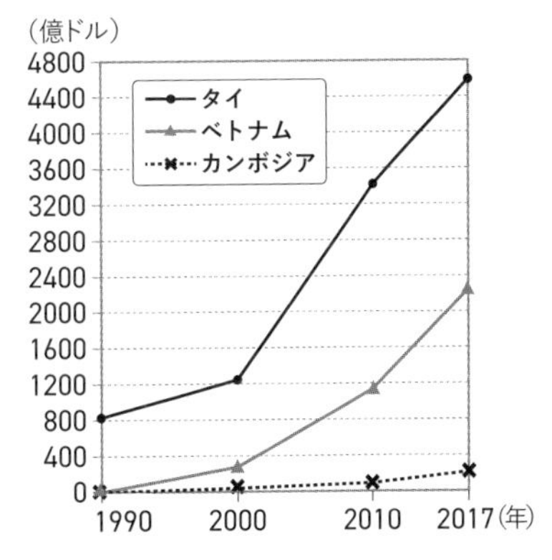

(1) 地域紛争などが起こる背景には貧困問題があり，これらを解決するために日本政府は政府開発援助(ODA)を行っている。日本が発展途上国を直接支援する二国間援助では，無償資金協力と技術協力が行われている。**資料Ⅰ**，**資料Ⅱ**より日本の二国間援助について読み取れることとして適切なものはどれか。次から選び，記号で答えなさい。

ア 日本の二国間援助については，国全体では無償資金協力が中心で，技術協力の割合は全体で3割以下である。

イ タイは経済成長がめざましいので，日本の二国間援助では無償資金協力を1割程度とし，技術協力に9割程度の資金を使っている。

ウ カンボジアの経済成長は小さいので，日本の二国間援助では無償資金協力と技術協力の割合を同じにして，経済成長をうながしている。

エ 日本の二国間援助については，相手国の経済発展や状況により，無償資金協力と技術協力の割合を変えている。

(2) **資料Ⅰ**にある「技術協力」とは「技術，知識を発展途上国の人々に伝える」ものである。そうしたことをふまえ，貧困などの世界の課題に対して，「持続可能な社会を形成する」とはどのようなことか。「先進国」「自立」の両方の語句を用いて書きなさい。

くわしい中学公民

KUWASHII

CIVICS

解答と解説

ANSWERS

定期テスト対策問題

解答

1章　現代社会と私たち

1 (1)**現在の世代の幸福と将来の世代の幸福とを両立させること。**
(2)**a 環境　b 資源**

解説 (2)**a**　「地球環境」もあてはまるが，漢字２字という指定があるので，「環境」が正解となる。

2 (1)**a グローバル　b 多文化**
(2)**各国は国際競争力の強い分野の生産に力を入れて，相互に交換するようになる。**
(3)**ア F　イ B**

解説 (3)**ア**　小麦の自給率は20%にも満たないことに注目する。ちなみに，ほぼ100%を維持している**A**が米，**C**が肉類，**D**が魚介類，**E**が果実にあたる。

3 (1)**A**　(2)**少子高齢**　(3)**ウ**

解説 (1)日本の高齢化は急速なスピードで進み，現在では世界一の**高齢社会**といわれる。ちなみに**B**がスウェーデン，**C**がドイツ，**D**がアメリカにあたる。

4 (1)①**情報技術**　②**情報通信技術**
③**人工知能**
(2)**a 情報　b インターネット・ショッピング**
c IoT　d 情報リテラシー
e 情報モラル　(3)**C**

解説 (1)① Information Technologyの略称で「**情報技術**」。
② Information Communication Technologyの略称で「**情報通信技術**」。
③ Artificial Intelligenceの略称で「**人工知能**」。
(2)**c**　IoTはInternet of Thingsの略称で，いろいろなモノとインターネットをつなぐことで相互に情報を交換し合う状態になっていること。
d　リテラシーとは「読み書きができる能力」のことだが，それを情報社会にあてはめたものである。特に，マスメディアを批判的に使いこなし，主体的に読み解く能力を**メディア・リテラシー**とよび，情報社会では不可欠な能力とされる。
e　**情報モラル**は，ネット上でプライバシーを侵害したりヘイトスピーチなどで誹謗中傷したりすることを防ぐため，重要である。法律による規制も行われている。
(3)**A**がパソコン，**B**がインターネットである。

5 (1)**核家族**
(2)①○　②○　③○　④×
⑤×　⑥×　⑦×

解説 **核家族**とは，夫婦のみ，または親と子で構成される世帯である。日本ではかつて，農村の多くに祖父母とその親子という三世代世帯が見られたが，高度経済成長にともなって都会に出た若者が結婚して，夫婦と子のみという典型的な核家族が増えていった。その後，低成長の時代に入り，家族形態は大きく変化した。

現在では，夫婦のみの世帯と**単独世帯**が増加して，全体の世帯数も増加している点に着目する。この理由は，少子化に加えて，その子どもが成人して独立し別世帯になると，核家族は夫婦のみとなるためである。また，結婚しない男女が増えていることや，夫婦のどちらかが亡くなること(日本の平均寿命は女性が87歳，男性81歳)で，単独世帯が増える。

6 **a ウ　b ア**

解説 **ダイバーシティ**は「多様性」を意味する。例えば，企業の経営においては，障がいのある人など多様な人材を積極的に雇用し，その人たちの能力をいかすことがダイバーシティの実現である。

7 ①○　②×　③×　④○　⑤×　⑥×

解説 ②が**効率**で，③が**公正**に関する記述。⑥は「手続きの公正さ」をさす。⑤が誤っている点は，自分の意見を主張することが大切だからである。もし他人の意見と対立するようなことがあれば，④のように話し合いによる合意をめざすのが望ましい。

2章　個人の尊重と日本国憲法

1 **(1)a 市民革命　b フランス人権**
(2)c オ　d ウ　(3)ルソー
(4)世界人権宣言

解説 (1)a　**市民革命**は，イギリスで起こった1640年のピューリタン革命と1688年の名誉(めいよ)革命，そして1775年のアメリカ独立革命，それに続く1789年のフランス革命が代表的である。
(3)イギリスの啓蒙(けいもう)思想家ジョン・ロックと混同しないこと。ロックは『統治二論(市民政府二論)』の著者。

2 **(1)a 自由　b 社会　c ワイマール**
(2)普通(ふつう)選挙運動
(3)19世紀に資本主義経済が発展すると貧富の格差が増大して社会問題が発生し，人間らしい生活の保障が必要になったから。

解説 18世紀の**平等権**は「法の下(もと)の平等」で，法律は特権的身分を許さず，だれでも平等に適用されるという意味だった。**自由権**をうまく利用した資本家が出てくる一方で，自由な契約の下で長時間・低賃金で働かされる労働者も多数出て，貧富の格差が生じてきた。市民革命後の政治では，財産による制限選挙だったので，貧しい人々は選挙権を獲得(かくとく)することによって，**社会権**の保障の実現をめざしたのである。

3 **(1)a エ　b ア　c イ**
(2)あ ウ　い エ　う ア
(3)基本的人権の尊重
(4)A 象徴(しょうちょう)　B 内閣　(5)ウ，カ
(6)違憲(いけん)立法審査(しんさ)権
(7)あ 3分の2　い 国会　う 過半数

解説 (3)文中の下線部①は「**平和主義**」，下線部②は「**国民主権**」の内容である。
(4)天皇は，内閣総理大臣および最高裁判所長官を任命するが，これも**国事行為(こうい)**の1つである。
(5)**ウ**の内閣総理大臣を指名するのは国会，**カ**の衆議院の解散を決定するのは内閣の仕事である。

4 ③

解説 1960年に改定された**日米安全保障条約**は，現在でも存続している条約。在日米軍の駐留(ちゅうりゅう)目的は①②の文に書かれている通りだが，現在，在日米軍は極東地域だけでなく地球上どこでも出撃(しゅつげき)できるようになっている。③は条約の規定にふくまれていないアメリカ軍支援(しえん)である。

5 **①C　②B　③A　④D　⑤B**
⑥B　⑦C　⑧A　⑨C　⑩D

解説 自由権には精神の自由，身体の自由，経済活動の自由がふくまれている。②が経済活動の自由，⑤が精神の自由，⑥が身体の自由にあたる。①は社会権の1つで，生存権とよばれる。

6 **(1)イ，エ，オ**
(2)①○　②×　③○　④×

解説 (1)**ア**の**請求(せいきゅう)権**は日本国憲法第17条など，**ウ**の**勤労の権利**は憲法第27条，**カ**の拷問(ごうもん)や残虐(ざんぎゃく)な刑(けい)の禁止は憲法第36条に明記されており，新しい人権とはいえない。
(2)②憲法改正の手続きは非常に難しいことから，新しい人権は憲法には明記されていない。

7 ①× ②○ ③× ④○

(解説) ①**国際人権規約**は条約であり，批准した国は従う義務を負う。**世界人権宣言**が将来に向かっての目標にとどまり拘束力がなかったので，国際人権規約へと発展させた。
③日本は核兵器禁止条約に参加していない。

3章 現代の民主政治と社会

1 (1)**ウ** (2)**公職選挙法**
(3)**大選挙区制―イ，エ**
小選挙区制―ア，オ

(解説) (1)制限選挙は**普通選挙**とは違い，社会的身分や財産によって選挙人を制限する選挙のこと。
(2)公職(国会議員や地方公共団体の首長・議員)の選挙については，**公職選挙法**に定められている。
(3)**ウ**は**比例代表制**の選挙の特徴である。

2 ①

(解説) ②政権を担当する側の政党を**与党**，その他の政党を**野党**という。与党は政権(内閣)に協力するのが一般的。
③野党は内閣に対して批判的であるが，政府の政策を停止させる権限はない。
④政党間の政権交代は選挙の結果によるものであり，一定期間ごとに行われるわけではない。

3 (1)**国権の最高機関**
(2)**a 立法 b 衆議院 c 内閣総理大臣**
d 国務大臣 e 良心 (3)**イ**
(4)**衆議院は議員の任期が短く解散もあって，国民の意思をより強く反映していると考えられるから。**
(5)**ア** (6)**議院内閣制**
(7)**高等裁判所** (8)**エ**

(解説) (3)**ア**「憲法改正の発議」と**ウ**「国政調査権」は衆議院と参議院が同等の権限をもつ。**エ**の**弾劾裁判所**は，衆参両院から7名ずつ議員を出して構成される。
(5)「**文民**」と「軍人」は対になる語句である。
(8)裁判所が国会と内閣から厳しく独立して職務を行うことを「**司法権の独立**」という。

4 (1)**ウ** (2)**ア** (3)**イ**

(解説) (1)**ウ** 下級裁判所の裁判官は，最高裁判所が指名した名簿により，内閣が任命する。
(2)**ア** 捜索や逮捕には，検察官の発行する令状ではなく，裁判官の発行する令状が必要である。
(3)**裁判員制度**は重大な刑事事件(殺人・強盗致死傷など)の第一審が対象となる。裁判員は裁判官とともに有罪・無罪の判断をし，量刑を決めることになる。

5 ①**B** ②**A** ③**A** ④**D** ⑤**H** ⑥**G**
⑦**E** ⑧**F** ⑨**I**

(解説) ③**衆議院の優越**により，衆議院だけが内閣不信任を決議することができる。
④国民が選挙によって国会議員を選出することである。
⑤国会は弾劾裁判所を設けて，問題のある裁判官を辞めさせることができる。
⑥**国民審査**は，衆議院議員総選挙の際に国民が投票する。最高裁判所の裁判官全員が国民審査の対象となり，過半数の「×」があった裁判官は罷免される。
⑦最高裁判所の長官だけは，内閣の指名に基づき天皇が任命するが，その他の最高裁裁判官14名は内閣が任命する。
⑧法令審査権のことである。
⑨裁判所がもつ**違憲立法審査権**のことである。

6 (1)**a 地方自治法 b 条例**
(2)**首長の名称―知事**
被選挙権の年齢―(満)30歳以上
(3)**ウ，カ**
(4)**エ**
(5)**ア，イ**

解説 (4)郵便の仕事は現在，民営化されている。
(5)選挙管理委員会に請求するのは，選挙によって選ばれた者の地位を失わせる場合である。**ウ**の場合は，副知事や副市長を任命した首長に請求する。

4章　私たちの暮らしと経済

1 (1)**A労働力，商品代金　B労働力，税金**
(2)①**労働基準法**　②**男女雇用機会均等法**
(3)**エンゲル係数**
(4)**株式会社**

解説 (1)商品は企業から家計・政府へ，公共事業・公共サービスは政府から企業・家計へ，賃金は企業・政府から家計へ流れている。
(3)エンゲル係数は「食料費÷消費支出総額×100」で求めることができる。

2 ①**25**　②**10**　③**3000**　④**20**　⑤**増加**
⑥**1000**　⑦**増える**

解説 右下がりの曲線が需要曲線，右上がりの曲線が供給曲線である。需要が高まると需要曲線は上方へ移動し，技術革新などで生産コストが下がると供給曲線は下方へ移動する。

3 (1)**為替レート(為替相場)**
(2)**円高(円高ドル安)**　(3)**ア，カ**

解説 (2)日本側から見ると，1ドルの商品を130円で買っていたものが100円で買えるようになったのだから，円の価値が上がった→円高となる。
(3)円高になると，外国からすれば日本の商品が高くなって買いにくい。一方，日本からすると輸出しにくくなるが，輸入はしやすくなる。旅行の場合も，日本人の海外旅行はしやすく，外国人の日本旅行はしにくい。また，企業の海外進出も，日本の企業は，円高でより多くのドルに交換できるので進出しやすく，逆に外国企業の日本進出は，より少ない円にしか交換できず，費用が増えてやりにくくなる。

4 (1)**C**　(2)**公債**　(3)**累進課税**　(4)**エ**

解説 (1)税を納める人と，負担する人が異なるのは**間接税**。所得税と法人税は**直接税**。
(2)**国債**による収入であるが，歳入費目としては公債金となる。公債には国債と地方債があり，地方債は地方公共団体が発行するもの(都債や県債など)。
(4)近年は歳入の約3分の1を借金(国債)にたよっており，このため歳出に占める国債費(国債の元利支払い)も多額になっている。

5 (1)①**増加**　②**減税**　③**増やし**　④**需要**
(2)**aア　bイ**
(3)⑤**利子(利息)**　⑥**再分配**
(4)**財務省**

解説 資本主義経済は自由な市場を原則とするので，景気の変動がさけられない。不景気の場合は，企業の売上が低下し，家計の収入も減り，失業者も増えるので，企業の生産設備への投資が減り，家計の消費も落ちこむ。そこで，景気のさらなる落ちこみを防ぎ，景気の回復をめざすために，政府が財政政策で，公共事業を企業に発注したり，減税をして家計の消費を支えることで，需要を創出する(しかし，政府はこれにより財政赤字になるという問題がある)。逆に，好景気のときは景気が過熱しすぎないように，景気のいきすぎをおさえようとする。

6 (1)**生存**
(2)①**ウ**　②**イ**　③**ア**　④**エ**
(3)**介護保険**

解説 (1)日本の社会保障制度は，憲法第25条の生存権を保障するものとして，第二次世界大戦後から本格的に整備されてきた。国は社会保障の整備に努める義務があるとされている。
(2)③**社会保険**は社会保障制度の中心となっているもので，1961年，全国民を対象にした健康保険・年金保険から始まった。社会保険はこのほかに，雇用保険(失業保険)，労災保険，介護保険などがある。

5章 地球社会と私たち

1 (1)aコ　bキ　cエ　dイ
(2)国民，領域，主権
(3)グロチウス　(4)ウ
(5)a 竹島　b 北方領土　c 尖閣諸島
d 200　e 排他的経済水域

解説 (1)国際社会は主権国家が対等な立場で集まっているので，各国が**国際協調**に努めないと，自国の利益が優先され，戦争などが引き起こされる可能性がある。
(3)グロチウスは「**国際法の父**」とよばれる。
(5)日本は近隣の国々との間で領土問題をかかえている。

2 (1)①C　②D　③B　④D
⑤A，C，D，F，G　⑥C
(2)①○　②×　③×　④○

解説 (1)②**国際連合**は，二度の世界戦争に対する反省から，戦争を防ぐことを最大の目的として組織された。
③国際連盟も戦争防止のための組織だったにもかかわらず，失敗した。新たに組織されたのが国際連合である。戦争を防ぐ任務をもつ主要機関が**安全保障理事会**。
④15の理事国で構成され，そのうちの5か国が**常任理事国**として**拒否権**をもっている。10か国が非常任理事国。54か国というのは経済社会理事会の理事国数。
⑥日本の国連加盟はソ連の拒否権により実現できずにいたが，1956年に**日ソ共同宣言**で国交を回復し，ソ連も日本の加盟を認めたことで実現した。
(2)①主権平等の原則から，国連総会では各国が1票ずつの投票権をもつ。
②国連総会の決議は勧告であり，主権国を拘束する効力はない。
③非常任理事国には拒否権がない。
④国連憲章には，安全保障理事会の決定は拘束力をもつと定められている。加盟国は憲章を批准して加盟しているため，決定に従わなければならない。

3 ①イ・d　②ア・c　③オ・a　④ウ・b

解説 ③**NATO**はもともと，冷戦時代にソ連側のワルシャワ条約機構に対抗するアメリカ側の軍事同盟だったが，今でも存在している。
④**PKO**は国連憲章に規定のない活動だが，紛争の沈静化をめざし，中立的な立場で停戦監視団を派遣したりしていた。その活動が評価され，1988年にはノーベル平和賞を受賞している。

4 (1)①EU　②ASEAN　③NAFTA
(2)南南問題　(3)地球温暖化　(4)イ
(5)①エ　②オ　③カ
(6)①○　②×　③○　④×　⑤○　⑥×

解説 (4)**フェアトレード**は「公正取引」という意味で，先進国が発展途上国の産物を適正な価格で輸入すること。これによって，途上国の産業の維持・発展に寄与することができる。
(6)②水資源の不足は世界的に深刻な問題になっている。
④天然ガスは化石燃料であり，再生可能エネルギーではない。
⑥**難民条約**には経済難民はふくまれないため，自国をのがれて避難しても，保護の対象にされない。

5 (1)地下
(2)インド，パキスタン
(3)ウ
(4)核兵器禁止条約

解説 (3)**戦略兵器削減条約**(START)は核兵器を削減する米ソの二国間条約。INFは「中距離核戦力」，SALTは「戦略兵器制限交渉」のこと。**核拡散防止条約**(NPT)は核兵器を保有する5か国以外に核保有国を拡大させない条約。
(4)日本政府は，アメリカの「核の傘」の下にあるために核兵器禁止条約に参加できないと表明している。

入試問題にチャレンジ 解答

1

❶ (1)ア　(2)**公共の福祉**

解説 (1)**イ・ウ・エ**は，いずれも**自由権**。自由権は「国家(権力)からの自由」に基づき，自由な経済活動を保障する。経済発展の一方で失業や貧困も生じて貧富の格差が広がった結果，すべての人の生存を社会的に保障すべきという**社会権**(国家による自由)が要求されるようになった。
(2)基本的人権は無制約・絶対ではなく，「**公共の福祉**」による制限を受ける。人間が社会集団の中で生活している以上，他者の人権を侵害することは許されていないからである。

❷ (1)イ　(2)ア

解説 (2)**NGO**はNon-Governmental Organizations(非政府組織)の略称。ほかの略称も覚えておこう。

❸ (1)**平等**　(2)18

(1)だれにでも一人一票の選挙権を保障するように投票の価値を平等にあつかうのが**平等選挙**。現在の日本では，議員一人あたりの有権者数が，選挙区間の人口の移動(過疎・過密など)により差が生まれ，一票の価値が不平等になる問題がある。
(2)第二次世界大戦後の民主化政策として，男女とも20歳で選挙権をもつようになったが，公職選挙法改正により，**18歳以上**に引き下げられた。

❹ (1)例**内閣は国会の信任に基づき成立し，国会に対して連帯して責任を負う仕組み。**
(2)**エ**

解説 (1)主権者の国民から選ばれた議員からなる議会(国会)が政治の中心なので，行政権をもつ内閣を国会の信任に基づかせることで，国民の意思が間接的に内閣にも反映するようにしている。
(2)司法権にも国民の意思を反映させるべきとの考えから，**裁判員制度**がスタートした。

❺ イ

解説 商品価格**P**を，グラフ横に見ていくと，需要曲線と交わる点**Q1**が需要量，供給曲線と交わる点**Q2**が供給量である。価格が**P**のとき，**Q2**(供給量)が**Q1**(需要量)より多く，その差の数量だけ供給量が上まわる(売れ残る)ことがわかる。なお，この商品は，需要曲線と供給曲線とが交わる点(需要量と供給量が一致する点)で価格が落ち着く。この点における価格を**均衡価格**という。

❻ A―オ　B―ウ

解説 **株式会社**の仕組みでは，会社を設立するのに必要な資金を多くの人から集めることができる。資金を出資した人を**株主**という。株式会社は株主の所有であるから，株主総会が最高の議決機関となり，経営者(取締役など)を選出する。会社経営により経営者は報酬を，従業員は賃金を得る一方，利潤(利益)が出れば，株主は持ち株に応じて**配当**を受け取ることになる。

❼ (1)**社会資本**　(2)ア，イ

解説 (1)**社会資本**とは公共の生産基盤や生活関連の施設のことで，「社会的共通資本」や「インフラ」ともよばれる。
(2)関税は，輸入品を受け取り配送する業者などが税関で輸入業者に代わって立て替えて納付する。

❽ (1)イ　(2)例**自動車保有台数が多い**

解説 日本は2010年時点で自動車が広く普及していたため，それ以降の増加率が小さい。一方で，ほかのアジア諸国は日本よりかなりおくれて経済成長し始めたため，2010年から2016年にかけて自動車保有台数が急増したことがわかる。

2

❶ X―ウ　Y―ア　Z―ウ

(解説) **X**　人は生まれたら家族という社会集団の中で育てられるように，一人だけでは生きていないことを表現したもの。
Y・Z　「意見が対立する場合」に「合意を形成する」ための考え方として，空欄の語句が重要となる。

❷ (1)ウ→イ→ア　(2)ウ

(解説) (1)ウの**フランス人権宣言**は近代の市民革命のときで，アメリカ独立宣言の1776年に続く1789年。イの**ワイマール憲法**は第一次世界大戦後の1919年に制定。アの**世界人権宣言**は第二次世界大戦後の1948年に国連総会で採択。
(2)Ⅰの**労働基準法**に，労働時間は週40時間以内と規定されている。Ⅲはワーク(仕事)とライフ(生活)のバランスをとるという意味。

❸ イ

(解説) 政府は景気を不況から回復へ向かわせるため，企業活動が活発化しやすくなる政策をとる。

❹ イ

(解説) Yの**介護保険**には40歳以上の全国民が加入する義務があり，保険料も40歳から負担する。

❺ (1)地方分権　(2)ア

(解説) (1)**地方分権一括法**とは，国から地方公共団体へ権限を委譲するなど，地方自治を推進する475本の関連法をまとめた総称のこと。
(2)**Y**　**NPO**は非営利組織のことで，さまざまな分野で市民団体が活動している。

❻ (1)イ　(2)X―エ　Y―ウ

(解説) (1)**ア**　空き家数の増加率は8倍以上で，住宅総数の増加率が3倍未満。
ウ　1998年の住宅総数5千万戸に対して空き家数576万戸は，およそ1割強。
エ　兵庫県の1978年の世帯数は，グラフにより150万世帯程度。
(2)「適切でない」ものを選ぶ点に注意しよう。
X　ニュータウンの直面する問題とは何かを考える。**ア**は，文中に「人口減少が急激に進むニュータウン」とあるので小・中学生も減少することから，適切。**イ**は，夫婦と子という典型的な核家族であっても，子が成長して就職や結婚で独立すれば夫婦のみの核家族へと変化する。やがて高齢化した夫婦のどちらか亡くなれば，高齢者の単独世帯が増えていくことから，適切。**ウ**は，**イ**でも述べたように，家族の構成人員が減っていくことから，1世帯あたりの人口は当然減る。**エ**の「生産年齢人口」とは15歳から64歳までの人口のこと。**ア**～**ウ**から，ニュータウンでは高齢者の単独世帯が増えて若者が流出しているとわかるので，**エ**が適切でない。
Y　ニュータウン再生に必要な対策は何かを考える。**資料Ⅳ**の取り組みを参考にして検討しよう。「多田グリーンハイツ」における「お出かけ支援」のワンボックスカーの運行は，**ア**の「移動手段の確保」にあたる。明舞団地における「地域団体による配食サービス」は，**イ**の「家事支援サービスの充実」にあたる。明舞団地や緑が丘においては，**エ**の「民間企業との提携」を通じて再生をはかっている。**ウ**の「若者の転入」は，人口減で高齢化しているニュータウンにおいて，結婚や子どもの増加などで再生につながる可能性が高いので，「抑制」は適切でない。

❼ (1)イ　(2)Q―京都　R―パリ

(解説) (1)**イ**以外は，高度経済成長期以降に生じたことである。
(2)**Q**　**京都議定書**は，地球温暖化防止のために，先進国が温室効果ガスの排出を2008年から2012年にかけて削減するよう義務づけた初めての国際的枠組。
R　**パリ協定**は京都議定書後の新たな国際的枠組。

3

1 (1)A—平等　B—自由
(2)C—モンテスキュー　D—(例)権力の集中を防ぎ，国民の自由と権利を守る

(解説) (1)**アメリカ独立宣言**と**フランス人権宣言**では，自然権思想が具体的に自由権・平等権として宣言されている。
(2)絶対王政の専制によって権力が濫用され，国民の自由や権利が侵されたことから，権力を立法・行政・司法に分割して，それぞれ別の機関に担当させる三権分立の考え方が生まれた。

2 エ

(解説) 最高法規である憲法の改正は，通常の法律制定よりも厳重な手続きとなっている。法律の可決には出席議員の過半数だが，憲法改正の可決には「**総議員**」の「**3分の2以上**」が必要で，さらに国民投票で有効投票の「**過半数**」の賛成が必要となる。

3 (1)生存権　(2)労働組合法

(解説) (2)労働者と使用者とが対等に交渉できるようにするための法律，労働者が自ら代表者を選ぶという点から，労働組合法とわかる。

4 (1)ウ　(2)閣議　(3)弾劾裁判

(解説) (1)毎年1月に開かれることから，X が**通常国会**。必要に応じて開かれることから，Y が臨時国会。衆議院の解散・総選挙後の30日以内に開かれ，ここで内閣総理大臣が指名されることから，Z が**特別国会**。
(3)衆議院と参議院からそれぞれ7名ずつ選ばれた議員で組織される**弾劾裁判所**において，裁判官を辞めさせるかを決める弾劾裁判を行う。

5 ア

(解説) 市町村税で直接税にあたる**D**は固定資産税で，土地・家屋などの所有者に課される税。地方消費税は間接税の**C**。事業税は道府県税で直接税の**B**。所得税は国税で直接税の**A**。

6 (例)国民年金の保険料を納める負担者が減り，65歳以上の受給者が増えているから。

(解説) **資料Ⅱ**が示す「一人あたりの国民年金保険料」が増加している理由を，**資料Ⅲ**から見つけなければならない。「20歳以上60歳未満」は保険料を負担する人々で，その人口が減少しているため，保険料の総収入は減少する。もう一方の「60歳以上」の多くは年金を受け取る人々で，その人口は増加しているので，年金の支給総額も増える。つまり，国民年金の保険料の負担者の人口が減って，受給者である高齢者は増え続けている。したがって，年ごとに世代間扶養を維持するには，減っていく年金の財源を補わないと支給できなくなる。そのため，一人あたりの保険料を値上げせざるをえないのである。

7 (1)エ　(2)ウ

(解説) (1)**PKO**は平和維持活動。NGOは非政府組織，WHOは世界保健機関，IMFは国際通貨基金の略称。
(2)**ユニセフ**(UNICEF)は国連児童基金の略称。**ア**はユネスコ，**イ**は国際司法裁判所，**エ**は国連難民高等弁務官事務所(UNHCR)の活動。

8 (1)エ　(2)(例)先進国から発展途上国への技術協力により，発展途上国の現在の世代の貧困を解決して自立を促進し，その成果を将来の世代へもつなげていくことで，現在の世代も未来の世代も幸福になれる。

(解説) (1)**資料Ⅱ**の国内総生産の変化から，タイの経済成長，カンボジアの停滞，その中間のベトナムの状況が読み取れる。
(2)先進国の技術協力で途上国への技術移転ができ，途上国が貧困を克服して自立できたら，それを次世代へと継承することで，「**持続可能な社会**を形成すること」(現在の世代の幸福と将来の世代の幸福を両立させる社会の実現)に結びつく。

さくいん

INDEX

☞ **青字**の項目は，特に重要なものであることを示す。**太字**のページは，その項目の主な説明のあるページを示す。

き

く

さ

し

す

社会科は
用語が
大事だよ

アルファベット略称

くわしい!

著者紹介

伊藤賀一　いとう・がいち

1972年京都府生まれ。法政大学文学部史学科卒業後，東進ハイスクールや秀英予備校を経て，現在はリクルート「スタディサプリ」で中学公民・歴史・地理と高校倫理・政治経済・現代社会・日本史の7科目を担当する。43歳で生涯教育学を学ぶため再受験し，早稲田大学教育学部に通いつつ，テレビ・ラジオ出演なども精力的に行っている。

□ 執筆協力　津田洋征
□ 編集協力　津田洋征　島田博美　大木富紀子　菊地聡
□ アートディレクション　北田進吾
□ 本文デザイン　堀 由佳里　山田香織　畠中脩大　川邉美唯
□ 図版作成　アド・キャリヴァ
□ 写真提供　株式会社アフロ
□ イラスト　下田麻美

シグマベスト
くわしい 中学公民

著　者　伊藤賀一
発行者　益井英郎
印刷所　株式会社天理時報社
発行所　株式会社文英堂
〒601-8121　京都市南区上鳥羽大物町28
〒162-0832　東京都新宿区岩戸町17
（代表）03-3269-4231

●落丁・乱丁はおとりかえします。